D1929738

# DER CAMPUS-KNIGGE

Eine Publikation der Arbeitsgruppe «Manieren!» der Jungen Akademie an der Berlin-Brandenburgischen Akademie der Wissenschaften und der Deutschen Akademie der Naturforscher Leopoldina.
*Gefördert von der VolkswagenStiftung und dem Bundesministerium für Bildung und Forschung.*

Redaktion: Tobias Jentsch

# DER CAMPUS-KNIGGE

## Von Abschreiben bis Zweitgutachten

HERAUSGEGEBEN VON
MILOŠ VEC, BETTINA BEER, EVA-MARIA ENGELEN,
JULIA FISCHER, ALEXANDRA M. FREUND,
RAINER MARIA KIESOW, MARTIN KORTE, ULRICH
SCHOLLWÖCK UND HILDEGARD WESTPHAL

C.H.Beck

Alle Texte bis auf die folgenden, für die wir die Erstdrucknachweise geben, wurden für diesen Band verfasst:

BIBLIOTHEK Ulrich Raulff, gekürzte Fassung aus: Frankfurter Allgemeine Zeitung, Bilder und Zeiten vom 18. Mai 1996, S. VI. FESTSCHRIFTEN-DRUCKKOSTENZUSCHUSSVERSICHERUNG Michael Stolleis, Rechtshistorisches Journal 9 (1990), S. 372. HAUSARBEIT Birgit Vanderbeke, Ausschnitt aus: Geld oder Leben © S. Fischer Verlag GmbH, Frankfurt/M. 2003. INTERLAUS Michael Stolleis, Rechtshistorisches Journal 15 (1996), S. 317. MÄNNER Friedrich Karl Waechter, Mich wundert, daß ich fröhlich bin © Diogenes Verlags AG, Zürich 1991, S. 163. MENSA Martin Sonneborn und Benjamin Schiffner, stark gekürzte und überarbeitete Fassung aus Titanic, Mai 1996, S. 13-18. MODE Klaus Laermann, überarbeitete Fassung von: Neue Zürcher Zeitung, 10. September 1993, S. 41. SAMMELFUSSNOTE Miloš Vec, Frankfurter Allgemeine Zeitung vom 7. Februar 2001, S. 57.

© Verlag C. H. Beck oHG, München 2006
Umschlagentwurf: roland angst, Berlin + stefan vogt, München
Umschlagabbildung: © vario-press/Ulrich Baumgarten
Satz: Reinhard Amann, Aichstetten aus der Scala und Scala Sans
Druck und Einband: Friedrich Pustet, Regensburg
Gedruckt auf säurefreiem, alterungsbeständigem Papier
(hergestellt aus chlorfrei gebleichtem Zellstoff)
Printed in Germany
ISBN 10: 3 406 55062 2
ISBN 13: 978 3 406 55062 1
*www.beck.de*

# A

ABGELEHNT – wird zu selten. Zu selten werden Manuskripte mangels Qualität abgelehnt. Da letztlich alles, was gedacht, gesagt, geschrieben worden ist, irgendwo abgedruckt wird, kann Qualität kein Unterscheidungsmerkmal sein. Selbst in den so genannten «besten» (Fach)Zeitschriften finden sich zuhauf schlechte, im besten Falle langweilige Artikel. Abgelehnt werden gerade auch sehr gute Manuskripte, einfach weil die Richtung, der Tenor, der Stil, der *approach* nicht stimmen. In einer postmodern referenzlosen Zeit ist der Sinn für Qualität verloren gegangen, musste verloren gehen. Es bleiben Meinungen übrig und Geschmäcker. Diese sind verschieden und vielleicht das einzige Auswahlkriterium, das verbleibt. Der massenhafte Abdruck selbst noch der abgrundtief minderwertigsten Expektorationen des Wissenschaftsbetriebs – man blättere ein beliebiges Publikationsorgan auf – zeigt den Abschied von Qualitätsmaßstäben (→ Kritik). Die objektivitätsheischende *peer review*- und Gutachtenpraxis ist ein weiterer Pfahl im Fleische der Qualität. Durchschnitt, Einkochen auf das Commune. Mittelmaß, Mediokrität herrschen. Wer hier abgelehnt wird, kann ein → Genie sein. Wer durchkommt, hat alles Notwendige getan, um durchzukommen – Genieverdacht nirgends. Abgelehnte aller Länder: Bleibt unverzagt! Entweder seid Ihr so schlecht, dass Ihr mit absoluter Sicherheit irgendwo noch unterkommen werdet. Oder Ihr seid so außergewöhnlich, dass die Nachwelt von Euch reden wird, von Euren Aufsätzen und → Essays, auf denen der postum skandalöse Stempel prangt: abgelehnt. RMK

ABSCHIEDSVORLESUNG – Wer sich entscheidet, eine Abschiedsvorlesung zu geben, hat einiges zu bedenken. Wie viele Menschen wollen noch hören, was man zu sagen hat? Und hat man ausreichend Wichtiges zu sagen? Gefordert ist nichts Geringeres als eine Art Rechenschaftsbericht für sich und andere. Die Abschiedsvorlesung wird zumeist zum Ende eines Professorenlebens gehalten. Das muss zwar weder heißen, dass das Professorenleben zu Ende ist, noch, dass der Betreffende nun nichts mehr zu sagen und zu schreiben haben wird. Aber er wird das nicht mehr für ein studierendes Publikum tun, sondern entweder für eine mehr oder weniger interessierte Kollegenschar oder als → Feuilletonwissenschaftler. Der in dieser Hinsicht abschließende Rechenschaftsbericht sollte eine große Geste sein. Er sollte ein großes Thema für eine gebildete Öffentlichkeit in souveräner Weise so ausbreiten, dass in dem Vortrag das Resumée eines Gelehrtenlebens enthalten ist. Wie die → Antrittsvorlesung sollte auch die Abschiedsvorlesung ein ausgefeiltes rhetorisches Kunstwerk sein, das höchsten akademischen Ansprüchen genügt und dennoch allgemeinverständlich ist. Aber es muss zudem erkennen lassen, dass der Vortragende in seinem Gebiet ein Forschungsfeld eröffnet und gestaltet hat, das die Nachwelt nicht so ohne weiteres wird übersehen können und das fortan mit seinem Namen verbunden bleibt. Solches wird sich nicht jeder zutrauen können und mancher will es nicht, weil er die Endgültigkeit, die mit dieser Geste des Abgangs einhergeht, scheut. EME

ABSCHREIBEN – Manche Leute glauben, Abschreiben gäbe es erst, seitdem es durch das Internet möglich geworden ist, mit der Tastenkombination Strg + C Strg + V einen ganzen Aufsatz zu übernehmen. Tatsächlich ist Abschreiben sehr alt, das Wort «Plagiat» als Bezeichnung für Wortdiebstahl ist seit der frühen Neuzeit verbürgt. Es soll darauf zurückgehen, dass der spätantike römische Epigrammatiker Martial einen Konkurrenten wiederholt beschuldigte, seine geistigen Kinder geraubt zu haben, und ihn daraufhin «Plagiarius», Menschenräuber oder Kindesräuber, nannte.

War das Abschreiben früher etwas mühsamer – man musste erst ein passendes, aber abseitiges Werk finden und im stillen Kämmerlein Wort für Wort übertragen – ist es im digitalen Zeitalter sehr einfach geworden. Es ist aber auch einfach, digital vorhandene Quellen mit Hilfe von ganz normalen Suchmaschinen zu finden. Drei bis fünf Substantive reichen in der Regel als Suchbegriff, um die Quellen für ein Plagiat aufzudecken.

Einige Abschreiber bemühen sich, durch geschicktes Editieren und Polieren die Herkunft zu verschleiern. Wenn sich jedoch bei einer Dissertation herausstellt, dass hier keine eigenen Gedanken gesammelt wurden, sondern nur die redigierten Gedanken anderer, kann dies zum nachträglichen Entzug des Doktortitels führen. Abschreiber, die fälschlicherweise sich selbst die Autorschaft zuschreiben, nachdem sie die eigentlichen Quellen vergessen haben, leiden unter Kryptoamnesie, heißt es. Dieses Verhalten wird oft bei Kindern beobachtet oder bei Wissenschaftlern, die zu faul sind, sich während des Lesens Notizen zu machen.

Die wissenschaftliche Wiederverwertung pur wird Autoplagiat genannt. Dabei werden eigene Werke ganz oder zum Teil wortwörtlich zu weiteren Aufsätzen umgearbeitet, um die Publikationsdichte aufzubauschen (→ SPU). So sind viele dieser Zeilen ein Autoplagiat aus meinen Publikationen zum Plagiat. Besonders gelehrte Personen publizieren ihre Texte auf Deutsch, Englisch und in einer weiteren, obskuren Fremdsprache. Auch werden liberal Selbstzitate verwendet, um den *impact factor* zu erhöhen (→ SCI).

Mit dem Einzug von *PowerPoint* in die Lehre hat nicht nur eine Verarmung der Argumentationsweisen stattgefunden (→ Columbia), sondern man ist sogar der Meinung, hochmodern *eLearning* zu betreiben. Leider ist es nicht ganz ohne Mühe, diesem widerspenstigen Programm eine ordentliche Vortragsunterlage abzutrotzen. Wie gut, dass andere ganz stolz ihre Vortragsunterlagen im Internet bereithalten! Der gestresste Dozent, der vor lauter Arbeit an lukrativen Gutachten die Vorbereitung der Vorlesung versäumt hat (→ Angst), kann in Windeseile gut vorbereitet wirken. Man ersetzt in der Kopfzeile Name und Universität; bestenfalls schaut man sich die Folien vorher an, um Details, die auf eine Übernahme hinweisen würden, zu entfernen oder zu verändern. Und fertig ist der ‹eigene› Vortrag.

Allerdings sind Studierende inzwischen auch auf den Trichter gekommen, solche multimedialen Höchstleistungen von eher drögen Vorlesungskünstlern im Internet nachzuforschen, mit zum Teil erheblicher Trefferquote. Um sich eine solche Blamage zu ersparen, bietet es sich an, den Namen des Autors bewusst stehen zu lassen und an einigen Stellen gekonnt Kritik an dem Inhalt zu üben.

Manche Damen und Herren Professoren sind auch der Ansicht, ihnen stehe eine Art *jus primae noctis* nach Gutsherrenart zu. Sie meinen, die Erstverwertung der Gedankenkinder ihrer Leibeigenen (DiplomandInnen, DoktorandInnen, HabilitandInnen) zu besitzen. Sie schreiben Aufsätze, liefern Gutachten, beantragen Forschungsgelder oder gar → Patente auf der Basis von Zuarbeiten der MitarbeiterInnen. Andere Abschreiber bitten ihre Diplomanden gleich, die Abschlussarbeit auf CD-ROM einzureichen; dann ist die wortwörtliche Übernahme in die eigene Forschungsarbeit nicht so mühsam.

Abschreiben ist auch mit anderen Medien möglich: Fotobearbeitungssoftware scheint des schrägen Forschers bester Freund zu sein (→ Aufhübschen). Wenn nur zwei statt elf Stammlinien etwas geworden sind, nimmt man die Bilder von einer, verändert sie ein wenig und schon ist die nächste Publikation in *Nature* sicher.

Wer keine Mühe bei den eigenen Forschungen aufbringen will und einer bizarren Fremdsprache mächtig ist, versucht es mit einem Übersetzungsplagiat. Dabei wird immerhin eine geistige Leistung erbracht, wenn auch nicht im eigentlichen Fach, sondern bei der Übersetzung. Hier fällt es höchstens auf, dass die Quellen nicht neueren Datums sind, und vielleicht ist der eine oder andere Begriff etwas holprig formuliert, weil das eventuell als Unterstützung eingesetzte Übersetzungsprogramm nichts damit anfangen konnte. *Babelfish*, zum Beispiel, übersetzt «Adjunct Faculty Member» (Lehrbeauftragter) als «Anhang-Fähigkeit-Mitglied». DWW

AKADEMIE – Über die von Novalis so genannte «wissenschaftliche Fabrick» ist kaum noch etwas zu sagen. Alle Versuche, die alten Gelehrtengesellschaften in Arbeitsstätten, Intellektuellen-

foren oder Gedankenzündmeiler zu transformieren, können getrost als gescheitert angesehen werden. Die von den Akademien betriebenen Forschungs(langzeit)vorhaben sind zwar nicht schlechter als andere und besser als ihr Ruf. Greise sind nicht an sich unnütz (→ Silberrücken). Wunderbare Projekte sind gar dabei. Bloß sind diese, schon wegen ihres Alters und weil nur Mitarbeiter daran arbeiten, vollkommen losgelöst von den Mitgliedern der Akademie. Letztere verharren meist in ihrem Ehrenstatus, *Ehre* schon deshalb, weil sie kein Geld bekommen, worin vielleicht eine Crux des Akademiendaseins liegt. Bekämen sie, die Mitglieder, Geld, könnte man auch etwas von ihnen fordern. So bleibt das Honoratiorenwesen, von unrettbar romantischen Engagements abgesehen. Die Stätten des hohen und hehren Geistes – nicht einmal Niklas Luhmann haben sie aufgenommen, oder Jürgen Habermas. Trauerspiele allerorten.
Noch ein Satz zur berühmtesten Akademie der Welt, der großartigen französischen mit ihren 40 Unsterblichen. Ein Satz, der die ganze Tristesse des Akademieruhms so treffend, wie kein anderer es vermag, beschreibt, ein präsidialer Satz, während einer Akademiesitzung vor einigen Jahren den alten, größtenteils uralten Männern entgegengeschleudert, ein finaler Satz von Jacques Chirac: «Sie sind die Hoffnung der Nation». RMK

ALTPHILOLOGIE – Unter allen Geisteswissenschaften genießt die Altphilologie den Ruf, die sprödeste und strengste Magd der Wissenschaft zu sein. Aus ihrem Gegenstand, den toten Sprachen und antiken Überlieferungen, ergibt sich eine Aura verstaubter Exklusivität. Während alle anderen Disziplinen der philosophischen Fakultät vom stetigen Altern des eben noch Gegenwärtigen leben, verzeichnet die Altphilologie einen verschwindenden Zuwachs an Untersuchungsmaterial; antike Texte werden eben nur selten entdeckt. So lebt die Altphilologie allein vom gleichermaßen beispiellosen wie mustergültigen Mythos der eigenen Antiquiertheit und wird hierin ein Symbol disziplinierter Wissenschaft überhaupt. Außer dem – umstrittenen – Ausweg der Wissenschaftsgeschichte folgen aus dieser Not Tugenden wie Genauigkeit, Gründlichkeit, Beharrlichkeit, Bewahrung. Nur Ignoranten und Spötter können das böswillig als Pedanterie, editorische Buchmacherei, Mangel an Inspiration oder Rückwärtsgewandtheit deuten.

Die üble Reputation des Altsprachenunterrichts und der drei redenden *artes liberales* aus der mittelalterlichen Universität (Grammatik, Rhetorik, Dialektik) hat mit der jungen, erst Ende des 18. Jahrhunderts entstandenen neuen wissenschaftlichen Disziplin der Altphilologie wenig zu tun. In der Spätaufklärung setzen sich die «Alterthumskundigen», die sich nach Lessing mit «Geist» beschäftigen, unaufhaltsam gegen die mit bloßen «Scherben» befassten «Alterthumskrämer» durch. Die ärmliche Magd der Philologie entledigt sich um 1800 allmählich ihrer Lumpen und steigt zur neuen Leitfigur auf. Die Romantiker rücken sie gleichberechtigt neben die Philosophie: Friedrich Schlegel macht sie zum Zentrum seines Traums vom «absoluten Verstehen», vom universalen Wissen und vom kombinatorischen statt kompilatorischen Denken; August Boeckh feiert die philologische Kritik im Rahmen seiner *Encyklopädie und Methodologie der philologischen Wissenschaften* (ab 1809) als «divinatorisch»; und Novalis spricht vom «Letternaugur» als dem einzigen «Gelehrten im strengen Sinn».

Angesichts aktueller Kontroversen über Umwertung und Verfall von Bildung ist solcher Respekt nötiger denn je. Was vor Einleitung des Bolognaprozesses noch als Seminar galt, war eine Innovation Christian Gottlob Heynes und der Göttinger Altphilologie um 1800. Hans Ulrich Gumbrechts neues Textbegehren im Zeichen einer wieder erstarkenden *Power of Philology* (2002) umschreibt inzwischen den Kern geisteswissenschaftlicher Grundlagenkompetenzen: Sammeln, Edieren, kritisches Kommentieren, Historisieren, Lehren. Das arglose Wort von Fausts Famulus Wagner: «Wie schwer sind nicht die Mittel zu erwerben, / Durch die man zu den Quellen steigt», taugt durchaus als Titel für eine moderne Kulturtheorie zur «Transformation der Antike»: Psychoanalyse ohne die Wahrheiten der griechischen Tragödie? Europäisches Drama und Theater ohne Aristoteles, Sophokles oder Euripides? Hermeneutik oder Dekonstruktion ohne Textkritik? Reden, Schreiben, Komponieren ohne antike Rhetorik? Sprachen verstehen und erlernen ohne Grammatik? Das und vieles mehr (→ Mode) wäre ohne die Altphilologie, die zudem unzählige Leser mit Übersetzungen von den Mythen und Historien des Abendlandes beschenkte, undenkbar. Trotz all dieser Verdienste ist sie bescheidener geblieben als jede andere Disziplin – eine Dienerin der Wissenschaft mit vollendeten Manieren. Eben diese eigentümliche Bodenständigkeit und Traditionsverbundenheit lässt die Altphilologie als erhabenen Leuchtturm europäischen Denkens erscheinen, an dem die plätschernden Wellen ahnungslos nivellierender Bildungsreformen und ökonomischer → Kosten-Leistungs-Rechnungen sich vorerst noch schadlos brechen. AK

ANGST – Wer schon länger dabei ist, lässt sich nichts mehr anmerken und hat damit zumindest bewiesen, dass er sie im Griff hat. Beim Jungvolk, den Studenten, muss sich das noch erweisen. Manche werden dermaßen von ihr gebeutelt, dass sie aufgeben müssen. Immerhin, sie wagen es noch, über sie zu sprechen: die Angst. Die Angst zu versagen, die Angst vor Blamage, die Angst, völlig unbedeutend zu sein. Wer sie nicht hat, ist ein Held, aber normal ist das nicht. Normal ist das Zittern vor → Prüfungen, von denen alles, aber auch alles abhängt. Normal ist das Grauen, das im Rückenmark hinauf kriecht, wenn man vor einer Gruppe Fremder stotternd Halbwissen referiert, normal sind auch die Beklemmungen, die das Denken und Sprechen unmöglich machen, sobald man mit denen zusammensitzt, die es vermeintlich «geschafft» haben, den Professoren und Doktoren. Schlaflosigkeit, Gewichtsverlust, Augenringe, Panikattacken, Blackouts – bis zum Magister oder Diplom gehört all dies geradezu selbstverständlich zum universitären Alltag, führt im Zweifelsfall zum Schulterschluss. Für die ganz Verzweifelten existiert sogar ein psychologisches Hilfsangebot von Seiten der Institution: die Angst wird öffentlich anerkannt.

Mit fortschreitender Karriere aber verliert sie an Salonfähigkeit. Selbst im Bewusstsein, eine überforderte, unkreative, klägliche Wurst zu sein, müssen Wissenschaftlerinnen und Wissenschaftler nach außen hin strahlendes Selbstbewusstsein ausströmen (→ Zweifel). Gelingt dies nicht, erwächst zusätzlich zu allen anderen Ängsten auch noch die, nicht ernst genommen zu werden. Und dann ist es sowieso aus. Zeugen des verängstigten Zusammenbrechens werden nunmehr nur noch die besten Freunde und natürlich die Partner.
Die Auslöser der Angst sind nach wie vor vielfältig. Über allem steht die Existenzangst, hervorgerufen durch Zeitverträge (→ Stipendium). Wer das Glück einer Dauerstelle hat, fürchtet alternativ die Streichung von Geldern. Die Uhr tickt, die Veröffentlichungsliste ist viel zu kurz, der Arbeitseinsatz immer zu gering. Die brillanten Ideen für zukünftige Projekte fehlen. Es dräut die nächste Evaluation, das nächste vernichtende Gutachten, der nächste englisch zu haltende Vortrag. Apropos Vorträge – die guten Fragen in der Diskussion fallen sowieso immer nur den anderen ein (→ Wortmeldung). Die anderen haben auch alles gelesen und nennen VIPs beim Vornamen, von denen man selbst nicht mal die Nachnamen kennt (→ Aussprache). Überhaupt, irgendwer spinnt da Intrigen, bloß wer und warum?
Wie gesagt, wer schon länger dabei ist, lässt sich nichts mehr anmerken. Wer Glück hat, wird durch den natürlichen Alterungsprozess weise und meditiert seine Ängste einfach weg. Wem das nicht gelingt, dem bleibt immer noch das gute, alte Pokerface (→ Gesicht). Kann man vor dem Spiegel üben. *ES*

ANREDEN – Wenngleich sich seit den Zeiten von Kotzebue im deutschen Sprachraum einiges geändert hat und Adenauer Kardinal Frings nicht mit «Eminenz», sondern mit «Herr Frings» anreden konnte, so ist die Frage, ob diese Freizügigkeit auch auf den Universitäten am Platze wäre. Ein österreichischer Rektor, von einem Studenten mit «Herr Professor» angesprochen, erwiderte diesem fassungslos: «Wenn Sie sich bei mir solche Freiheiten nehmen wollen, können Sie mir gleich Robert sagen». Die gekränkte Magnifizenz fühlte sich offenbar ähnlich wie ein Professor, der als «Herr Doktor» apostrophiert wird, womit scheinbar angedeutet werden soll, dass man ihn für einen Assistenten hält. So gesehen ist es sicherlich besser, Rektor Schmid oder Professor Müller als «Herr Schmid» oder «Herr Müller» anzureden. Das ist zwar auch falsch, aber wenigstens nicht beleidigend. Falsch deshalb, weil nur Standesgenossen (→ Kollege) Prof. Müller mit «Herr Müller» anreden («Herr Professor Müller» von einem Standesgenossen wäre bereits eine Art Hohn). Wenn Nichtstandesgenossen (→ Balkan) bzw. normale Sterbliche nicht «Herr Professor» oder «Professor Müller», sondern schlicht «Herr Müller» sagen, so ist diese Form des Fraternisierens zwar als Anmaßung, aber nicht als Zuordnung zu einem falschen Stand zu deuten. Eine Person von Stand geht nämlich davon aus, dass man ihr den Rektor oder Professor ansieht.

Titel sind natürlich Glückssache, weswegen es immer besser ist, sich nach oben als nach unten zu vergreifen. Protokollarische Sensibilitäten lassen sich offenbar weder durch Praktikabilitätsüberlegungen noch unter Berufung auf bestimmte Ideale der Französischen Revolution vom Tische wischen. Einer gewissen populistischen Jovialität dürfte es derzeit eher gelingen, protokollarische Durchbrüche zu erzielen. Bisweilen befindet man sich durchaus in guter Gesellschaft, wenn man, z. B. als Student, *Prof. Müller* mit «Guten Tag, Herr Müller» oder *Rektor Schmid* mit «Hallo Robert» begrüßt, einfach, weil Prof. Müller und Rektor Schmid in fortschrittlicher, also amerikanischer Gesinnung («Wir sind alle ein Team») einen geradezu darum bitten. Manchmal allerdings um den Preis, dass Rektor Schmid bzw. Robert nach ebenso amerikanischem Vorbild sich von der Universitätsverwaltung einen eigenen Lift genehmigen lässt, der nur für ihn bestimmt ist.

MT

ANTRAG – Am Anfang von etwas Neuem steht häufig ein Antrag. Zwar gibt es zuvor bereits Ideen, Absichten oder auch Pläne.

Aber der erste offizielle Schritt nach außen manifestiert sich – selbst in so unterschiedlichen Bereichen wie der Realisierung eines Bauvorhabens, dem Einfordern staatlicher Sozialleistungen oder der Bewerbung um einen Studienplatz – zumeist in einem Antrag. Dieser unterscheidet sich von einer bloßen Anregung oder Anfrage dadurch, dass eine Entscheidung erwartet wird.

Auch in der Wissenschaft sind Anträge mittlerweile zum festen Bestandteil des Forschungsalltags geworden. Immer mehr Mittel werden in antragsinduzierten, wettbewerblichen Verfahren vergeben. Kaum eine wissenschaftliche Einrichtung, jedenfalls in der Grundlagenforschung, die international konkurrenzfähig sein will, kann heute auf das Einwerben von → Drittmitteln verzichten. Im Unterschied zu den oben erwähnten staatlichen Sozialleistungen, auf die per Antrag ein Anspruch geltend gemacht wird, kann jedoch der wissenschaftliche Antragsteller nicht darauf bauen, dass ihm in jedem Fall zusätzliche Mittel zugeteilt werden. Sein Antrag muss sich vielmehr erst gegen andere, möglicherweise ebenso gute, wenn nicht gar bessere Vorschläge und Ideen durchsetzen. Die Erfolgswahrscheinlichkeit liegt jedenfalls derzeit bei den meisten Förderinstitutionen deutlich unter 50 Prozent, häufig nur noch bei 20 bis 30 Prozent.

Der wissenschaftliche Antrag weist eine Reihe von Eigentümlichkeiten auf, die ihn von anderen Gesuchen und Forderungen unterscheiden (→ Freiheit). Dazu gehören die verschiedenen Adressaten, die Verknüpfung von bereits Geleistetem mit den jeweiligen Zukunftsplänen und die Balance zwischen Risikobereitschaft und Ertragserwartung. Wer sich – wie in Forschungsanträgen üblich – an den Grenzen des Wissens bewegt und zu neuen Erkenntnissen vorstoßen will, der tut gut daran, seine Risikobereitschaft zu betonen und zugleich deutlich zu machen, dass er alle notwendigen Vorkehrungen – gewissermaßen ‹sturmerprobt› und ‹wetterfest› – getroffen hat, um das Vorhaben zum Erfolg zu führen (→ Knödeldiagramm). Es darf zwar nicht der Eindruck entstehen, dass die Vorarbeiten bereits das Stadium gesicherter Ergebnisse erreicht hätten, aber ohne konkrete Hinweise auf die Machbarkeit des → Projekts dürfte ein Antragsteller wohl kaum das Vertrauen seiner Kollegen und der künftigen Geldgeber erobern.

Primärer Adressat ist die Institution, bei der Fördermittel eingeworben werden sollen. Erst wenn diese erste Hürde, nämlich die formale Antragsprüfung in der jeweiligen Förderinstitution, genommen ist, kommt der zweite Adressat, dessen Urteil bei der Priorisierung der vorliegenden Anträge zumeist den Ausschlag gibt, überhaupt ins Spiel: der Fachkollege als Gutachter. Da durch schriftliche Befragung mehrerer Expertinnen und Experten oder auch durch vergleichende Erörterung einer Vielzahl von Anträgen im Rahmen einer Gutachtersitzung die endgültige Entscheidung über den jeweiligen Antrag vorbereitet wird, gilt es also, besondere Mühe darauf zu verwenden, die wissenschaftlichen Ziele des Vorhabens, die Originalität der Fragestellung, die vorgeschlagene Methodik und den genauen Durchführungsplan sowie die dafür beantragten Mittel überzeugend darzulegen (→ Mode). Erst wenn Fachkollegen wie Förderinstitutionen gleichermaßen positiv beeindruckt sind, kann mit einer Bewilligung des Antrags gerechnet werden. *WK*

**ANTRITTSVORLESUNG** – Die Antrittsvorlesung ist das Ende einer langen akademischen Prozedur, der letzte Akt eines Übergangsrituals, in dem der Habilitand oder die Habilitandin eine liminale Phase durchläuft, um am Ende, nach einer symbolischen Zerstückelung vor den Fakultätsmitgliedern, neu zusammengesetzt in die akademische Gesellschaft initiiert zu werden.

«Der Bewerber soll in der Regel innerhalb eines halben Jahres nach Erteilung der Lehrbefugnis (venia legendi) eine öffentliche Antrittsvorlesung abhalten.» *Auszug aus einer Habilitationsordnung der Universität Heidelberg.*

Der Sinn und Zweck eines Übergangs- bzw. Initiationsrituals besteht gemeinhin darin, dem Initianden einen neuen, höheren sozialen Status zu verleihen. Nicht immer jedoch können Rituale mit gesellschaftlichen, wirtschaftlichen und politischen Veränderungen Schritt halten (→ Bundesbrüder). Ihre Trägheit und mangelnde Anpassungsfähigkeit führen manches Mal dazu, dass sie noch eine Zeit lang unter ihrer alten Bezeichnung durchgeführt werden, obwohl sie bereits anderen Zwecken dienen. Die Antrittsvorlesung ist ein solches Ritual: feierlich inszeniert, muss sie bestimmte Merkmale aufweisen, um wirkungsvoll zu sein: der Hauptakteur erscheint in neuer Kleidung und männlichenfalls mit Krawatte (→ Aussehen). Es soll Leute geben, die zuvor nicht nur einen Termin beim Friseur, sondern auch bei der Kosmetikerin haben. Auch die Zuhörerschaft erscheint, dem Anlass angemessen, in festlicher Kleidung. Gedruckte Einladungen wurden zuvor verschickt. Eine elektronische Übermittlung würde das Ereignis banalisieren. Der Raum sollte mit Bedacht ausgewählt werden. Die Universität verfügt zu diesem Zweck über wenige sakral anmutende Räume, die sich besonders dafür eignen. Sie sollten früh genug gebucht werden. Nachdem all diese Vorkehrungen getroffen wurden, beginnt das eigentliche Ritual mit der → *Laudatio ad habilitationem* durch den Dekan der Fakultät. Sie schildert die phantastische akademische Vita des Habilitierten, die gekennzeichnet ist durch die Zusammenarbeit mit einem illustren internationalen Kollegium und einer Veröffentlichungsliste, die so lang ist, dass nicht einmal alle Hauptwerke genannt werden können, denn das würde den Rahmen sprengen. Die nun folgende Antrittsvorlesung beginnt mit der korrekten → Anrede des Dekans als ‹Spectabilis› oder ‹Eure Spektabilität›. Die Antrittsvorlesung sollte ein ausgefeiltes rhetorisches Kunstwerk sein: spannend, geistreich, für ein öffentliches Publikum verständlich – aber natürlich trotzdem auf höchstem akademischen Niveau. Die Überreichung der Urkunde (samt Glückwünschen und Blumenstrauß) bildet das Ende der formalen Inszenierung. Die Habilitierte ist nun → Privatdozentin. Die Kommensalität beginnt. Der ‹Umtrunk› oder ‹Empfang› findet vor den sakralen Räumen statt. Die Privatdozentin ist jetzt nicht mehr Vortragende, sondern Gastgeberin. Die Antrittsvorlesung bietet Gelegenheit, die Familie mitzubringen, die man auch in der → Danksagung der Habilitationsschrift erwähnt hat: den Partner, um die Wein- und Sektflaschen zu öffnen, manchmal die Eltern, die so gut wie niemanden kennen, und vor allem die Zwei- bis Fünfjährigen, die es schon während des Vortrages nicht lange auf ihren Plätzen hielt und die jetzt zwischen den Gästen Fangen spielen. Sie werden wohlwollend belächelt, bringen sie doch eine Prise Leben ins sonst so blutleere akademische Umfeld (→ Kinder).

Welchem Zweck dient die Antrittsvorlesung? ‹Antritt zu was?› mag sich mancher mit einem gewissen Unbehagen fragen. Antritt in den Status der Privatdozentin, in einen weiteren liminalen Zustand also, mit wenigen Rechten, aber vielen Pflichten:

«Nach Abhaltung Ihrer Antrittsvorlesung erhalten Sie über die Ergebnisse Ihres Habilitationsverfahrens eine schriftliche Urkunde, die Sie als ‹Privatdozentin› ausweist. Die Führung des Titels ‹Privatdozentin› verpflichtet Sie, regelmäßig Lehrveranstaltungen im Umfang von mindestens 2 SWS abzuhalten.» *Aus einem* → Brief *des Dekans an die Kandidatin nach dem erfolgreichen Abschluss des Habilitationsverfahrens.*

Die Antrittsvorlesung der Privatdozentin hat eine große Schwester. Es ist die Antrittsvorlesung der neu berufenen Professorin. Sie findet statt, nachdem die Privatdozentin endlich auf ihre erste Professur berufen wurde. Diese Antrittsvorlesung erfolgt meist zwei Jahre nach dem Antritt der Professur. Auch ihre Inszenierung richtet sich nach den oben genannten Kriterien. Sie bringt jedoch nicht eine Initiation zu ihrem feierlichen Abschluss, sondern dient dem gesellschaftlichen Gedächtnis. Denn eigentlich hat zu diesem Zeitpunkt schon jeder vergessen, dass die Initiierte nun schon vor zwei Jahren ihr Amt angetreten hat und jetzt tatsächlich einen höheren gesellschaftlichen und ökonomischen Status innehat.

Genau genommen müsste deshalb die Antrittsvorlesung der Privatdozentin Habilitationsabschlussvorlesung heißen, die Antrittsvorlesung der Professorin Antrittsgedächtnisvorlesung. In beiden Fällen dient sie nicht mehr dem ‹Antritt›, der ‹Inauguration›, sondern markiert entweder den Übergang von einem liminalen Zustand in einen anderen oder erinnert an einen erfolgreichen Übergang, der zwei Jahre zuvor stattgefunden hat. ESK

ASSISTS – Vom Sport lernen heißt siegen lernen. Wie im Tabellenkeller so auch bei den Spitzenplätzen der Wissenschaftsevaluation. Dass es im Sport nicht gerecht zuginge, meinen nur jene, die die ausgefeilten Bewertungssysteme der Ligen nicht kennen. Mögen am Wochenende nur die Vollstrecker jubeln, am Montag wird der Ruhm in den Fachblättern großflächig parzelliert. Torschützen bleiben Torschützen, aber hinter ihnen marschieren Kolonnen von fleißigen Helfern auf, die nun ihr Scherflein Ruhm zugemessen bekommen. Der Fachausdruck hierfür lautet *Assists*. *Assists* sind Punkte für Torvorlagen. Denn ohne Vorlage keine Tore. Im Sportenglisch heißt die Regel daher: Auch für *Assists* gibt es *Scorer-Punkte*. Von dieser «Vergerechtlichung» (Bernhard Schlink) profitieren nicht nur die eigentlichen Wasserträger der Stars, sondern die ganze Spielkultur. Es kommt eben nicht nur darauf an, den Ball mit dem Knie über die Linie zu drücken, genauso wertvoll ist das präzise Zuspiel davor: Nimm Du den Ball, ich hatt' ihn schon (→ Geistesnähe). Auch die Publikationslisten in der Wissenschaft bilden nur unvollkommen ab, was mancher Forscher im Stillen leistet. Ja, es gibt sie: Die großen Anreger und Helfer. Sie verschleppen die eigenen Forschungen, um Kollegen zu helfen. Sie geben geduldig Hinweise, hören zu und korrigieren unermüdlich Vorfassungen fremder Veröffentlichungen. Ohne ihre Kommentare würden viele es nicht schaffen. Am Ende folgt der große Durchbruch, aus dem Gelehrten wird ein → Science Star, und der Dank, der den Stillen im Lande nun gebührt, darf nicht nur vom bekränzten Forscher ausgesprochen werden. Dankbar muss vielmehr die ganze *community* für deren *Assists* sein (→ Interlaus). Folglich muss man ein Anreizsystem schaffen, welches ihre Beiträge in der klingenden Münze des wissenschaftlichen Ruhmes objektiviert. Dass dabei streng nach Verdiensten gestaffelt werden muss, versteht sich von selbst. Der entscheidende Anstoß zu einer bahnbrechenden Monographie kann nicht dem Hinweis auf ein drittklassiges *Paper* gleichgestellt werden, das der Betroffene womöglich sogar selbst entdeckt hätte. Am einfachsten ist es vermutlich, wenn man den Selbstauskünften der Autoren folgt und die Helferlein je nach der Größe des vom Forscher ausgesprochenen Danks für ihre *Assists* belohnt. Denkbar wäre folgendes System, dass die Zumessung von Verdiensten nach Kategorien geordnet typisiert. Das Helferlein erhält dann:

7 *Assist-Punkte* für die Widmung auf dem Vorsatz zu einer Monographie (hier wie überall: Ausschluss von rein familiären Bindungen).

5 *Assist-Punkte* für die Danksagung im Vorwort zu einer Monographie.

3 *Assist-Punkte* für die Danksagung im Nachwort zu einer Monographie.

1 *Assist-Punkt* für die Danksagung in der Eröffnungsfußnote zu einem Aufsatz.

0,5 *Assist-Punkte* für den Dank in einer einfachen Fußnote für einen Hinweis.

50 *Assist-Punkte* werden durch Berufungskommissionen und bei der Mittelvergabe als eigene Monographie gewichtet. 10 immerhin noch als eigener Forschungsaufsatz. Wer weniger als 5 Punkte hat, sollte sich keine Chancen auf abgeleiteten Ruhm ausrechnen. Wer infolge fehlender Menschenkenntnis nur solchen Kollegen unter die Arme gegriffen hat, die die Helferlein danklos lassen, hat Pech gehabt und muss selber forschen. MV

AUFHÜBSCHEN – Cindy Crawford hat einmal gesagt: «Die Frauen wollen so aussehen wie wir. Sie wissen nicht, dass auch wir nicht so aussehen». Doch nicht nur beim Blättern in der *Vogue* bleibt offen, welche Abbildungen etwas ‹aufgehübscht› worden sind. So finden sich auch in durchaus einschlägigen wissenschaftlichen Zeitschriften immer mal wieder Darstellungen, bei denen sonst unscheinbare Details geradezu überraschend deutlich zu erkennen sind: Banden mit DNA-Fragmenten, die einen hervorragenden Kontrast aufweisen; mit fluoreszierenden Markern gekennzeichnete Proteine, die sich leuchtend vom dunklen Hintergrund abheben; Zellstrukturen, die säuberlich umrissen sind.

Die digitale Photographie und die weite Verbreitung von Bildbearbeitungsprogrammen machen es möglich: da gibt es so praktische Werkzeuge wie den Wischfinger, mit dem Kratzer und Flecken beseitigt werden können, oder das Magnetlasso, welches es erlaubt, ‹unwichtige› Banden zu markieren und abzudunkeln. Die Grenzen von Aufarbeitung zur Fälschung sind fließend (→ Whistleblower). Das *Journal of Cell Biology* beschäftigt inzwischen Bildbearbeitungs-Forensiker, die nach den Spuren digitaler Manipulation fahnden. Die gefällige Darstellung der eigenen Daten ist dabei kein neues Phänomen. Zeichnungen zeigen das, was der Zeichner erkennt, und somit passen sie selbstverständlich zur Aussage, die belegt werden soll. Heute liegen zwischen Aufarbeitung und Fälschung nur noch einige wenige Mausklicks. Bevor man bei der gefälligen Darstellung seiner Ergebnisse zu weit geht, sollte man sich daran erinnern, dass wahre Schönheit von innen kommt. *JF*

AUSSCHLAFEN – Ist mit Abstand das Beste am Forscherdasein. Man bleibt Student, sein Leben lang. Lebenslanges Lernen gepaart mit lebenslangem Ausschlafenkönnen, den Kongressfrühstücksterror außer acht gelassen (→ Frühstück). Beamten- oder Angestelltennaturen ebenso wie Familienväter und -mütter sowie bestimmte Labornaturwissenschaftler können allerdings nicht ausschlafen, so sehr sie sich auch als Wissenschaftler fühlen mögen. Aber wenn man von diesen bedauernswerten, von der Natur induzierten Zumutungen des normalen Lebens einmal absieht, kann der Forscher(professor) ausschlafen. Und das Schönste: Er muss nicht einmal gut sein. Überall sonst wird evaluiert, kommentiert, abserviert. Hier jedoch, beim Ausschlafen, kommt es nicht auf Qualität oder Qualitätssicherung an. Selbst der dümmste Wissenschaftler und der grottigste Professor können, wenn sie es denn können und wollen, ausschlafen. Deshalb, nur deshalb bin ich Forscher geworden: um ein Leben lang (aus)schlafen zu können. *RMK*

**AUSSCHREIBUNG** – Da es sich bei der Besetzung einer Professur laut Gesetz um eine so genannte «Bestenauslese» handeln muss, ist sicherzustellen, dass möglichst viele Beste von der Existenz einer Stelle Kenntnis erhalten. Entscheidend bei einer Ausschreibung ist dabei die Beschreibung des Forschungsgebiets (→ Berufungsverfahren), die zwischen Vagheit und enormer Kleinteiligkeit schwankt – in letzterem Fall können Profis den erfolgreichen Kandidaten oft bereits benennen, bevor dieser überhaupt seine Unterlagen in den Umschlag gesteckt hat. Auch der Hinweis auf die → üblichen Unterlagen, die der Bewerbung beizufügen seien, darf nicht fehlen. Traditionelle Veröffentlichungsorgane sind neben der *ZEIT* in den Geisteswissenschaften Verbandsorgane in den Naturwissenschaften. Um Internationalität der Suche sicherzustellen, wird der Ausschreibungstext auch in internationalen Verbandszeitschriften veröffentlicht. Die Ausschreibungen deutscher Universitäten stechen zumeist durch ihre Größe sowie die Verwendung unbeholfen-klotziger Logos aus den siebziger Jahren zwischen den kleingedruckten Annoncen von Harvard, Yale und Stanford heraus. Im Gegensatz zu diesen weisen viele deutsche Universitäten in einer detaillierten Selbstbeschreibung auf ihre internationale Strahlkraft und führende wissenschaftliche Rolle hin. Der traditionsbewusste Hinweis «successor of Prof. Dr. X» findet sich vor allem dann, wenn der *scientific citation index* auf Eingabe des Namens Prof. Dr. X eher einsilbig reagiert. *US*

**AUSSEHEN, MÄNNLICH** – Man hört und liest es immer wieder: Aufs Aussehen kommt es an! Natürlich dürfte es nicht darauf ankommen. Ankommen müsste es auf Qualität, Originalität, Substantialität. Doch darauf kommt es eben nicht, jedenfalls nicht alleine und nicht einmal entscheidend, an (was hinter vorgehaltener Hand auch zugegeben wird). Erfolgreich sind die Schönen, die Hässlichen müssen sich anstrengen. Das ist in der Wirtschaft so. Und in der Wissenschaft? Dort scheint es zunächst nicht so sehr aufs Aussehen anzukommen. Schlecht sitzende Anzugkombinationen (wenn überhaupt Anzüge!) mit irgendwie schon lange aus der Mode geratenen Mustern oder ein universell aufgetragener Allerweltsschmuddellook: das hat noch keiner Karriere geschadet, sonst würde man solchen Bekleidungen (→ Kluft) nicht ständig auf Kongressen und in Instituten begegnen. Doch man täusche sich nicht. Aufs Aussehen kommt es auch in der Wissenschaft an: auf ein anderes Aussehen (→ Coolness). Der glatte, gutaussehende Boss-Typ hat bei den Philosophen keine Chance, da kann er sich noch so gut bei Augustinus auskennen. Ein bisschen Che-Guevara-Verruchtheit oder französischer BHL-Chic möchte da schon sein. Und es kommt natürlich auf den (Geschmack desjenigen) an, auf den es ankommt. Zum Beispiel bei → Auswahlverfahren. Ein Tor, wer Gutes dabei denkt. RMK

AUSSEHEN, WEIBLICH – Frauen in den Geisteswissenschaften unterliegen einem recht ungesicherten Aussehenskodex. Ist der kurze Rock nur beim Vortrag verpönt oder auch schon im Institut? Ist der Hosenanzug beim Vortrag ein Zeichen von zu großem Dominanzstreben (→ Queenbee) und das Kostüm das weichere Signal an (potentielle) Kollegen? Welche Absatzhöhe muss man wählen, um nicht zu bieder und nicht zu lasziv daherzukommen? Wie auffällig darf der Schmuck sein und ist die Perlenkette wirklich immer eine gute Wahl?

Einige Ratschläge kann man wagen. Der Schal ist die Krawatte der Frau, anders als die Krawatte bei den Männern ist der Schal bei den Frauen jedoch immer erlaubt und kann helfen, die Schmuckwahl zu erübrigen. Wenn sie Lippenstift verwendet (→ Aufhübschen), sollte die Vortragende keinen zu auffälligen Rotton wählen, bei Lidschatten empfehlen sich Pastelltöne und überhaupt gilt, dass die Vortragende nicht geschminkt aussehen sollte, selbst wenn sie es ist. Sie muss auch kein Make-up auflegen, da Frauen aber meist bereits genügend Schwierigkeiten haben, mittels der weiblichen Stimme eine einprägende Vorstellung zu hinterlassen (→ Wortmeldung), ist eine Konturierung des optischen Eindrucks nicht von Nachteil.

In den Natur- und Ingenieurswissenschaften hingegen gibt es «die» Frau nicht. Vielmehr lassen sich zwei Phänotypen unterscheiden: (1) Die *betont weibliche Frau*, die daran erkennbar ist, dass sie überhaupt optisch als Frau identifizierbar ist (denn: auf offener Wildbahn übliche Attribute wie hohe Absätze oder Lippenstift sind auf dem natur- und ingenieurwissenschaftlichen Terrain weitgehend undenkbar). Sie erhöht durch ihr Erscheinungsbild ihre Visibilität zum Beispiel auf Tagungen drastisch. Ihre Anwesenheit wird in vielfältiger Weise als angenehm empfunden (Tischdame, Deko, generelle Auflockerung der Gesprächsatmosphäre), jedoch selten auch auf professioneller Ebene als Bereicherung wahrgenommen. (2) Die *Frau als der bessere Mann* unterscheidet sich optisch möglichst wenig von ihren Kollegen. Dies verschont sie vor Paternalismen, dennoch wird sie niemals als echter Mann reüssieren; dazu gehört einfach mehr (→ Y-Chromosom). EME/HW

AUSSPRACHE – Wissenschaftler verstehen sich nicht als Schauspieler. Selbst von altgedienten akademischen Lehrern erwartet kaum jemand, dass sie in Vorlesungen ihre Sätze deklamieren. Obwohl es ja Publikum und Bedarf reichlich gäbe. Weil aber das öffentliche Sprechen oft erst am Ende eines wissenschaftlichen Prozesses steht, der im stillen Studierzimmer stattfindet, und es keine Generalprobe gibt, ist eher der umgekehrte Fall der öffentlichen Fehler vertraut. Lokale Idiome allerdings ziehen in der Regel keine bleibenden Unwerturteile auf sich. Dass auswärtige Neurologen im Gespräch mit den Sachsen immer zusammenzucken, schert diese wenig; sie sprechen unverdrossen weiter über die «Entwicklong des menschlichen Gehörns». Anderes überschreitet deutlicher die Grenze zur Blamage (mit Raunen und Kichern im Saal): Der Referent tritt mit breiter Brust auf und lässt in bedeutungsschwerer Belesenheit seine Gewährsmänner aufmarschieren. Im Vortrag fällt leider vor allem auf, dass er deren Namen offenbar noch nie in Gesellschaft ausgesprochen hat oder sie ihm bis vor kurzem praktisch unbekannt waren. So zumindest der Anschein seiner Ahnungslosigkeit in Bezug auf Mihaly

Csikszentmihalyi, Slavoj Žižek oder gar Rudolf von Jhering. Das kann schaden, weil die Zugehörigkeit zu gewissen akademischen Gemeinden sich auch über die Kenntnis von solchem Sonderwissen entscheidet. Wobei unter diesen Jüngern noch auf korrekte Aussprache abgestellt wird. Im deutschen Wissenschaftsmanagement gilt hingegen die Verpflichtung auf die kollektiv falsche Aussprache als akzeptabel oder gar als schick (→ Globalesisch). Deswegen sollte man als Naturwissenschaftler/in immer stur von rewiu statt von riwiu sprechen und stets sörfer statt sörwer sagen, auch wenn man gerade aus den USA geholt wurde (womöglich mit dem Sofia Kovalevskaja-Programm). Ausgenommen vom Gebot individuell korrekter oder kollektiv falscher Aussprache sind komplizierte Namen, die man vorher noch nie gehört hat. MV

AUSWAHLVERFAHREN – Auswahlverfahren sind mündliche und/oder schriftliche Prozeduren, welche, bei großem Angebot und beschränkter Nachfrage, eine gerechte Entscheidung zugunsten des jeweils besten Kandidaten gewährleisten sollen. Der Gedanke der Bestenwahl unterscheidet das Auswahlverfahren von der klassischen Prüfung mit abgestuften Ergebnissen. Sieht man von der, nach Meinung von Sachkennern wichtigsten Stelle, der Aufnahme neuer Studierender an die Universität, ab, wo es gerade keine oder nur sehr bescheidene Auswahlverfahren gibt, ist der durchschnittliche akademische Körper mit Auswahlverfahren in verschiedener Größe und Reife übersät wie ein pubertierendes Heranwachsendengesicht mit Pickeln.

Ausgewählt werden zunächst Studentinnen und Studenten für die Aufnahme in das Studium ermöglichende bzw. erleichternde Födereinrichtungen aller Art, seien es staatliche (Studienstiftung des Deutschen Volkes), gewerkschaftliche (Hans-Böckler-Stiftung), politische (Konrad-Adenauer-Stiftung, Friedrich-Ebert-Stiftung), religiöse (Evangelisches Studienwerk Villigst, Cusanus-Werk) oder (zahlreiche) private Anstalten.

Ausgewählt werden ferner fortgeschrittene Studierende für → Stipendien, die ihnen die Promotion (nach erfolgreicher Durch-

führung derselben gegebenenfalls: die Habilitation), eine Forschungsreise (→ Science Party), einen Auslandsaufenthalt usw. ermöglichen sollen.
Ausgewählt werden auch (meist jüngere) Dozenten im Hinblick auf ihre (professionellen und charakterlichen) Fähigkeiten, bestimmte universitäre Fakultäten zu ergänzen.
Ausgewählt werden schließlich Professoren im Hinblick auf ihre wissenschaftliche Qualifikation zur Berufung an eine andere als ihre Ausgangsuniversität (→ Berufungsverfahren), zur Berufung als Institutsleiter (Direktoren) in Wissenschaftsorganisationen oder zur Aufnahme in eine Akademie; weiterhin und besonders wichtig: hinsichtlich ihrer (fachlichen und politischen) Eignung für bestimmte Beratungsgremien (Wissenschaftsrat), für Funktionärsstellen an den Universitäten (→ Rektor oder Präsident) oder in den Wissenschaftsorganisationen (Präsident der Max-Planck-Gesellschaft, der Deutschen Forschungsgemeinschaft, der Fraunhofergesellschaft, der Helmholtz-Gemeinschaft usw.).
Ausgewählt werden nicht zuletzt (und in fast allen erwähnten Fällen) auch die Auswähler der Auszuwählenden – und zwar von bereits mehrfach Ausgewählten.
Die Auswahlverfahren haben viele sachlich begründete Gemeinsamkeiten und wenige, kaum erwähnenswerte, da strukturell belanglose, Verschiedenheiten, wie die Zahl der Auswähler, die Dauer der Prozedur, die Beteiligung von Ausländern usw. Gemeinsam ist den Verfahren, dass sie über so genannte Kriterien verfügen, die in häufig langwierigen, diskursiven Operationen erarbeitet und mündlich oder schriftlich festgelegt werden. Die Kriterien sollen der Durchsichtigkeit der Verfahren («Transparenz»), der Überprüfbarkeit der Entscheidungen («Evaluation») und der Gerechtigkeit der Auswahl («Objektivität») dienen. Sie werden für dementsprechend wichtig gehalten und mit großem Respekt zur Sprache gebracht und erörtert. Inzwischen gibt es kein mit Auswahlverfahren befasstes Gremium, das nicht auf Nachfrage in der Lage wäre, einen eindrucksvollen Katalog von Kriterien vorzuweisen.

Naturgemäß sind die einzelnen Kriterien sehr verschieden und abhängig von den Zwecken und Bedürfnissen der jeweiligen Einrichtungen differenziert und kombiniert: Nationalität, Alter, Religionszugehörigkeit, Geschlecht, Familienstand, politische Überzeugungen, unpolitische Überzeugungen, keine Überzeugungen, Sprachkenntnisse, Fachkenntnisse, Sachkenntnisse, Unkenntnisse und vieles andere mehr spielen eine Rolle beziehungsweise gerade keine Rolle.

Das Vorhandensein oder Fehlen der jeweils geforderten Kriterien wird durch sorgsam bestellte und ausgewählte (!) Gutachter geprüft und mündlich oder (häufiger) schriftlich bestätigt oder bestritten.

Die Gutachter sind die genuine Schwachstelle aller Kriterienkataloge. Über menschliche Schwächen nicht erhaben (→ Emotionalität), interpretieren sie die Anforderungen nach ihren Überzeugungen oder den Absichten ihrer Auftraggeber, sie passen ihre Diagnosen den Kriterien an oder belegen ihre, wie auch immer erhobenen und gestalteten Befunde mit jenen Kriterien, die im jeweiligen Verfahren wünschenswert oder erwünscht sind.

Infolgedessen geraten die Kriterien periodisch und unausweichlich in die Kritik. Sie werden dann diskutiert und neu gefasst, gegebenenfalls auch ad hoc so umformuliert, dass sie z. B. zu dem bereits verschwiegen in Aussicht genommenen Kandidaten passen und andere zugleich exkludieren – indem etwa ausgefallene Sprachen («Beherrschung von Kisuaheli in Wort und Schrift erwünscht») oder bestimmte, nicht alltägliche Erfahrungen («Bewerber sollten mindestens 15 Jahre Jugendarbeit in wenigstens 3 europäischen Ländern nachweisen können») gefordert werden.

Da auf diese Weise die Bedeutungslosigkeit von Kriterien evident wird, tendieren die Systeme dazu, die Kriterien- und die Gutachterzahl zu verstärken, ohne doch das Erstaunen über die verblüffenden Ergebnisse mildern zu können, die immer wieder – und gerade bei nachweislich strikter Handhabung der Kriterien – als Folge von Auswahlverfahren zu beobachten sind.

Nicht einmal sozialstaatliche und gleichstellungssichernde Klau-

seln können sich gegenüber noch so schwach ausformulierten Kriterienapparaten durchsetzen. Dies wird im Allgemeinen mit der Floskel «bei gleicher Qualifikation erhalten Frauen und/oder Schwerbeschädigte den Vorzug» angedeutet, denn ein Fall gleicher Qualifikation ist bislang noch nicht bekannt geworden (→ Y-Chromosom).
Vorschläge, auf Kriterien zu verzichten und die Auswahlverfahren ohne alle Kriterien nur mittels Vorstellungsgesprächen durchzuführen, konnten sich bislang nicht durchsetzen. Sie scheitern in bemerkenswerter Weise an dem Vorwurf der Irrationalität, obwohl bislang nicht nachgewiesen werden konnte, inwiefern die Attraktivität einer Kandidatin, die Versorgungsnöte eines Parteifreundes, die Gewinnung eines agilen Tennispartners, die Stärkung einer wissenschaftlich schwächelnden Schule keine vernünftigen (!) Gesichtspunkte für die Auswahlentscheidung eines Gremiums sein können, dem gerade diese Eigenschaften am Herzen liegen.
Das klandestine Wissen, dass es transparente, objektive und gerechte Auswahlverfahren weder gegenwärtig gibt noch jemals geben wird, hat auch angesichts der von allen Seiten angemahnten Einsparungen bislang nicht dazu geführt, dass wenigstens die teueren Ausschreibungen, die zahllosen Zeugnisse und Zertifikate (→ Empfehlungsschreiben) sowie die umfangreichen Stellungnahmen, Begutachtungen, Kriterien- und Präferenzlisten aufgegeben worden wären. Ganz zu schweigen davon, dass eine ernsthafte Auseinandersetzung über die Zweckmäßigkeit und Zumutbarkeit von Auswahlverfahren stattgefunden hätte.
Vermutlich hat es die Gesellschaft hier mit einem der vielen, in der Neuzeit von Niklas Luhmann intensiv untersuchten Paradoxa zu tun. Das hieße: vor aller Augen wird invisibilisiert, dass ein «Auswahlverfahren» die Legitimierung des Illegitimen durch ritualisierte Prozeduralisierung anzeigt. DS

# B

**BALKAN** – In wissenschaftsuniversitären Zusammenhängen wird immer wieder einmal gesagt: «Kümmert Euch um die Gäste und Stipendiaten des Instituts, gerade auch um die aus dem Osten, die haben es schwer und finden weniger leicht Anschluss als die aus dem Süden und Westen». Ja, es stimmt, nicht immer, aber doch häufig: Gerne geht man mit der hübschen Italienerin oder dem feschen Spanier essen, diskutieren, trinken. Mit dem gräulichen, verschüchterten, zumeist auch noch älteren Nachdenker über slawische Rechtsquellen des Mittelalters oder dem Orthodoxieforscher aus Mütterchen Russland ist die Kommunikation meist freudloser. Ernsthaft, seriös, humorlos, arm kommen die Forscher aus dem Osten daher. Und dann ist da auch noch die Balkanisierung des ganzen Ostens. Kleinstaaten aller Orten, und jeder dieser Flecken hat nun eine Geschichte, die mit der Geschichte der Nachbarflecken nichts, aber auch gar nichts und nie zu tun hatte. Geht es doch darum, die eigene Eigenautonomie, die eigene Selbstrechtsgeschichte, den eigenen Selbstblick festzustellen und festzuhalten. Der Blick ist radikal nach innen, in sich gekehrt. Auch das macht den Umgang mit den östlichen und südöstlichen (Geistes)Forschern nicht gerade einfach für uns multikulti-erprobte Denker, deren natürlich genauso vorhandene (nationalliberale!) Ressentiments im Keller des politisch Unkorrekten allerdings bloß auf die Öffnung einer Luke zur Oberwelt warten. Nein, zur Arroganz besteht kein Anlass. Historikern, Juristen, Sozialwissenschaftlern aus gerade gewordenen Nationen vorzuwerfen, sie seien nicht auf unserem Stand der Forschung und hätten ja gar nichts von den hyperneuen amerikanischen, japanischen und marsianischen Theorien von Nationenbildung und Demokratiearbeit gehört, ist nicht nur ungerecht, es ist vor allem dumm (→ Mode). Als ob wir das Ende der Geschichte wären. Dieses westliche *cocooning*, das paradoxerweise gerade im Kalten Krieg, als mit dem Osten und dem Balkan noch alles in bester Ordnung war, politisch funktionierte, soll nun auch theoretisch, wissenschaftlich funktionieren. Was, noch nie etwas von Luhmann gehört? Es ist die operative Geschlossenheit, gepaart mit der kognitiven Offenheit, Dummkopf! Wenn Du das nicht begreifst, begreifst Du einfach nicht, warum Recht, Politik, Wirtschaft und so weiter so ticken wie sie ticken. Schöne Selbstgewissheiten der okzidentalen/deutschen Wissenschaft. Zu Hause ist es doch am schönsten. Wenn man wieder einmal von den sich vor Speisen und Getränken biegenden Tischen in Warschau, Minsk, Odessa, Belgrad oder Split zurück ist und einem gräulichen, in sich gekehrten Ostforscher auf dem Institutsgang begegnet – man lade ihn ein, zum Essen und Trinken, und rede mit ihm: über das Leben. RMK

BEMÜHENSZUSAGE UNTER HAUSHALTSVORBEHALT – Der Begriff «Bemühenszusage» wird – nimmt man *Google*-Treffer zum Maßstab – vornehmlich mit Hochschulen assoziiert; in einem weiter gefassten Raum jedoch dem ehemaligen Berliner Kultursenator Peter Radunski zugeschrieben (im ebenfalls kulturellen Kontext der Berliner Bühnenlandschaft).

Sind die kulturellen Institutionen – zu denen ich die Universität ausdrücklich zählen möchte – also die ersten «Opfer» von Bemühenszusagen – und gar solchen unter Haushaltsvorbehalt? Geschuldet wird wohlgemerkt in diesem Fall das Bemühen und nicht der Erfolg. Schuldner ist meistens der arme Staat, die verarmte Universität, die klamme Hochschulleitung, der «nackte Mann», dem man nicht in die Tasche greifen kann. Gläubiger ist der anlässlich von Berufungs- oder auch Bleibeverhandlungen häufig zunächst enthusiasmierte Wissenschaftler, der die Hoffnung nicht aufgeben will.

«Unter Haushaltsvorbehalt» wiederum heißt, das Parlament wird sein Budgetrecht noch ausüben. Zieht der Staat sich als Geldgeber zurück, so läuft selbst eine auf finanzielle Zuweisung gerichtete *echte* Zusage häufig ins Leere, nicht also lediglich die *Bemühenszusage*. Gleichwohl gibt es sie: Die tautologisch anmutende Bemühenszusage unter Haushaltsvorbehalt. Sie ist ein in Zeiten knapper Kassen und chronischer Unterfinanzierung der Hochschulen («aus der Not») geborenes Kind. Sie ist eine an die Unsittlichkeit grenzende Manier der Wissenschaft, weil sie den Blick auf die Realitäten verstellt. Professoren ohne nennenswerte Grundausstattung versprechen das Einwerben irrwitziger Drittmittelsummen, wenn die infrastrukturellen Rahmenbedingungen hierfür geschaffen werden; Minister versprechen nicht nur im Zusammenhang mit unendlichen Aufgabendelegationen an die Universitäten, sich in der Folge um das zwingend erforderliche, höhere Budget zu bemühen. Hochschulleitungen versprechen den Fachvertretern, sich für den Fortbestand der Fakultät einzusetzen, wenn es dieser gelingt, sich international «aufzustellen» und der Haushaltsgesetzgeber die entsprechenden Kapazitäten bereitstellt.

Der Realität ins Auge blicken – unter Verzicht auf Bemühenszusagen – wäre wohl transparenter, brutaler, aber weniger harmonisch.

HD

BERÜHMT – Wähle keine wissenschaftliche Laufbahn, wenn Du die Wahl hast. Unter den einhundert meistgegoogelten Menschen in Deutschland waren nur drei Wissenschaftler, keiner unter den ersten zwanzig. Wähle nur dann Wissenschaft als Arbeitsgebiet, wenn Du keine anderen Begabungen hast, und dann vorzüglich eine Naturwissenschaft. Meide Themen, die im letzten Jahr im Wissenschaftsmagazin *Science* als «Breakthrough of the year» beschrieben wurden, suche jene, die vor zehn Jahren mit solchen Ehren bekränzt wurden. Die Methoden müssen teuer sein, die Ergebnisse bunt und Deine Forschung sollte sich am besten mit etwas beschäftigen, das durch Pharmafirmen verwertbar ist. So sind etwa Themen, die mit Krebs zu tun haben, immer eine sichere Bank. Wähle ein berühmtes Labor und sieh zu, dass die Arbeitsgruppe so klein ist, dass der Chef noch direkten Kontakt zu seinen Mitarbeitern hat (→ Beschäftigungstherapie). Benutze zwischen 8 und 20 Uhr keinen *Webbrowser* und kein E-Mail-Programm, sei vor dem Chef da – und noch wichtiger, gehe erst nach ihm. Ist ein Projekt nach sechs Monaten nicht mit ersten Erfolgen versehen, suche nach einem neuen Projekt. Nimm nur Projekte an, die auf ein positives Ergebnis angelegt sind. Zeigen zu wollen, dass A mit B nichts zu tun hat, führt nicht zum Ruhm, auch wenn der Laborchef Spaß daran hat, berühmte Kollegen zu widerlegen. Stell sicher, dass nicht noch andere Wissenschaftler im gleichen Labor an Deinem Thema arbeiten und halte die Anzahl der Kollaborateure gering; denn nur der erste und letzte Autor eines Artikels werden berühmt. Sind die Daten gesammelt, stell sicher, dass der Laborchef anderen begeistert davon erzählt, auch den Editoren von *Science*, *Cell* und → *Nature*, nur diese Zeitschriften führen zum Ruhm.

Wenn Du doch gegen einen dieser Ratschläge verstößt oder gar ein geisteswissenschaftliches Thema wählst, übe Dich im Schreiben von Feuilletonartikeln oder gewöhne dich an den Gedanken, dass Dir die berühmten 15 Minuten Berühmtheit erspart bleiben. MK

BERUFUNGSVERFAHREN – Wenige Riten sind so geheimnisumwittert und von Herrschaftswissen durchsetzt wie das Prozedere zur Cooption eines neuen → Kollegen, sieht man einmal vom Konklave zu Rom ab. Vielleicht ist es mehr als nur Zufall, dass sich dort zuletzt ein deutscher Professor bravourös und fast beispiellos schnell durchsetzen konnte. Dabei ist alles so einfach: Das aristotelische Drama kodifiziert in poetischer Form die Auseinandersetzung mit dem Handeln des Menschen und das Ringen um ein tieferes Verständnis der *conditio humana*. Es sollte daher nicht überraschen, dass Berufungsverfahren als Kernritual der akademischen Welt in ihrer Dramaturgie der klassischen Tragödie folgen.

*Exposition.* Am Anfang des dramatischen Konflikts steht eine unbesetzte Professur, die sich (heute selten) durch Neuschaffung oder (realistischer) durch Pensionierung ergibt. Entscheidend für die Schürzung des dramatischen Knotens ist der Ausschreibungstext, der das Profil der Stelle festlegt. Entsprechend erbittert wird um seinen Inhalt gerungen: Manche Kollegen wollen die → Ausschreibung so breit wie möglich halten, um «den Besten» zu bekommen – auf die Gefahr hin, dass dieser Geistesriese dann womöglich wegen mangelnder Vernetzbarkeit «ausgemerzt» werden muss, um einen Universitätspräsidenten zu zitieren. Andere wiederum wollen die Stelle mit möglichst engem Profil versehen, um genau diese Vernetzbarkeit mitsamt Clusterbildung sicherzustellen. Damit liegen sie im Trend. Gesucht wird dann für eine Professur auf Lebenszeit etwa der Hochenergiephysiker mit Expertise in Triggersoftware für den Mesonendetektor im zeta-Experiment am HICKS-Beschleuniger (Versuchsende in zwei Jahren).

*Komplikation.* In manchen Fächern ist der Überhang an Bewerbern so groß, dass mit einer dreistelligen Bewerberzahl gerechnet werden muss. Bereits ein oberflächliches Studium der Unterlagen zeigt, dass etwa 70 bis 80 Prozent der Bewerber ein 1,0-Abitur, Förderung durch die Studienstiftung des Deutschen Volkes oder/und einen mehrjährigen Aufenthalt an einer internationalen Spitzenuniversität vorzuweisen haben. Wer würde sich da die Auswahl von 5 bis 10 Vortragskandidaten anmaßen wollen – Fehlentscheidungen, ja schuldhafte Verstrickungen wären unausweichlich. Weitaus beruhigender ist es doch da, ohne viel Firlefanz die Kandidaten vortragen zu lassen, die von Kollegen in einem der – unmittelbar vor Bewerbungsschluss exponentiell eintreffenden – Anrufe deutlich empfohlen wurden oder bei denen es sich um einen allseits bekannten → guten Mann handelt.

*Peripetie.* Der Vorstellungsvortrag gibt den Kommissionsmitgliedern Gelegenheit, sich mit der wissenschaftlichen Leistung und den pädagogischen Fähigkeiten des Bewerbers vertraut zu machen. Er mag auch als eine Art Psychopathenbremse dienen; in der Einsamkeit mancher Labors und Gelehrtenstuben hat sich manche persönliche Eigenheit doch sehr verfestigt. Der Bewerber wird sich eher wie Odysseus zwischen Skylla und Charybdis wähnen – er hat das fachliche Niveau sorgfältig abzuwägen: die

Mehrheit der Nichtexperten darf sich nicht völlig abgehängt fühlen, die lautstarke Minderheit der Experten sich nicht langweilen. Anknüpfungspunkte an Kollegen vor Ort sollten herausgearbeitet werden (Vernetzbarkeit!), aber nicht zu sehr: «Da berufen wir doch nur eine Doppelung von X».

An den Vortrag schließt sich eine hochnotpeinliche Befragung durch die Kommission an. Die Fragen zerfallen in drei Kategorien: beantwortbare, beantwortete und sinnlose Fragen. Eine beantwortbare Frage ist etwa «Wie groß stellen Sie sich Ihre Forschungsgruppe vor?» – die richtige Antwort ist «groß» – Gruppengröße gilt in Deutschland als Ausweis wissenschaftlicher Kompetenz. Eine gern gestellte beantwortete Fragen ist: «Können Sie sich vorstellen, mit Ihren Kollegen hier zusammenzuarbeiten?» Beliebt sind auch Fragen, deren prinzipieller Sinn sich wirklich keinem erschließt, so etwa: «Sind Sie für die Einführung von Bachelor und Master?» – Monate nach Inkrafttreten der neuen Bachelorstudienordnung.

*Retardation.* Nachdem der engere Kreis der potentiell Berufbaren festgelegt worden ist, wird eine gereihte Liste der Bewerber erstellt. Dabei geht es zunächst um eine vermeintlich objektive Auswahl externer Gutachter, die vergleichend über die wissenschaftlichen Meriten der Bewerber berichten sollen. Tatsächlich sollen diese Gutachter zwar einerseits nach außen hin unparteiisch wirken, andererseits kann man sich durch geeignete Gutachterwahl fast jede Reihung ergutachten lassen. Natürlich teilt man den Gutachtern nicht mit, welche Reihung erwünscht ist – man will ihnen doch keinesfalls Korrumpierbarkeit unterstellen. Eleganter ist es, sich über die kleinen und großen Animositäten, strategischen Bündnisse und alten Freundschaften auf dem Laufenden zu halten, oder vor der Begutachtungsphase unverbindlich diverse Kollegen um ihre Empfehlungen zu bitten. Diejenigen, deren Empfehlungen genehm waren, finden dann Monate später eine Bitte um Begutachtung auf dem Tisch.

Vorsichtshalber wird jeder Gutachter – man will den Kollegen ja nicht in die Suppe spucken – seine Bemerkungen als subtile

Nuancierungen unter an sich gleichwertigen Kandidaten ausweisen. Mit den bestellten Gutachten versehen, gelangen Berufungskommissionen in der Regel rasch zu einer dreiköpfigen Berufungsliste. Da nicht einstimmig beschlossene Listen in Rektorat und Ministerium zu Argwohn führen, arbeitet man mit Probeabstimmungen, um schließlich die Entscheidung in nordkoreanischer Einstimmigkeit zu fällen. Rektor oder Minister werden nun dem Erstplatzierten den → Ruf auf die Professur erteilen, soweit nicht höherrangige Kriterien eine Umordnung nahe legen – Parteizugehörigkeit, Freundschaft eines Kandidatenvaters mit dem Minister oder Geschlecht (→ Frauenbeauftragte).
*Dénouement.* Vatikanischen Beobachtern ist nicht immer klar, ob nun weißer oder doch nur schwarzer Rauch aus dem Kamin der Sixtina aufsteigt. Berufungsverfahren sind von ähnlichen Unklarheiten geprägt. Ist man im erlesenen Kreis der Eingeladenen? Die Antwort erhält man meist dadurch, dass man zufällig hört, dass der X in Y *vorgesungen* habe (sog. Botenbericht) oder indem man sich im Internet die Vortragsankündigungen der umworbenen Universität anschaut (sog. Teichoskopie). Ebenso unklar bleibt, wer aus dieser akademischen Liedertafel es sodann auf die Dreierliste geschafft hat. Ein Hinweis geht oft von unmotivierten Anfragen aus, man solle die → üblichen Unterlagen nochmals als beglaubigte Kopien einreichen. Offizielle Gewissheit erhält neben dem Auserkorenen (dessen offizielle Benachrichtigung sich nun leider beim besten Willen nicht umgehen lässt) der Tross der Erfolglosen in der Regel mehrere Jahre nach Abschluss des Verfahrens, wenn man ihnen die Bewerbungsunterlagen formlos «zu unserer Entlastung» zurücksendet. Selten wird es in einem Berufungsverfahren so ehrlich. US

BESCHÄFTIGUNGSTHERAPIE – «In meiner eigenen Doktorarbeit vor 30 Jahren habe ich mir schon überlegt, es wäre doch ganz interessant, diese Feldtheorie nicht im euklidischen Raum, sondern spaßeshalber mal auf einem Torus zu formulieren. Hat bis heute keiner gemacht. Wäre das nicht was für Sie als Promotionsthema?» (Prof. Dr. X, Vertreter eines drittmittelstarken Fachs, zum dreiundzwanzigsten Doktoranden in seiner Gruppe.) *US*

**BETREUUNG** – Welche Wohltat stellt für die gebeutelte Studierendenseele ein Dozent dar, der das Betreuungsgespräch in Ruhe führt und die existentiellen studentischen Probleme (→ Mensa) ernst nimmt. Verständnisvoll und mit persönlicher Anteilnahme wird den Studierenden Mut gemacht, die unüberwindbar hoch erscheinenden Hürden auf dem Weg zu ersten akademischen Meriten beherzt anzugehen.

Die → Sprechstunde, der Kern der akademischen Betreuung der Studierenden, ist ein hyperkomplexes und daher leicht störanfälliges Ritual, dessen Regeln immer wieder neu gelernt, austariert und manchmal missachtet werden. Zunächst einmal handelt es sich um eine mehr oder weniger (häufig mehr) asymmetrische Kommunikationssituation, in der Statusdifferenzen mehr oder weniger (zum Glück zunehmend weniger) offenkundig zur Schau gestellt werden (→ Statussymbole). Die in den Sprechstunden von manchen Lehrenden betriebene Image- und Selbstdarstellungsarbeit vermittelt den Eindruck, die Betreuungspflichten seien nichts als ein unangenehmer Störfaktor für das eigene wissenschaftliche Vorankommen (→ Beschäftigungstherapie). Dies verstärkt auf Seiten der Studierenden die defensive kommunikative Präsenz, die die gefühlte Abhängigkeit sogar in proskynetische Unterwürfigkeit umschlagen lassen kann. Erwartungen, in einem Betreuungsverhältnis Hilfe und Orientierung zu bekommen, werden unter solchen Bedingungen herb enttäuscht (→ Sekretärin).

Da einen Studierenden in einer Sprechstunde beide geschilderten Szenarien sowie alle möglichen Zwischenstufen erwarten können, empfiehlt sich folgendes Vorgehen: Eine gute inhaltliche Vorbereitung auf die Sprechstunde schadet nie (→ Anreden). Und weil man im Allgemeinen auf eine klare Frage häufig auch eine einigermaßen klare Antwort bekommt, hat man aufgrund guter eigener Vorbereitung die faire Chance (→ Nichtangriffspakt), auch aus einem widerspenstigen Dozenten die Informationen herauszuquetschen, die man für das eigene Weiterarbeiten braucht. Deshalb gilt: Möglichst niedrige Erwartungen an die Lehrenden (→ Ausschlafen) verringern die Häufigkeit der Enttäuschung und vergrößern die Chance freudiger Überraschungen, die sich auf diese Weise im Verlauf des Studiums immer wieder einstellen können, wenn die Betreuung glückt. *JCH*

BIBLIOTHEK – Die Bibliothek war der Ort, an dem ich mich am liebsten aufhielt, mein Biotop. Eine Zeitlang meinte ich, sie sei in einem geradezu kantischen Sinne die Bedingung meiner Möglichkeit. Aber ich hatte nur die deutschen Bibliotheken kennen gelernt, moderne Lesefabriken die einen, barocke Schneckengehäuse und biedermeierliche Refugien die anderen. In Paris taten sich unerhörte Welten auf. Wer nie an einem sonnigen Spätnachmittag die Apsis der alten *Bibliothèque Nationale* in Gold erglühen sah, weiß nicht, wie süß das Leben sein kann.

Anders als die deutschen Akademiker, von denen die meisten aus mir unerfindlichen Gründen Bibliotheken mieden, schienen die französischen Intellektuellen sie zu lieben. Barthes mochte die Cafés von Saint-Germain vorziehen, aber Foucault sah man alle Tage in jener Abteilung der *Bibliothèque Nationale*, in der die selteneren und kostbareren Stücke zu konsultieren waren. Die Zeit der Laptops und Notebooks war noch nicht angebrochen, an deren Klappern und Pfeifen man sich nicht leicht gewöhnt. Heute beherrschen die elektronischen Reisealtärchen das Bild der ehrwürdigsten Bibliotheken und vertiefen mit ihrem blauen und grünen Leuchten die Dämmerung über den Folianten. Damals arbeitete man noch mit konventionellen Botanisiertrommeln in Gestalt von Exzerptheften und Karteikästen. Nicht sie waren schuld am unerträglich hohen Lärmpegel mancher Pariser Bibliotheken. Vom Zwang des beständigen Paukens für tausend Prüfungen und Examina getrieben, empfanden die meist jugendlichen Leser die Bibliotheken als Räume zeitweiliger Entlastung und als Marktplätze der Information. In Italien, einem für die

Redseligkeit seiner Bevölkerung bekannten Land, habe ich in den Bibliotheken den tiefsten, den heiligen Frieden kennen gelernt. In Paris herrscht das geschäftige Leben eines Basars.
Natürlich gilt das nicht für alle Bibliotheken der Stadt. Einige unter ihnen wissen sich gegen den Lärm des Tages zu schützen und ihre Aura selbstvergessener Studien zu bewahren. Irgendwann bemerkte ich, dass es in der Bibliothek der *École Normale* in der rue d'Ulm anders zuging, konzentrierter, verschwiegener. Außerdem hatte ich dort Zugang zu den Magazinen, also direkten Zugriff auf den Stoff meiner Sucht. Ich zog um. Das war nicht leicht, denn der Preis für den Eintritt in die exklusive Welt der Forschungsbibliotheken sind höhere Legitimationsbeträge: Man muss ein bisschen wichtiger tun oder die besseren Empfehlungsschreiben vorweisen. Hat man aber den Zerberus niedergerungen und sich in den Besitz eines Dauerausweises gebracht, so ist man in den Kreis der Seligen aufgenommen und wird fortan mit ausgesuchter Liebenswürdigkeit behandelt – selbst in jenen Bibliotheken, in denen man vor Ehrfurcht fast stirbt, wie in der berühmten *Mazarine*, der Bibliothek des *Institut de France*.
Zwar sind die Zeiten lange vorbei, in denen sich der König von Frankreich rühmen konnte, jedes Buch zu besitzen, das auf der Welt gedruckt erschien. Bis heute aber gehört Paris zu den zwei oder drei Städten mit den wundervollsten Büchersammlungen der Welt. Nicht nur dank seiner Schätze an bibliophilen Kostbarkeiten, Handschriften und Inkunabeln, sondern auch dank seiner Spezialsammlungen wie der *Bibliothèque Fournay* im *Hôtel de Sens*, einem Profanbau der Renaissance unweit der Seine. Hier findet man alles, was man über Mode, Werbung und Design wissen möchte. Auch hier hat man Zugang zu den Bücherregalen, kann stöbern und sich immer weiter verlieren, im Vertrauen auf das Gesetz der guten Nachbarschaft, das besagt, dass das eigentlich gesuchte Buch immer das Buch daneben ist. *UR*

BLURB (oder: bestelltes Lob) – Ein *blurb* ist laut Wörterbuch ein Waschzettel oder Klappentext. Hatte man früher bei Neuauflagen eines Buchs kurze Zitate aus lobenden Besprechungen auf den Umschlag gedruckt oder, wenn das Buch einen Preis bekommen hatte, eine Bauchbinde angelegt, so werden neuerdings bei amerikanischen Büchern die *blurbs* vorweg bei Kollegen des Autors bestellt. Die Werbeabteilung des Verlags *mailt* den Kollegen an, fragt, ob er geneigt sei, einen *blurb* für die Rückseite des Umschlags zu schreiben, wenn ja, werde man ihm das Buch in Form von Druckfahnen senden. Die Fahnen kommen, der Kollege schaut hinein, holt tief Luft und schreibt seinen *blurb*, der, wie der Verlag vorschreibt, nicht länger als fünf Zeilen sein darf. Der Verlag dankt «for your endorsement», was man vielleicht mit Rückenstärkung übersetzen kann, und verspricht, ein Exemplar des Buches zu senden, was auch geschieht.

Es mag nichts Anstößiges dabei sein, aber wer mehrfach gefragt wird, einen solchen Text zu verfassen, wird doch misstrauisch. Der Verlag nutzt den Namen als Amulett, um das Buch vor negativen Rezensionen zu schützen, indem es die gute Beurteilung gleich mitliefert. Der Angesprochene wird in Verlegenheit gestürzt; denn für den Fall, dass das Buch nichts taugt, muss er absagen oder – viel schlimmer – sich einen Text abquälen, den er selbst nicht für überzeugend hält. Der Ratschlag lautet also: Lieber absagen, und zwar mit der wahrheitsgemäßen Begründung, man tue dies grundsätzlich nicht. *MS*

**BRIEF** – Wissenschaftlerbriefe tragen ein unsolides Logo auf ihrer papierenen Stirn, das sie dem Inhalt nach auf ‹Wahrheit und Methode›, der Form nach auf ‹Wahrheit und Karriere› und somit dem Geist nach auf die alte Haushaltshilfe ‹Ironie› verpflichtet, mit der bekanntlich nicht jeder intim werden will (→ Witz). Das macht die Frage nach der Manierlichkeit der Gattung aber nicht schon aussichtslos.

Als Wissenschaftler noch Universalgelehrte waren und sich als antikirchliche Solidargemeinschaft mit aristokratischen Ehransprüchen verstanden, also zu Zeiten der *studia humanitatis*, begannen sie ihre Briefe gern mit der Anrede «Amicissime» (bester,

wahrer Freund) und beschlossen sie mit der Formel «more solito» (in unveränderter Gesinnung). Warum einem das so gefällt? Vermutlich, weil in solchen Formeln leichtfertig (oder listig) die Zähmbarkeit der Bestie (wie Giordano Bruno gesagt hätte) verheißen wird. Denn welche Freundschaft ist fragiler als die unter Wissenschaftlern, welche Gesinnung unsteter und welche Ehre zerfressener von → Eitelkeit, Neid und Misstrauen! Der hochgemute Schwindel dauerte denn auch nicht lange. Mit dem stetigen Ausbau der immer schikanöseren Universitätslaufbahn zog bürgerliche Aufrichtigkeit in den gelehrten Briefstil ein. Selbst ein so geistreicher und ironischer Briefschreiber wie der Göttinger Physiker Georg Christoph Lichtenberg redete seine Kollegen jetzt als «Wohlgebohrener Herr, Hochzuehrender Herr Professor, werthester Freund» an, vielleicht ironisch, vielleicht ernstmeinend, jedenfalls aber im Sinn einer getreuen Abbildung des von Rousseau so geschmähten Ehrgeizsyndroms, aus dem die Institution nun einmal ein Gutteil ihrer Kraft bezog. Anderwärts waren die Gelehrten nicht ganz so konsequent und ließen es lieber bei «Monsieur» oder «Dear Sir», dafür trafen sie sich wieder in der Schlussformel: «Dero gehorsamster Diener», «Vôtre très-obéissant Serviteur» oder «Your most obedient humble servant», mit der sich die wissenschaftliche Streitlust entschärfen ließ.
Bei dieser narzisstischen Aufrichtigkeit ist es, von gewissen Vereinfachungen (verehrte[r], ergebene[r]) abgesehen, im Grunde bis an die Schwelle der Gruppenuniversität geblieben. Danach schien das alte Zeremonial-Elend dauerhaft gelöst, denn mit dem Elite-Verdikt zog auch das egalitäre Briefformular der angewandten Demokratie (sehr geehrte[r], mit freundlichen Grüßen) in die Wissenschaft ein, das keinerlei Rückschlüsse auf deren Selbstbild mehr zuließ. Doch auch das scheint schon wieder vorbei. Alles spricht dafür, dass die Universitätsrevolte der Bürokraten (→ Kosten-Leistungs-Rechnung) auch den Briefstil der Wissenschaftler wieder umkrempeln wird. Unter Professoren zeichnen sich Anredeformen wie «Exzellenz» und «Lieber Minderbruder(-schwester)» ab, unter Privatdozenten «Lieber Mit-Supplikant» und unter Mittel-

bau-Leuten «Lieber Kumpel von der Nachschicht», ganz zu schweigen von den Möglichkeiten in vertikaler Richtung. Auch «dero gehorsamster Diener» dürfte seine Chance bekommen, die das «Hallo» der E-Mailer, das dem Artikelschreiber stets so sympathisch war, längst verspielt hat (→ Anreden). Die Wiederverwendung der ironischen Humanisten-Formeln ist noch offen. Sie könnten ihr Glück unter den Emeritierten machen. CW

BTA – 101 Bewerbungen auf eine Professur sind eingegangen, 101 Mal sind die → üblichen Unterlagen zu studieren. Aber die Zeit ist begrenzt, man hat schließlich noch andere Verpflichtungen. Was ist zu tun? Die → Sekretärin überträgt die Angaben der Bewerber/innen in eine Tabelle, Einträge: Anzahl der publizierten Artikel, unterteilt in Übersichtsartikel, Buchbeiträge, Originalarbeiten (*peer review* in den Naturwissenschaften), die nächste Spalte listet auf, ob der/die Kandidat/in habilitiert ist, dann folgt die Anzahl der Auszeichnungen, die wiederum nächste und letzte Spalte lautet *btA* (been to America) – als Synonym für «im Ausland gewesen», was nun mal in den Naturwissenschaften fast immer gleichbedeutend ist mit den USA. Diese Liste wird an die Mitglieder der Berufungskommission gegeben und erspart das Lesen von Originalarbeiten, Lebensläufen, Auflistungen von Lehrveranstaltungen und Forschungsperspektiven. Am Ende zählt die Summe der Pluspunkte aller Spalten, was nach Adam Riese auch bedeutet, dass ein Auslandsaufenthalt genauso viel zählt wie eine Habilitation (was mitunter ja gerechtfertigt sein mag) oder wie eine besonders imposante Publikationsliste (was schon eher zweifelhaft ist). So wird ein nettes, in der Tat interessantes und möglicherweise sogar qualifizierendes Lebenslaufdetail zu einem Auswahlkriterium der besonderen Güte – ohne dass *btA* je im Ausschreibungstext erwähnt worden wäre. Es gehört nun mal zum guten Ton, in *den Staaten* gewesen zu sein, so wie es angeblich von herausragender Qualität zeugt, nicht in seiner Heimatstadt studiert und die Promotion vor dem dreißigsten Lebensjahr abgeschlossen zu haben – sekundäre Zusatzqualifikationen werden zu primären Qualitätsmerkmalen. Die Quantifizierung des Nichtquantifizierbaren ist wiederum eine Konsequenz der Quantität der Bewerber/Innen, der Quantität der Publikationen und mangelnder Zeitquantität der Beschauer. MK

BUCHTITEL – Im Jahr 1994 erschien Robert B. Brandoms gewaltige sprachphilosophische Studie *Making It Explicit*. Der Titel dieses Buches könnte auch über den folgenden Ausführungen zu einer manierlichen Überschriftenwahl bei wissenschaftlichen Texten stehen – zumal, da Brandom seinem programmatischen Anspruch (es deutlich zu machen) einen Untertitel folgen ließ, der die gute Absicht bewusst konterkarierte: *Reason, Representing and Discursive Commitment*. Kaum etwas ist für ein Publikum, das nicht derselben Disziplin wie der Verfasser angehört, weniger aussagekräftig als eine solche Aneinanderreihung von für die jeweilige Arbeit zentralen Kategorien, da deren hoher Abstraktionsgrad erst durch die Erörterung im Buch selbst gemildert wird – im Idealfall. Aber Brandoms Haupttitel immerhin darf als Geniestreich gelten.
Als sein Buch sechs Jahre später im Suhrkamp Verlag in deutscher Übersetzung erschien, hieß es jedoch plötzlich *Expressive Vernunft*. Die Wahl dieses Titels ging auf Siegfried Unseld persönlich zurück, wie der Verleger anlässlich eines Vortrags von Brandom in Frankfurt stolz erklärte. Man darf wohl eine Vermutung wagen, wie diese äußerst freie Übersetzung zustande kam: Die Anspielung aufs kantianische Denken und den dadurch philosophisch populär gemachten Vernunftbegriff hatte schon beim ersten Suhrkamp-Werk von Peter Sloterdijk gut funktioniert. Dessen *Kritik der zynischen Vernunft* war 1983 zum Überraschungserfolg geworden.
Sloterdijks Titel hatte indes gegenüber Brandoms den Vorzug einer ironischen Note (→ Witz), die dem Schreiben des deutschen Philosophen zwar nicht entsprach, aber seine gleichfalls umfangreich angelegte Studie den Lesern zugänglicher machte. «Zugänglichkeit» muss dabei ganz pragmatisch, ja fast buchstäblich verstanden werden, nämlich als schiere Präsenz im heimischen Buchregal. Wer Sloterdijks zwei Bände liest, merkt schnell, dass

hier eine Anstrengung des Begriffs erfolgt, die nicht gerade zu entspannender Lektüre taugt. Aber dann ist es schon zu spät: Entweder der Leser fährt mit dem Studium fort oder stellt das Buch ins Regal zurück; der Text ist jedenfalls unter den Leuten, und mehr kann man nicht erwarten. Ein philosophisches Werk namens *Kritik der zynischen Vernunft* kauft man allemal lieber als eines, das *Strukturalismus als poetische Hermeneutik* heißt (um den Titel von Sloterdijks Magisterarbeit zu zitieren, als der Autor sich noch auf das akademische und nicht auf ein breites Publikum kaprizierte), und ich wage zu behaupten, dass auch ein Buch, das *Deutlichmachen* heißt, besser verkauft worden wäre als eines namens *Expressive Vernunft*.

Dass man gut gewählte englische Titel besser auch für Übersetzungen berücksichtigen sollte, hat man seitdem selbst bei Suhrkamp gelernt. Harry G. Frankfurts zwanzig Jahre alte Polemik *Bullshit*, ein Büchlein von ungleich geringerem Umfang und Rang als Brandoms Studie, wurde 2006 im Titel ganz unverändert auf den deutschen Markt gebracht und bescherte Suhrkamp prompt einen Spitzenplatz in den Bestsellerlisten.

Die Entgegensetzung von einem Meisterwerk wie Brandoms Buch und einer Gelegenheitsarbeit wie Frankfurts → Essay soll nur deutlich machen, dass hier nicht purem Populismus bei der Wahl von Buchtiteln das Wort geredet werden soll. Gerade komplexe Texte brauchen die Werbung, die eine eingängige Überschrift bedeutet. Ein angehender Autor sollte also deren Wirkung nicht gering erachten. Nun mag man in einer wissenschaftlichen Zeitschrift und mehr noch bei Promotionen oder Habilitationen vorrangig ein Fachpublikum im Auge haben, das sich auf den in der jeweiligen Disziplin gängigen Jargon leichter einzustellen vermag und dadurch auch zu einer schnelleren Einordnung der Absichten eines Verfassers gelangt. Aber spätestens wenn die segensreiche Publikationspflicht den Gang eines Doktoranden oder Habilitanden an die Öffentlichkeit erzwingt, sollte die disziplinäre Rücksichtnahme zugunsten eines durchaus Brandomschen *Deutlichmachens* aufgegeben werden. Geeignet ist letztlich nur ein Titel,

der einerseits klarmacht, worum es geht, andererseits aber auch nicht durch Überpointierung verschreckt und so einen Rest von Vagheit bewahrt, der potentiellen Lesern gestattet, sich den Inhalt des Buches nach eigener Erwartungshaltung vorzustellen.
Niemand sage, dies sei Etikettenschwindel. Alle wirklich gelungenen wissenschaftlichen Texte regen zum Weiterdenken an, und es kann nicht schaden, wenn dieser Prozess schon bei der Lektüre des Titels einsetzt. Dieser Spagat zwischen Präzision und Populismus wird im Idealfall durch das dialektische Zusammenwirken von Haupt- und Untertitel bewältigt, wobei man Sorge tragen sollte, dass der eigentliche Titel derjenige ist, den man als populär bezeichnen würde. Man klappe nur dieses Buch zu und betrachte seinen Umschlag. APL

**BÜFFELN** – So nennen Studierende das Lernen, schon seit 300 Jahren. Lernen während des Studiums (→ Scheinerwerb) und vor allem als Vorbereitung auf die Abschlussprüfungen ist harte Arbeit. Nein, im Grunde ist es sogar noch anstrengender als Arbeiten, denn es verlangt nicht nur physische Energie, sondern auch ungeteilte Aufmerksamkeit.
Büffeln stammt ursprünglich vom lateinischen «bubalus», das heißt allerdings Gazelle. Erst später machten die Italiener daraus «bufalo». Etymologisch hat vermutlich auch das mittelhochdeutsche «buffen» etwas mit dem Büffeln zu tun. Das heißt so viel wie «schlagen» oder «stoßen»; aber außer den Repetitoren hat sich diese Bedeutung zum Glück niemand aufs Panier geschrieben. Denn eigentlich ist Büffeln ein *Flow-Erlebnis*. Dessen Namensgeber Mihaly Csikszentmihalyi bezeichnet als *Flow* den «Prozess vollständigen Einsseins mit dem Leben». Diesen wundervollen Zustand erreichen wir, wenn wir unsere Aufmerksamkeit und Energie für die Verfolgung realistischer Ziele einsetzen und vorübergehend alles andere vergessen. Wenn sich ein Student Stunde um Stunde in ein Lehrbuch vertieft, dabei das Gefühl hat, weiterzukommen, den Stoff zu beherrschen, dann erlebt er den *Flow*. Denn es macht glücklich, etwas verstanden zu haben.

Und wenn das Büffeln mal nicht so gut läuft und der Student entgegen aller Erwartung doch das Gefühl hat, der Lernstress überwältige ihn, dann sollte er eine Pause einlegen und die Sau rauslassen (→ Schweine). *SK*

BÜRSTENKURS – Rhetorikkurse, Managementkurse, Personalführungskurse, Drittmittelakquisekurse für Professoren ... viel desiderabler wäre ein Bürstenkurs, schaut man sich einmal die Bremsspuren in manch professoraler Toilette an. *US*

BUNDESBRÜDER können Verbands-, Waffen- oder Farbenbrüder sein; sie sind Mitglieder von Studentenverbindungen, Korporationen oder Burschenschaften mit klangvollen Namen wie Alania, Libertas, Teutonia, Thessalia zu Prag, Arminia, Hevellia und Normannia Nibelungen zu Bielefeld. Ein Prinzip dieser Männerbünde ist das «Lebensbundprinzip», das eine Studenten-«verbindung» von einem «Verein» unterscheidet. Die Mitgliedschaft ist dem Ideal nach lebenslang: während des Studiums ist Mann Aktiver, danach «Alter Herr». Alte Herren geben zurück, was sie seinerzeit von den Alten Herren empfangen haben: Lebens- und Berufserfahrung und auch finanzielle Unterstützung. Aufgenommen werden ausschließlich männliche Studierende. Die Sprache der Verbindungen orientiert sich an Metaphern der Verwandtschaft: horizontale Beziehungen bestehen zu «Brüdern», vertikale Verbindungen erinnern an Vater-Sohn-Beziehungen zu den «alten Herren». In schlagenden Verbindungen werden sie durch Blut und Schmisse als Elemente der körperlichen, häufig sichtbaren und lebenslangen Verbundenheit ergänzt.
Männerbünde gibt es in den meisten Kulturen und in Gesellschaften mit unterschiedlichsten Organisationsformen. Es sind freiwillige Zusammenschlüsse von Männern mit Werten und Zielen, denen sich alle Mitglieder verpflichten. Meist stellen sie eine zugespitzte Form und Überhöhung des Wertsystems der jeweiligen Gesellschaft dar. Weitere Charakteristika sind Aufnahmerituale, die räumliche Absonderung und dadurch entstehende

Aura des Exklusiven und Geheimnisvollen sowie eine hierarchische Struktur. Religiöse und kultische Aufgaben können zentral sein, aber auch die Regelung des gesellschaftlichen Aufstiegs innerhalb von Altersklassensystemen ist eine wichtige Funktion. Das Neumitglied einer Burschenschaft wird beispielsweise als «Fux» bezeichnet. Während der meist zweisemestrigen Fuxenzeit ist es noch kein Vollmitglied und wird erst danach «geburscht». Die Farben der «Bänder» (Schärpen) der Mitglieder zeigen den jeweiligen Rang an. Gemeinsame rauschhafte Erfahrungen sind Bestandteil männerbündischer Praktiken, die den Gruppenzusammenhalt festigen. In Burschenschaften sind dies etwa ritualisierte Saufgelage mit traditionellen Trinksprüchen und dazugehörigem Liedgut.

Einige Verbindungen diskutieren mittlerweile die Aufnahme von Frauen (→ Männer). Befürworter versprechen sich «neben der allgemeinen Gleichberechtigung die Verbesserung von Klima, Niveau und Kommunikation» (Couleurstudentische Informationen). Deren Gegner, die Mehrheit, befürchten den Niedergang der Burschenschaften. Männlich dominierte Institutionen können allerdings gar nicht überholt und fragwürdig genug sein, um nicht doch kopiert zu werden: Mittlerweile gibt es Verbindungen ausschließlich für Frauen. BB

# C

CAMPUS – Aus dem Lateinunterricht als Beispiel der ‹u-Deklination› bekannt, das Feld bedeutend. Der Plural wird daher gerne von den des Latein Mächtigen als ‹campuuus› in eine Konversation nebenbei mal eingeflochten, von weniger Schwanitzierten als ‹Campusse› oder, auch nicht richtiger, als ‹Campi› bezeichnet. Aber zum Glück spricht man ja selten über den Campus

im Plural: *Der* Campus bezeichnet ein in sich geschlossenes Universitätsgelände, wovon die meisten Universitäten im deutschsprachigen Raum – wenn überhaupt – nur eines haben. In den USA hingegen ist *the campus* meist geradezu ein kleines Städtchen, in dem die *undergraduates* wohnen, essen, im *campus bookstore* nicht nur Bücher kaufen, sondern auch mit den Insignia der jeweiligen Universität bedruckte Schreibblöcke, Stifte, Jogging-Hosen, Sweat- und T-Shirts (ja sogar Unterhosen); man sitzt in *coffee shops* und arbeitet mit dem *notebook*; sportelt im campuseigenen *fitness club* und bevölkert – natürlich bis spät in die Nacht – die *library*. Als StudentIn braucht man den Campus eigentlich gar nicht zu verlassen und viele scheinen dies bis zum Studienabschluss auch nicht zu tun (→ Sex).
Schicker als Feld klingt Campus schon. Das hätte auch der Heidelberger Universität bewusst sein sollen, als sie die Medizin aufs Neuenheimer Feld auslagerte; dort will, im Gegensatz zur schnuckeligen Innenstadt mit Kopfsteinpflaster, keiner so richtig hin. Wer will schon auf einem Feld arbeiten? Neuenheimer Campus, ja das hätte schon nach etwas mehr geklungen und vor allem auch: → btA! *AMF*

CLEVERNESS – *Cleverness*, im Sinne von Gewieftheit (schlau, gerissen; engl. slickness) signalisiert Intelligenz und die dazugehörige Fähigkeit, sich über geltende Regeln des ‹guten Verhaltens› hinwegzusetzen. Der Gegensatz zu *cleverness* ist die Mischung aus idealistischer Prinzipientreue und der ihr leicht unterstellten Naivität im Hinblick auf die ‹facts of life›. Dementsprechend verläuft die soziale Bewertung dieser Eigenschaften ungefähr so: der *Clevere* wird bewundert, aber nicht geachtet. Die CEOs von Telekommunikationsfirmen assoziiert man mit *cleverness*, Wissenschaftler bislang eher nicht. *Cleverness* als verbreiteter Verhaltenstyp ist unter Wissenschaftlern aber sehr im Kommen.
Das Ethos der Wissenschaft meint die vollständige Hingabe an die Suche nach Wahrheit: keine anderen Interessen bei der Suche nach neuem Wissen zu verfolgen als die der Sache selbst (→ Emo-

tionalität), das gewonnene Wissen der Kritik der kompetenten Kollegen auszusetzen. Dieser Verhaltenstyp ist *intrinsisch* motiviert. Die Konkurrenz richtet sich auf die Priorität der Entdeckung und damit allein auf die Erzeugung neuen Wissens. Die Belohnung ist Anerkennung durch Kollegen (→ Interlaus). Hier assoziiert man nicht *cleverness*, höchstens Kreativität und Fleiß.
Dies ändert sich aber, seitdem die Wissenschaft externer Evaluierung, *Benchmarking* und *Rankings* unterworfen wird (→ Uni-Formierung). Diese Segnungen neo-liberalen Denkens kommen mit der unabweisbaren Erwartung daher, dass die Wissenschaft ihre internen Bewertungsmechanismen transparent macht. Unabweisbar, weil Transparenz ein Grundwert demokratischer Gesellschaften ist (Gegenteil: Korruption) und Wissenschaftler von der Gesellschaft Forschungsgelder erhalten. Evaluierungen bedeuten das Misstrauen der Gesellschaft gegenüber der intrinsischen Motivation der Wissenschaftler. Sie verbinden *externe* Anreize und Kontrollen. Hier hat *cleverness* ihren Ursprung: Ökonomen sprechen vom *crowding out*.
Externe Evaluierungen und Rankings müssen auf messbare Einheiten, Indikatoren, gegründet werden. Sie sind deshalb hochgradig selektiv. Die Einführung von Indikatoren erinnert an die Geschichte vom Hasen und dem Igel. Auf jeden Indikator, den der Kontrolleur einführt, versucht der Wissenschaftler eine *clevere* Reaktion zu finden, die erlaubt, die Kontrolle zu unterlaufen und/oder sie zum eigenen Vorteil zu nutzen (zu pervertieren).
Der Indikator: ‹Summe der eingeworbenen Drittmittel› soll Urteile der ‹peers› über Forschungsanträge abbilden. Indikatoren für Fleiß und Anerkennung sind ‹Zahl der Veröffentlichungen› und ‹Zahl ihrer Zitierungen›. Natürlich ist Publikation nicht gleich Publikation – hier bietet sich als Indikator der so genannte *impact factor* wissenschaftlicher Zeitschriften an (→ SCI).
Die *clevere* Reaktion auf den Indikator ‹eingeworbene Drittmittel› ist die Beantragung von Forschungsmitteln für risikolose Projekte, die im *Mainstream* modischer Themen der Förderpolitik liegen. Am *cleversten* ist derjenige, dem es gelingt, einen Forschungs-

antrag einzureichen, für den die Forschung schon abgeschlossen ist, um Geld für die freie Forschung zu haben (→ Ausschlafen). Durch die Aufspaltung der Ergebnisse eines Forschungsprojekts in mehrere kürzere Artikel (→ SPU) lässt sich die Zahl der Artikel erhöhen. *Clever* ist es, renommierte Kollegen als → Co-Autoren, auch ohne deren aktive Mitwirkung an der Forschung, aufzunehmen, um die Chancen des Artikels bei den Gutachtern zu erhöhen. Die Veröffentlichung von Überblicksartikeln verhilft zu hohen Zitationszahlen, weil die Wissenschaftler sich gern aus Zeitgründen die Lektüre der Originalartikel ersparen. Die Verabredung mit Kollegen, sich wechselseitig zu zitieren (Zitierkartelle, → Zitat), kann deshalb *clever* sein, weil die Gesamtzahl der Zitierungen in vielen Fällen so gering ist, dass schon wenige Gefälligkeitszitate einen erheblichen Unterschied in der Bewertung machen.
Insgesamt gesehen wird es immer wichtiger, eine Fassade zu errichten, die den Erwartungen von Wissenschaftspolitikern und -verwaltern entspricht. Noch ist das Rennen zwischen Evaluatoren und Wissenschaftlern nicht entschieden, weil unklar ist, wer wen erfolgreicher manipuliert (→ Wettbewerb). Aber eins scheint jetzt schon sicher: *cleverness* wird obsiegen. PW

CO-AUTOREN – Im Allgemeinen eine Gruppe von Wissenschaftlern, die die Früchte ihrer gemeinsamen Arbeit veröffentlichen. Die Autorenliste beginnt mit dem Erstautor: in den naturwissenschaftlichen Disziplinen meist derjenige, der die meiste Arbeit gemacht hat, was mit dieser Ehrenposition honoriert wird. In manchen Fächern (z. B. Medizin) dagegen ist es durchaus nicht unüblich, dass der Arbeitsgruppenleiter diese Position einnimmt, selbst wenn er einzig durch Ressourcenbeschaffung beigetragen hat. Diejenigen, die die tatsächliche Arbeit gemacht haben, etwa als Diplomanden, tauchen dann gelegentlich sogar nur in der → Danksagung auf. Die andere wichtige Position in der Autorenliste ist der Letztautor, oft auch Seniorautor genannt. Meist ist dies der Laborleiter und im günstigen Fall auch der Ideengeber für die publizierte Arbeit. Während für den angehenden Wissenschaftler die Erstautorenposition die prestigeträchtigste ist, kann sich dies mit zunehmendem Alter umkehren: Erstautoren sind nicht selten Doktoranden eines der hinteren Autoren, und überhaupt, wer nicht irgendwann meistens hinten steht, macht sich verdächtig, alle Artikel noch selber zu schreiben und nicht gelernt zu haben, seine Arbeit zu delegieren (→ Beschäftigungstherapie). Ein wunder Punkt der Publikationspraxis ist der Ehrenautor, also jemand, der als Co-Autor erscheint, ganz ohne etwas Eigentliches beigetragen zu haben. Offiziell natürlich strikt verpönt, bietet diese Option für normalsterbliche Autoren die interessante Möglichkeit, sich selbst in die Nähe bedeutender Namen zu rücken. Manch eine Koryphäe hat schon angebissen, wenn ein fertiges Manuskript, probehalber mit seinem Namen auf der Liste der Co-Autoren, «zum Kommentar» in seinem Briefkasten lag. Bei berühmten Persönlichkeiten strahlt der Glanz der Co-Autorenschaft sogar um mehrere Ecken, weshalb mancher Mathematiker stolz seine Erdös-Zahl oder ein Physiker gar seine Pauli-Zahl nennt. Letztere gibt z. B. an, um wie viele Ecken jemand zusammen mit dem berühmten Physiker Wolfgang Pauli publiziert hat – also mit jemandem, der mit jemandem, der mit jemandem, ..., der mit Pauli publiziert hat (wobei Pauli dafür bekannt war, sehr wählerisch in der Auswahl seiner Co-Autoren zu sein). Das gesamte Netz solcher Beziehungen, auch Co-Autorennetzwerk genannt, ist längst selbst Gegenstand soziologischer Studien geworden. *SB*

COLUMBIA – Obwohl für kommerzielle Präsentationen entwickelt, hielt → *PowerPoint* auch im wissenschaftlichen Bereich Einzug, was zu einer Polarisierung der akademischen Gemeinde führte: Traditionsbewusste Kritiker knüpfen inhaltlich-argumentativ an die mittelalterliche Diskussion um die Erfindung des Buchdrucks an. Die weniger radikale Fraktion der Kritiker debattiert dagegen über die Bedeutung von Inhalten gegenüber der Form der Darstellung: Die Reduktion von Informationen auf wenige «Bullet points» sei eine Quelle der intellektuellen Degeneration mit zum Teil lebensgefährlichen Folgen.

Als Paradebeispiel dient der Absturz der Raumfähre Columbia im Jahr 2003, bei dem alle sieben Astronauten starben: Bei einer Präsentation im Vorfeld des Starts war es Ingenieuren mit Hilfe des «Auto Content Wizard» – der Vorträgen automatisch eine Struktur zuweist – nicht gelungen, die Komplexität eines Problems der Außenhaut der Rakete darzustellen, welches letztlich zur tödlichen Explosion führte. Diese Sichtweise, das Programm verantwortlich zu machen, fand bei den Versicherungen der Ingenieure ungeteilte Zustimmung.

Problematischer ist jedoch, dass *PowerPoint*-Präsentationen jedem Vortrag eine bedeutende ästhetische Komponente hinzufügen: Bereits die Frage der farblichen Gestaltung von Hintergrund und Schrift birgt etwa die Gefahr, im Anschluss an den Vortrag von Farbpsychologen auf latente Aggressionen angesprochen zu werden. Denkbar ist hier die Konstruktion weiterer akademischer → Statussymbole, wenn etwa dem Institutsdirektor allein die Verwendung eines königsblauen Hintergrunds vorbehalten bleibt. Dagegen scheinen die technischen Risiken eines Computerausfalls, diverser Inkompatibilitäten oder eines «Aufhängens» des Programms eher vernachlässigenswert, da die Erfahrung zeigt, dass das Publikum in diesen Fällen auf Basis eigener ähnlicher Erlebnisse eher mit amüsierter Sympathie und demonstrativer Solidarität reagiert (sogenanntes akademisches Stockholm-Syndrom). FG / GH

COOLNESS – Das Wort sollte es in einem Benimmbuch der feinen akademischen Sitten eigentlich nicht geben oder höchstens so, wie es den Terminus «Geilheit» in einem Benimmbuch für katholische Priester gibt: als Gegen-Wort. Wort und Sache gehören nicht an die Universität, sie sind gleichsam definitorisch für deren Gegen-Welt: Die Universität ist der Ort des Uncoolen, jedenfalls eine richtige Universität, *lo Studio*, wie das früher in Italien hieß. Seit dem Mittelalter ist dort nämlich der Gelehrte zu Hause, *lo studioso*, der Stubenhocker, der Bücherwurm, der *nerd*, wie ihn die Amerikaner heute nennen, und der ist total uncool. *Lo Studio* ist dem Ort diametral entgegengesetzt, wo seit der Renaissance die Coolness zu Hause ist, nämlich der «großen» Welt, dem Hof, *la Corte*. Der Höfling, *il cortegiano,* ist der coole junge Mann, der gut tanzen, reiten, fechten, musizieren und Konversation treiben kann, der Meister der Performanz, schwarz gekleidet. Weil sie ein italienischer → Habitus war, hieß die Coolness früher *grazia* oder genauer: *sprezzatura*. Schon in sprezzatura, eigentlich «Verachtung, Nichtbeachtung», ist ja eine schöne Dosis → Kälte enthalten, gemeint war das Nichtachthaben auf die eigene perfekt trainierte Performanz. Sprezzatura war eine aristokratische Grazie, Coolness ist die amerikanische Version davon. Das verändert sie ein bisschen: sie ist jünger, demokratischer, sicher noch kälter, deutlich weniger gebildet, aber sie ist im Wesentlichen immer noch dasselbe: eine bestimmte narzisstische Performativität, die einem entweder von den Sternen gegeben ist (für ganz wenige) oder durch ein so tiefes Training in Fleisch und Blut übergegangen ist, dass man ihr das Künstliche nicht mehr anmerkt: eine total artifizielle Anmut, die wie Natur aussieht.

Der studioso, der Gegentyp, ist dagegen der (alte) Knabe, der hinter den Büchern sitzt und Bücher schreibt. Diese eigentlichen Bewohner der Universität sind die brillentragenden Schlaumeier, bei denen es auf Anmut nicht ankommt (→ Weltfremdheit). Sie vergraben sich in Bibliotheken und Labors, schreiben *Papers* und Bücher, beherrschen Oberseminare und habilitieren sich.

Allerdings hat sich diese idealtypische Trennung nicht in dieser Reinheit durchgehalten, das Coole hat sich immer wieder keck an der Universität – sogar an der deutschen Universität – zu etablieren versucht. Einer der traumatischen Momente der deutschen Universitätsgeschichte war in dieser Hinsicht der Tag des Jahres 1687, an dem Thomasius an der Universität Leipzig Vorlesungen zu halten begann: à la mode gekleidet und auf deutsch (war damals total cool!). Der Talar – das mittelalterliche Pfarrersgewand – und das Lateinische verschwanden in der Versenkung. Aber das heißt nicht, dass ein Talar sozusagen prinzipiell uncool wäre. Heute, wo Talare unüblich geworden sind, finden wir einen oxford-mäßig

lässig über die Schulter geworfenen Talar natürlich supercool. Wenn man ihn jeden Tag anziehen müsste, wäre die Coolness allerdings wohl dahin.
Heute macht sich das Coole massiv an der Universität breit – ein ziemlich sicheres Zeichen ihres Verfalls. Die Universität heute hat ja ohnehin extrem performative Disziplinen wie BWL u. ä. in ihr Zentrum gerückt. Auch Juristen waren schon immer gern auf dem Weg zum Höfischen und Coolen. Aber eben auch in den richtigen Wissenschaften, d. h. in den Natur- und Geisteswissenschaften, hat sich der Typ des coolen Dozenten etabliert, genauer sind es zwei Typen von Coolen: der Schwarze und der Bunte.
Der Schwarze trägt schwarz, wie es schon Castiglione 1528 empfohlen hatte, er ist schlank, um die dreißig, heterosexuell, intellektuell anspruchsvoll, arrogant, die Damen vergöttern ihn, die männlichen Kommilitonen hassen ihn. Der Bunte ist bunt gekleidet, er ist ebenfalls schlank und um die dreißig, homosexuell, aber nicht tuntig (tuntig ist uncool), auch er ist ästhetisch ansprechend, intellektuell anspruchsvoll, arrogant, die Mädels finden ihn süß, die Männer haben auch nichts gegen ihn, die schwulen Männer lieben ihn sowieso. Der Bunte und der Schwarze sind nicht besonders nett oder zuvorkommend, eine gewisse Härte und Kälte geht von ihnen aus. Sonst wären sie ja nicht cool. Sie sind exzellente *Performer*, gut geübt, damit es aussieht wie Natur. Sie haben es extrem schwer: Sie müssen ja nicht nur cool sein, sondern auch noch den ganzen traditionellen Quatsch betreiben: forschen, Bücher schreiben, Drittmittel einwerben.
*Coolness* ist im Übrigen eine männliche Eigenschaft, richtig cool ist nur ein → Mann, denn nur dieser kann einen Dreitagebart haben (immer noch supercool), und zwar ein junger Mann. Damit wäre auch die Frage beantwortet, ob Alte cool sein können. Alte haben keine Chance (→ Zerstreutheit). Ein grauer Dreitagebart bringt es nur, wenn man wie Charles Schumann aussieht, der für *Baldessarini* wirbt. Ansonsten: die *studiosi* waren und sind sozusagen per definitionem alte Männer: uncool.
Die tödliche Gefahr: Du bist jung, männlich, schlank, klug, herz-

los, schwarz oder bunt, deine Performanz sieht aus, als sei sie dir von der Natur gegeben, bzw. du hast so lange geübt, dass deine Performanz absolut natürlich herüberkommt. Aber Achtung: das Entscheidende ist die Grenze. Man darf das Coole auf keinen Fall übertreiben. Sobald es zuviel wird, wird die *sprezzatura* nämlich zur *affettazione*. Man merkt dann nämlich, dass alles nur gemacht ist. «Peinlich» ist dann das Adjektiv, der Absturz ins Uncoole.

Schließlich: Es geht die Kunde in deutschen intellektuellen Kreisen, Coolness sei out, gar ein alter Hut. Wahrscheinlich sind aber nur die Herren out, die sich bisher damit beschäftigt haben, z. B. Ulf Poschardt. Ansonsten spricht manches gegen die Annahme, Coolness sei uncool: In seinem neuesten Roman über das amerikanische *College*-Leben zeigt Tom Wolfe – zugegeben kein junger Schriftsteller, aber er hat das sehr genau studiert –, dass cool das akademische Wertesystem auf studentischer Seite nach wie vor ganz wesentlich strukturiert. Es gibt gleichsam eine Rangordnung des Coolen, in absteigender Reihenfolge: Supercool sind die professionellen Basketball-Spieler, performativ spitze in der Halle und beim → Sex, akademisch null. Cool ist auch der supergut aussehende, sportliche, sexuell aktive, aber akademisch nicht weiter hervortretende zukünftige Banker. Uncool ist der superkluge, intellektuelle (jüdische) Student, der *nerd* (dem ein dicker linksintellektueller Professor entspricht). Wolfe lässt allerdings keinen Zweifel an der Tatsache, dass die beiden Uncoolen eigentlich die Universität sind.

JT

## D

DAHEIM – Nach einer längeren Reise nach Hause kommen oder sich wieder an die eigene Arbeit setzen und auch in der Fremde Landsleute treffen oder Wissenschaftler aus der eigenen Disziplin treffen, sind sehr ähnliche Begebenheiten. Die Entfremdung, die im jeweiligen Fall verschwinden mag, und der Umstand, dass man sich selbst wieder aufgehoben und verstanden fühlt, erklärt sich dadurch, dass man im Denken und in seiner jeweiligen Sprache daheim sein kann. Daheimsein in einem Denken bedeutet, dass man sich in ihm auskennt, dass die Denkmuster vertraut sind und man an sie anknüpfen kann, um sie weiter zu entwickeln. Es bedeutet aber auch, dass man sich mit denjenigen, die eine Sprache oder einen → Denkstil teilen, leichter verständigen kann; ausführliche Erläuterungen können wegfallen, zumeist reichen kurze Erwähnungen oder Andeutungen, um sich zu verstehen. Wie einfach oder mühsam das Verstehen im Einzelnen ist, mag damit zusammenhängen, ob Süddeutsche auf Norddeutsche treffen, Verhaltensbiologen auf Molekularbiologen oder quantitativ arbeitende Soziologen auf qualitativ arbeitende. Und dann gibt es noch die Geistesverwandten (→ Geistesnähe), mit denen man selbst unfertige Gedanken weiterspinnen kann, wodurch das Gefühl des Daheimseins, des Bei-sich-Seins noch gesteigert wird. EME

DANKSAGUNG – Danken heißt dem Sinn nach ‹in Gedanken halten› und ist, laut Kluge, etymologisch eine Rückbildung zu «denken». Dort heißt es auch: «Ich werde daran denken», dies können Worte des Dankes oder der Drohung sein. Wer einem dankt, kann man sich nicht aussuchen. Ein Dank ist eine Gabe oder eine Gegengabe in Netzwerken aus Tauschbeziehungen. Sie zurückzuweisen ist nicht möglich und wenn man es täte, wäre dies eine offene Kriegserklärung.
Gedankt wird eigenständig oder integriert in ein → Vorwort oder → Nachwort. Kaum eine wissenschaftliche Veröffentlichung, in der niemandem gedankt wird. Als Adressatinnen stehen an erster Stelle seit den siebziger Jahren und nach wie vor die geduldigen, unterstützenden, ermutigenden, immer seltener tippenden, dafür liebenden, optimistischen, kreativen, manchmal sogar kritischen Ehefrauen. Das Danken ist ein ernsthaftes Anliegen und Ironie wie in der folgenden Danksagung selten:

«*Last but not least* danke ich Ellen Erdmann, die weder meine Strümpfe stopfte noch meine Manuskripte tippte und sich bis heute nur wenig für die Geschichte der Düsseldorfer Handwerker interessiert. Dieses Buch hätte gut ohne sie geschrieben werden können; es wäre nur eher fertig geworden.»

Die Geschlechterverhältnisse haben sich geändert (→ Queenbee) und damit hat der Dank an die Männer in wissenschaftliche Publikationen Einzug gehalten. Auch hier wird nicht dem wirklichen, sondern dem Ideal eines Mannes gedankt: ebenfalls verständnisvoll und interessiert die Arbeit begleitend, häufiger auch kritisch und partnerschaftlich, domestiziert und bei der Hausarbeit hilfreich. Wichtiger sind jedoch die → Kinder, sie werden zuerst genannt. Hat eine Wissenschaftlerin Kinder, dann dankt sie ihnen auch oder widmet ihnen das Werk.
Männer danken ihren Kindern (und Frauen) häufig dafür, dass sie während der Zeit größter intellektueller Kämpfe und Höhenflüge den Kontakt zur «Wirklichkeit» oder zum «Leben» nicht verloren hätten. Dafür, dass man sie aus unglaublichen Höhen (→ Genie) immer wieder in die Niederungen des von Frauen und Kindern beherrschten Alltags zurückgeholt hat, der seinen ganz eigenen Charme habe.
So viel zu Frauen und Kindern. Aber auch «die Wilden» sind, etwa in ethnologischen Publikationen, übliche Adressaten des Dankes. Die Informanten, könnte man meinen, hätten so enge Freundschaften mit ihrem Forscher geschlossen und ihn so lieb gewonnen, dass sie diesen wundervollen Menschen nie wieder gehen lassen wollten. Bisweilen sehen diese Danksagungen auch so aus:
衷心感谢所有接受过我采访的人。
In manchen Danksagungen werden auch die Studierenden lobend erwähnt. Sie sind stimulierend, anregend, interessiert und stellen die besten Fragen. Indirekt spiegeln ihre Tugenden also die didaktischen Qualitäten des Lehrers, seinen partnerschaftlichen Umgang mit ihnen und seine eigene Lernfähigkeit: «They have given me the courage not just to teach anthropology from the heart but to go back to the field and learn it all over again.»

Neben privaten Adressaten wird Institutionen gedankt (wie es oftmals im Bewilligungsschreiben der Mittel bereits vorgeschrieben ist) sowie Kollegen und Mentoren. Hier ordnet sich der Autor einer bestimmten wissenschaftlichen Richtung zu (→ Daheim), macht klar, dass an dem Werk zahlreiche Größen des Faches interessiert sind und mitgearbeitet haben. Eine Kritik am Text wird immer auch sie treffen und eventuell ihre Rache nach sich ziehen. Das Wissen um die Immunisierungsstrategien von Danksagungen führt zu dem häufigen Nachsatz, dass alle verbleibenden Fehler allein dem Verfasser anzulasten seien.

Gedankt wird nicht nur in Büchern, sondern auch in Fußnoten von Artikeln. Besonders versierte Wissenschaftler schicken ihren schärfsten Kritikern den Artikel, bevor sie ihn, mit einem Dank in der Fußnote, bei einem *international journal* einreichen. Der Kritiker wird den so immunisierten Artikel nun im *peer review*-Verfahren garantiert nicht erhalten (→ Cleverness).

Tatsächlich gibt es auch den unschuldigen, schlichten und uneitlen Dank, der von Herzen kommt und dem Gedanken entspringt, wie viel Unterstützung notwendig war, und wie wenig davon man zurückgeben kann. Schade, dass man sich kaum noch traut, ihn niederzuschreiben. Und so mancher windet sich geschickt heraus und vermeidet zur Gänze das Problem, nicht nur wem, sondern in welcher Reihenfolge wofür gedankt wird: «Die Helfer sind zu zahlreich, um hier ...» *BB*

DENKSTIL – Hat etwas mit Denken zu tun. Und mit Stil. Beides zusammen ist selten – jedenfalls individuell betrachtet. Kollektiv gesehen halten wir uns an Ludwik Fleck, der 1935 in seiner Abhandlung *Entstehung und Entwicklung einer wissenschaftlichen Tatsache. Einführung in die Lehre vom Denkstil und Denkkollektiv* schrieb: «Wir können also Denkstil als gerichtetes Wahrnehmen, mit entsprechendem gedanklichen und sachlichen Verarbeiten des Wahrgenommenen, definieren. Ihn charakterisieren gemeinsame Merkmale der Probleme, die ein Denkkollektiv interessieren; der Urteile, die es als evident betrachtet; der Methoden, die es als Erkenntnismittel anwendet. Ihn begleitet eventuell ein technischer und literarischer Stil des Wissenssystems». Fleck interessierte die Art und Weise, in der Tatsachen in der Wissenschaft konstruiert werden: «Die Tatsache muss im Stil des Denkkollektivs ausgedrückt werden», nur so hat sie eine Chance, in der Welt der wissenschaftlichen Tatsächlichkeit und der tatsächlichen Wissenschaft. Fleck war «im populären Sinne» kein Relativist und auch kein Subjektivist der Wahrheit. Denkstil war für ihn ein soziales Feld, mehr als ein stilistisches oder gar stilvolles Denken. Für den Theoretiker der Wissens- und Wissenschaftsproduktion war das Subjekt eher nachrangig, agiert es doch stets im Rahmen eines Denkkollektivs.

Hinzuzufügen wäre insofern ein individueller Gedanke, der sich kollektiv verflüchtigt. Etwa so: Denkstile sind Kritische Theorie, Queer Studies, Neomaterialistische Rechtstheorie, Wiener Schule. Der kollektive Denkstil leidet an einer unhintergehbaren Bedingung. Er ist hervorgegangen aus dem äußerst selten anzutreffenden Zufall, dass Denken auf Stil trifft oder umgekehrt. Dieser individuelle Denkstil eines Marx, Hegel, Adorno, Carl Schmitt, Kelsen, Luhmann, dieses glückliche, denkreiche und stilvolle Momentum geht vorüber, mit dem Tod des einzelnen menschlichen Lebens. Es bleiben übrig: Nachahmer, Erklärer, Ausleger. Die bilden den Wurmfortsatz des Denkstils (→ Nekrophilie). Epigonen, zusammengeschlossen im gedanklichen und sachlichen Verarbeiten des Wahrgenommenen. Denkkollektive sind das Kennzeichen des Denkstils der Vielen. An Stil und Denken reichen sie niemals heran. RMK

DRITTMITTEL – Auch für die Forschung gilt: Nur wer im Wohlstand lebt, lebt angenehm – aber wer lebt schon so? In den Geisteswissenschaften waren die Haushaltsinseln der Seligen schon immer rar und in unserer Zeit der Austerität ist Aufschwung nicht wahrscheinlich. Die Eigenmitteldecke ist allenthalben kurz, bei den Glücklicheren mangelt es an der Bequemlichkeit, bei denen im Dunkeln geht es um die Subsistenz. Fremde

Mittel müssen her – zur Sicherung des nackten Überlebens vielleicht, zur Wahrung der Chance, etwas Großes (und entsprechend Teures) zu beginnen, in jedem Fall. Und auch derjenige, der nichts benötigt, ist gut beraten, sich zu beteiligen. Notorische Nicht-Präsenz im Drittmittel-Parcours wird gern als konkludentes Eingeständnis der Unfähigkeit gelesen, zumindest aber als Ausdruck von Arroganz und Überfinanzierung verbucht. Wer keine Drittmittel ‹eingeworben› hat, gilt in der Szene nicht viel und hat das Gift der Evaluatoren zu fürchten (→ Freiheit).

Der Dritte, um dessen Mittel es allen geht, ist so ein richtiger Dritter freilich nicht. Oft genug kommt das Geld aus eben der Kasse, aus der die Eigenmittel der Forschungseinrichtungen auch fließen. In unserem Staat ist es die öffentliche Hand, die den Löwenanteil zahlt: so oder so. Der Unterschied liegt im Verfahren. Diverse Einrichtungen verteilen als Dritte das Geld des einen Anderen an die Vielen. Sie evaluieren die → Projekte, sie konditionieren die Forschungslandschaft durch allgemeine Schwerpunktsetzung und durch spezifische Einflussnahme im laufenden Bewilligungsverfahren. Sie sind es, die maßgeblich darüber mitentscheiden, was in der Forschung läuft und was nicht. Und ihre Mühlen mahlen fein. Sie bewerten nicht das Ensemble der Leistungen und Defizite, der Merkwürdigkeiten und Evidenzen ganzer organisatorischer Seinswelten, wie das in der Evaluierung der Forschungseinrichtungen geschieht. Die Dritten widmen sich den einzelnen Forschungsvorhaben *en detail* und mit manchmal verblüffender Akribie. Der Gesamtzustand des Antragstellers, sein institutioneller Ruf ist nicht entscheidungsunerheblich, ist aber eher im Hintergrund und für den Fall, dass ‹ein Antrag auf der Kippe› steht, präsent.

Im Vordergrund geht es um die konkrete Sache ganz allein und um die Frage, ob das Beantragte gefällt. Die Dritten selbst halten sich bei der Evaluierung sehr zurück. Präsidenten, Generalsekretäre und andere Funktionäre mischen sich im ‹Normalfall› nicht ein. Für das Evaluationsgeschäft haben sie ihre Gutachter, die in manchen Fällen sogar von den Forschern selbst gewählt werden

(→ Geistesnähe). Man kann sagen: hier reguliert die *community* sich selbst. Die Legitimität des Fördersystems ist entsprechend hoch. Das Gutachterwesen scheint eine feste Burg, die ‹sachfremden› Erwägungen entgegensteht (→ Emotionalität). Die zwischen den Geld gebenden Staat und die Gutachter-Wissenschaftler geschobenen Organisationen stellen ein zusätzliches Bollwerk dar. Der Verdacht politischer Einflussnahme soll erst gar nicht entstehen.

Ach ja: immer wieder einmal ist doch noch ein Einwand zu vernehmen. Er besagt, dass das Fördersystem den *Mainstream* begünstige. Die Förderschwerpunkte würden von Exponenten des *Mainstream* komponiert. Man avanciere zum Gutachter, wenn und weil man *Mainstream* sei. Selbst dann, wenn man von Hause aus nicht zum *Mainstream* zähle, sei es noch lange nicht ausgemacht, ob man sich in seiner Gutachterrolle nicht doch wie *Mainstream* verhalte. Gerade riskante Ansätze, denen ein ‹Gelingen› nicht auf der Stirne geschrieben stehe, hätten unter diesen Umständen schlechte Chancen. Gerade auf diese Art Forschung komme es aber an (→ Risikogerede). Ihre systembedingte Diskriminierung stelle ein ernsthaftes wissenschaftspolitisches Problem dar. – Wie immer all dem auch sei: einer Gesellschaft, die ihre Risiken als Quell des Leidens erlebt, scheint ein Einwand pro Risiko in jedem Falle wenig angemessen. GB

**DRITTSTUDIUM, ZWEITSTUDIUM, DOPPELSTUDIUM** – Die Lebensumstände, die mit einem Dritt- oder Zweitstudium einhergehen, sind für gewöhnlich ganz andere als jene, die mit einem Doppelstudium einhergehen. Aber eines ist denjenigen, die diese Vorhaben verfolgen, gleich: die Wissbegier. Während der Dritt- oder Zweitstudiumstudierende sich für seine jeweiligen Studien jedoch viel Zeit lässt und jeweils nebenher → Jobben geht, weil er schon ahnt, dass er aus seinen Interessen wohl niemals einen Broterwerb wird machen können, studiert der Doppelstudiumstudierende unter Mobilisierung all seiner Kräfte beide Studiengänge in der jeweils vorgeschriebenen Zeit. Hat er diesen Weg doch gerade gewählt, weil er das Richtige tun und das Schöne nicht lassen will und kann. Er will einmal einen rechtschaffenen Broterwerb haben und sich die Leidenschaft, in weitere Welten des Denkens vorzudringen, dennoch nicht schon in so frühen Jahren austreiben lassen.

Aber der Polyhistor ist in einer Zeit der Effizienz und Verwertbarkeit allen Wissens (→ Gute wissenschaftliche Praxis) zu einem komischen, lächerlichen Kauz degradiert, ähnlich einem Don Quichote, der sich gegenüber den Anforderungen seiner Zeit nicht mehr zurechtfindet. Der Doppelstudiumstudierende weiß das. Er ahnt schon, dass ihm seine Leidenschaft des Wissenwollens und das Erreichen eines möglichst großen geistigen Horizonts keine Anerkennung einbringen wird, sondern Misstrauen. Daher versucht er seine Wünsche, anders als der Dritt- oder Zweitstudiumstudierende, zu verbergen, indem er für sein Doppelstudium nicht längere Zeit benötigt als seine → Kommilitonen und indem er die gehorteten Diplome möglichst nicht alle gleichzeitig vorlegt.

Der Doppelstudiumstudierende zeichnet sich dadurch aus, dass er ein so genanntes gesellschaftlich anerkanntes Fach studiert, also Jura, Medizin oder Betriebswirtschaft und ein oder zwei geisteswissenschaftliche Fächer, die ihn wirklich interessieren. Der typische Dritt- oder Zweitstudiumstudierende hängt hingegen eine brotlose Kunst an die nächste: Theoretische Physik, Philosophie, Ozeanistik oder aber auch Ethnologie und anschließend Forstwirtschaft der Tropenwälder.

Treffen diese beiden Typen, der Dritt- oder Zweitstudiumstudierende und der Doppelstudiumstudierende aufeinander, sind sie sich zumindest nicht ganz fremd, da sie eine große lebensbestimmende Leidenschaft teilen. Voller Verachtung wenden sie sich gemeinsam von dem so genannten karriereorientierten Anschlussstudierenden ab; jener ergreift nämlich lediglich einen Erfolg versprechenden Spezialisierungstrend. Meist zählte er in seinem zuerst gewählten Fach nicht zu den originellen oder besonders leistungsstarken Köpfen (→ Elite). Neuaufkommende, noch nicht recht etablierte Fächer bieten diesem Typus aber plötzlich eine Plattform, um sich in einer Weise zu profilieren, wie es ihm in Bereichen, die schon lange klare Qualitätsstandards entwickelt haben, niemals möglich wäre. Für gewöhnlich findet man sehr schnell heraus, mit welchem Typus man es zu tun hat. EME

# E

EINZELSCHREIBTISCHFORSCHER – Früher sehr verbreitete, mittlerweile beinahe ausgestorbene Spezies, die vor allem in den Geisteswissenschaften beheimatet ist. Anders als seine gefräßigen Futterkonkurrenten, die Kooperation, der Projektverbund, der Sonderforschungsbereich und gar der → Exzellenzcluster, bescheidet sich der zum Individualismus neigende Einzelschreibtischforscher mit geringem Verzehr von Material und vernichtet eigene und fremde Zeitressourcen nur sehr widerwillig, da er um ihre Knappheit weiß. Natürliche Feinde hat er nur unter seinesgleichen. Ihn regelmäßig mit Konferenzen und Kongressen zu füttern, ist anders als bei den vorgenannten Konkurrenten nicht unbedingt nötig, häufig sogar schädlich: Übersättigung dieser Art lässt seine Sinne erlahmen und schränkt sein Reaktionsvermögen ein; der Jagdtrieb und das Imponiergebaren steigen zunächst zwar an, fallen dann aber nach kurzer Zeit umso dramatischer ab. Erfahrene Halter wissen das. Der Einzelschreibtischforscher hinterlässt wenig Lärm und Spuren, da er es vorzieht, das Gelände allein und in großer Umsicht zu erkunden. Dafür nimmt er sich viel Zeit (→ Zerstreutheit) und entwickelt eine große Wendigkeit, die bei ausgewachsenen Exemplaren zu traumwandlerischer Sicherheit der Terrainbeherrschung führen kann. Allerdings neigt der Einzelschreibtischforscher dazu, sein einmal abgestecktes Revier nicht mehr zu verlassen (→ Weltfremdheit).

Dieses ist für jüngere Konkurrenten an den Duftmarken zu erkennen. Kapitale Exemplare verraten sich durch unübersehbare Monographien, weniger bedeutende lassen sich über regelmäßig abgesonderte Aufsätze und andere *Papers* aufspüren. Die Genialsten hinterlassen fast gar keine Spuren, skrupulös und monomanisch lassen sie ihren Gedankenreichtum kaum durch Gedrucktes beschmieren. Am wohlsten fühlt sich der Einzelschreibtischforscher in warmen, ruhigen Plätzen mit gesicherter Fütterung, an die er aber keine hohen Anforderungen stellt. Sein wahres Elixier zieht er paradoxerweise aus der eigenen Arbeit, beim Lesen und Schreiben fühlt er sich manchmal vom Glück überschwemmt. An guten Tagen glänzen seine Ideen wie das offene Meer. Die Mode, ihm vorzugsweise rationierte Drittmittel zum Unterhalt anzubieten und Anreize zum wesensfremden kollektiven Zusammenschluss zu schaffen, zeitigte, obwohl als «Förderinstrument» beworben, fatale Konsequenzen. Sein langsames Aussterben fiel zunächst kaum auf, da Einzelschreibtischforscher scheu sind und sich auch in Bedrängnis nicht zu Herden zusammenschließen; später wurde es nicht als Schaden empfunden, und zuletzt erst ergriff man halbherzig Maßnahmen zu ihrer Erhaltung, als die Entwicklung aber vielerorts schon irreversibel war (→ Schnittstellen). Nun erst vermisst man diese dem Laien kauzig scheinende, aber für den Kreislauf des Wissens sehr wichtige Forschergattung. Vermutlich handelt es sich um den seltenen Fall einer Spezies, die Opfer ihrer eigenen Bedürfnislosigkeit wurde. *MV*

**EITELKEIT** – Kommt vor. Siehe überall sowie im Besonderen → Anreden, → berühmt, → Festschriftdruckkostenzuschussversicherung, → Forschungsfront, → Gackern, → Ghostwriter, → Habitus, → Homepage, → Interlaus, → Männer, → Preise, → Privatbibliothek, → Queenbee, → Science Stars, → Statussymbole, → Titelkauf, → Vorwort.

**ELITE** – Elite kommt von Auslese. Der Begriff dient der Unterscheidung gegenüber «Masse» und bezog sich historisch zunächst auf Textilien, wird heute aber auch für Joghurts verwendet. Inzwischen erstreckt er sich zumeist – in Deutschland mit dem obligatorischen Zusatz, es sei endlich Zeit, ihn unverkrampft zu verwenden, allerdings im wohlverstandenen Sinne einer Leistungselite – auf alle prestigeträchtigen gesellschaftlichen Bereiche, um dortige Würdenträger und Aktionszentren sowie ihre vermutete Kommunikation untereinander zu bezeichnen.

Diesseits davon treten aber Schwierigkeiten auf, den Begriff analytisch zu verwenden. Denn außerhalb einfacher Sportarten existieren keine klaren Kriterien (→ Forschungsfront). Dass zur Ermittlung von Eliteuniversitäten in Deutschland ein eigenes Verfahren angeschoben wurde, unterstreicht diesen Tatbestand. Selbst beim Studium jener Natur, in der sich angeblich nur die am besten Angepassten sollen behaupten können, sind die Biologen auf die tautologische Fassung dieses Prinzips gestoßen: wer sich behauptet hat, war offenbar lokal geeignet. Wer bis ganz oben hin durchdrang, heißt das, gehört zur Elite. Die Meriten, die einer dabei vorweisen muss, um in Meritokratien voranzukommen, sind entsprechend vielfältig und widersprechen einander, lassen sich also weder in die Form eines Programms bringen noch zur Gewissheit verdichten, wer es zu etwas gebracht hat, habe es aufgrund generalisierbarer Eigenschaften getan. Elite ist insofern ein statistisches Konzept, mit dem das Ausmaß ermittelt werden kann, in dem sich Organisationen an ihrer Spitze Willkür und Persönlichkeiten leisten. Eine tatsächliche soziale Form mit verdichteter Interaktion quer zu gesellschaftlichen Funktionsbereichen und über Regionen hinweg, wie es der europäische Adel war, ist die so verstandene Elite nicht. Eliten stellen weder eine Klasse noch auch nur einen aktionsfähigen Mitgliedschaftsverband dar.

Eliteforscher – von denen einschränkend leider gesagt werden muss, dass sie oft nicht zur Forscherelite zählen – beschäftigen sich mit dem Problem, was und wie durch wen am Eingangstor zur Elite geprüft werden soll (→ Ungleichheit). Moderne Gesellschaften haben sich hier immerhin in der Frage «Durch wen?»

entschieden. Die Universitäten und höheren Schulen übernehmen es, Mindestanforderungen gegenüber Anwärtern auf den Elitestatus durchzusetzen.

Das Bildungssystem hat keine echte Zugangskontrolle zur Gesamtheit der Eliten, es sei denn, dass es eigens dafür eingerichtet wird. Das kann in Form von Eliteuniversitäten im Unterschied zu Massenuniversitäten geschehen: Sie dürfen dann aber nicht einfach Universitäten zur Hervorbringung wissenschaftlicher Eliten (Spitzenforscher) sein, sondern müssen sich auf die vielfältigen nichtakademischen Erwartungen einstellen, die an Eliten gerichtet werden (→ Cleverness). Etwa in Form von Tests der Kandidaten auf außergewöhnliche Belastbarkeit, durch Berücksichtigung von Herkunft, Einkommen der Familie oder Hautfarbe beim Universitätszugang, oder durch eine institutionalisierte Verbindung zwischen Universitätsabschluss und Staatsdienst, was wiederum nur zu politischen Systemen passt, in denen die Parteien mit einem solchen Zufluss von oben etwas anfangen können. Um gegenüber so verstandenen Eliteuniversitäten die wissenschaftliche Elite dann noch einmal eigens auszuzeichnen, empfiehlt sich die Gründung von «Institutes for Advanced Study», deren jährlicher Rekrutierungsbedarf an «Fellows» freilich ebenfalls den Elitegedanken aushöhlt. Immerhin haben die Wanderungsbewegungen zwischen solchen Instituten – von Princeton, Berlin und Wassenaar bis Uppsala, Budapest und Delmenhorst – dem Begriff «Zirkulation der Eliten» (Pareto) eine neue Bedeutung verliehen.

In diesem Zusammenhang ist es nötig, noch auf einen Befund der älteren Elitenforschung (etwa bei Paul de Rousiers, *L'Elite dans la société moderne*, Paris 1914) hinzuweisen, der besagt, dass Eliten sich nicht nur durch höhere Leistungen, sondern auch durch andere Tätigkeiten als diejenigen auszeichnen, die demgegenüber als «Masse» dastehen. Das läuft darauf hinaus, dass insbesondere die gefilmten Eliten eines Bereichs, etwa der Wissenschaft, tatsächlich oft gar nicht mehr forschen, sondern mit der Vertretung ihres Faches gegenüber anderen Eliten und dem Unterschreiben von Dienstreiseanträgen beschäftigt sind. Schichtung und Ar-

beitsteilung gehen miteinander einher, eine weite Verwendung des Begriffs «Elite» neigt aber dazu, das zu verdecken und beispielsweise an den Spitzen der Forschungsorganisationen auch die Spitzenforscher zu vermuten. Tatsächlich sind an der Spitze der Forschung, der Kirchen, der Firmen aber oft Ex-Forscher, Ex-Theologen, Ex-Betriebswirte. Das wird durch die verfahrensförmige Organisation von Eliteauswahl verstärkt, weil das Verfahren (Evaluieren, Anträge schreiben, → Knödeldiagramme entwerfen, die Öffentlichkeit bearbeiten, Kommissionen durchstehen usw.) selbstverständlich nur durch Abzug der Eliten aus ihren eigentlichen Aufgabenbereichen zustande gebracht werden kann.
Man sieht: Der Zauber, den das Wort «Elite» ausstrahlt, kann sich nur unter ganz besonderen gesellschaftlichen Umständen entfalten, die zudem nicht kurzfristig herstellbar sind. Was dagegen kurzfristig herstellbar wäre, sind Eliteuniversitäten im Sinne von Hochschulen wissenschaftlichen Charakters, mit guten Betreuungsrelationen, ernst genommenen Prüfungen, wohl ausgestatteten Bibliotheken und Labors. Exzellenzwettbewerbe wären zur Hervorbringung solcher, vormals einfacher «Universität» genannten Gebilde vermutlich nicht vonnöten. *JK*

EMOTIONALITÄT – Wissenschaftler sehen sich gerne als rein rationale Wesen, für die Emotionen in ihren Arbeitszusammenhängen keine Rolle spielen. Dieses Selbst- und Fremdbild ist aber nicht nur unzutreffend, sondern für eine angenehme und erfolgreiche Zusammenarbeit oft auch hinderlich. Denn das Nicht-Eingestehen emotionaler Reaktionen führt dazu, die Gründe für eine eventuelle Ablehnung einer Person allein in deren wissenschaftlichen Arbeit zu suchen, was es dann unmöglich macht, diese Arbeit auf ihre Brauchbarkeit für das eigene Anliegen hin ernsthaft zu prüfen. Geleugnet wird auf diese Weise auch, dass etwa Neid oder → Angst, die man hinsichtlich des Erfolgs des Anderen oder der Möglichkeit des eigenen Versagens empfindet, in die (dann häufig negative) Beurteilung der Arbeit anderer mit hineinspielen oder gar für die Ablehnung der Personen selbst ausschlaggebend werden. Die Selbstverleugnung, welche damit einhergeht, führt nicht selten zu pathologischen Verhaltensformen (→ Eitelkeit), die eine Zusammenarbeit schwierig, wenn nicht unmöglich machen.

Um einigermaßen rational oder objektiv zu urteilen kann es daher nicht darum gehen, die eigenen Emotionen zu leugnen, sondern sie und ihren Einfluss auf das eigene Urteilsverhalten zu kennen. Warum Gefühle der Angst, der Niedergeschlagenheit, des Zorns oder Neids im Zusammenhang wissenschaftlichen Arbeitens so häufig geleugnet werden (→ Zweifel), bleibt ferner deshalb unverständlich, weil die Freude an der eigenen Arbeit auch niemand leugnen wollen wird. Und wer sie nicht empfindet, sollte besser aufhören, das zu tun, was er tut. EME

EMPFEHLUNGSSCHREIBEN – Empfehlungsschreiben, auch Referenzschreiben, Referenzgutachten oder *letter of reference*, sind der schriftsprachliche Ausdruck einer komplizierten Dreiecksbeziehung zwischen einem oder einer Empfehlenden, einer empfohlenen Person und einem Adressaten, der aufgrund der Empfehlung eine Entscheidung trifft oder zumindest treffen soll. Inhalt und Aussagekraft solcher Schreiben werden durch den Grad der Öffentlichkeit (kann nur der Adressat das Schreiben lesen oder auch die empfohlene Person und weitere?) und der Kontrolle (wer hat das Schreiben bestellt? Oder ist es ein nicht bestelltes Empfehlungsschreiben?) bestimmt.

Die Inhalte sind konventionalisiert. Unentbehrlich sind Aussagen zum Verhältnis zwischen Empfehlendem und Empfohlenem (Kennen sie sich? Woher?), zur Leistungsbereitschaft und zum Leistungsvermögen der Empfohlenen (belegt durch Karriereverlauf [→ btA], Publikationen, Patente, Ehrungen) und zum sozialen Verhalten (Teamfähigkeit, persönliche Eigenschaften). Im interkulturellen Vergleich gelten deutschen Adressaten die Empfehlungsschreiben aus den nordischen Ländern Europas als eher unterkühlt, aus Deutschland als relativistisch, aus dem Vereinigten Königreich als erfreulich eindeutig, aus dem mediterranen

Raum als expressiv und aus den USA als euphemistisch. Empfehlungsschreiben in den Ingenieurwissenschaften sind häufig durch große Faktizität geprägt, Geisteswissenschaftlerinnen und -wissenschaftler neigen tendenziell zum Relativismus, zur kritischen Würdigung und zur langen Form. Vertraulich befragt, beurteilen sie einen stringenten Karriereverlauf eher als «zu glatt», eine beachtliche internationale Publikationsleistung als «zu gut».

Delikate Dreiecksbeziehungen verlangen von allen Beteiligten die Einhaltung ungeschriebener Regeln, um nicht ungeplante Reaktionen der beteiligten Akteure und damit einen Schaden für das gesamte Beziehungsgeflecht zu riskieren. Den geringsten Handlungsspielraum haben die Empfohlenen. Für sie lautet die Grundregel: Seien Sie konsistent! Versorgen Sie alle übrigen Akteure umfassend mit den gleichen Informationen. Nichts ist schlimmer als unaufgeklärte Widersprüche. Und fragen Sie sich dreimal: Kann ich eine Person um ein Empfehlungsschreiben bitten? Oder: Kann ich sie einer dritten Stelle als mögliche Autorin oder Autor eines Empfehlungsschreibens vorschlagen?

Für die Verfasser von Empfehlungsschreiben gilt: Schreiben Sie vornehmlich über die zu empfehlende Person und nur ausnahmsweise über sich. Formulierungen wie «He presented a brilliant solution to one of the conjectures I made years ago» (→ Globalesisch) stellen die Leser vor die Herausforderung, die Leistung des Autors oder der Autorin eines Empfehlungsschreibens zu bewerten. Als Autor müssen Sie sich nicht nur Ihrer Sache sicher sein, sondern auch der Tatsache, dass Ihre Reputation so groß ist, dass auch die Empfänger des Schreibens dies wissen und schätzen. Seien Sie vorsichtig beim Gebrauch von Textbausteinen und beim Recycling von Gutachten: Wechselnde Namen von Empfohlenen, falsche Adressierungen und gleichlautende Empfehlungen stoßen nicht auf positive Resonanz. Vermeiden Sie Selbstverständlichkeiten wie «his paper accepted by *Optics Communications* was written by himself» – sie könnten zu Nachfragen führen (→ Ghostwriter). Bedenken Sie schließlich die Symbolik des Verhaltens: Die unbegründete Ablehnung, ein Empfehlungsschrei-

ben zu verfassen, kann als Strategie zur Vermeidung eines negativen Gutachtens einem K. o. gleichkommen.
Die Herausforderung der Interpretation liegt auf Seiten der Adressaten. Hier lautet die Empfehlung: Re-skalieren Sie die Empfehlungen und Bewertungen. Machen Sie sie kulturraum- und disziplinenübergreifend vergleichbar. Und seien Sie wohlwollend! GS

ENGLISCH – Eine schöne, eine große Sprache – wenn man sie beherrscht. Nicht zu verwechseln mit → Globalesisch.

ERBSENZÄHLEN – Die Beobachtung der Natur ist nicht immer ein ästhetisches Vergnügen (→ Schnippelkurs). Wer seine Erkenntnisse mit quantitativen Daten untermauern will, muss zunächst sammeln, zählen, einordnen und sortieren. Zu ermitteln gibt es vieles: Die Anzahl der Parasiten-Eier in Kotabstrichen, die Größe von Sandkörnern im Schlickwatt, die Häufigkeit der Ultraschallpfiffe isolierter Mäuse oder gar die Anteile gelber glatter und grüner gerunzelter Erbsen nach einem Kreuzungsversuch mit verschiedenen Sorten. Oft handelt es sich um ein mühseliges, ja nervtötendes Unterfangen, das man gerne → HiWis mit einem gewissen Hang zur Pedanterie überlässt. Manche Wissenschaftler scheinen allerdings aus dem Stadium des Erbsenzählens nie so richtig hinausgekommen zu sein. Wie viel, wie häufig, wie lange, das sind Dinge, die ausgiebig erörtert werden (siehe auch → Sex). Welche Bewandtnis es aber mit den Befunden hat, was sie *bedeuten*, für solche Fragen bleibt dem Erbsenzähler keine Zeit. JF

ERRATA – Sieht man manchmal am Ende eines Buches oder in den jeweiligen Folgebänden eines Mehrbandwerkes. Errata ist der Plural von erratum, Irrtum. Es geht also um Fehler, Druckfehler, die in der Errata-Liste korrigiert werden, weswegen mitunter auch Corrigenda dasteht. Errata sind Ausgeburten eines Positivismus der Korrektheit. Richtigstellungen aus der Welt der Editionen, der Spitzfindigkeiten der philologischen Spitzenforschung. Das Irren wird ausgemerzt, solange, bis in der 7. Auflage die Wahrheit steht (wenigstens solange die 8. auf sich warten lässt). Denn Irren ist menschlich und deshalb unausrottbar. Ach, wie schön wäre es, sein Leben zu verbringen mit der Abfassung immer wieder neuer Errata. Dem Irrtum lebenslang auf der Spur – das ist Glück. RMK

ERSTSEMESTERTAGE – Der erste Schultag – das war der Schritt ins Leben der Großen, ein Initiationsritus für den Übertritt in eine neue Welt. Mit dem ersten Tag an der Universität fing dann die zweite Halbzeit an: Erstsemestertage! Es gab zwar – anders als am ersten Schultag – keine Universitätstüte mit Süßigkeiten, dafür aber Werbetüten mit Gratiskondomen. Die Fachschaft verteilte bunte Armbändchen in schillernden Farben und gab uns als erstes ein gutes Frühstück, zur Stärkung: schließlich braucht man Kraft, um ins Studium eintreten zu können.
Dann kam die erste Veranstaltung im Hörsaal, in einem echten, universitären Hörsaal! Ein arrivierter Wissenschaftler in weißem Kittel trat ein – war der vielleicht schon im Hauptstudium? – und erklärte uns den Verlauf des Studiums: erste Kurse, spätere Kurse, → Scheinerwerb, Eliteförderung, alles war klar geplant und vorhersagbar. Der Wissenschaftler und seine elitären Vasallen verteilten Fragebögen, die wir ausfüllen sollten: Aspirationen, Inspirationen, Noten, ansteckende Krankheiten ... Krankheiten? Erst da wurde mir klar, dass es sich um eine Satire handelte, ein interaktives Theaterstück, das die Fachschaft mit uns spielte. Die Erstsemestertage zersprengten die → Angst: nein, der Sprung an die Universität ist nicht so groß! GG

ESSAY – Essay heißt bekanntlich: «Versuch»; in literarischer Hinsicht meint das: den Versuch, ein Thema, das als kompliziert, riesengroß, abseitig, langweilig oder heikel gilt, knapp, klar, elegant und witzig darzustellen. Eine genuin akademische Gattung ist der Essay also nicht. Denn Akademiker pflegen eben alles höchst komplex, differenziert und multiperspektivisch zu finden. Wer würde riskieren, weniger über ein Thema zu sagen als schlechthin alles, Lücken zu lassen, wo Spezialisten noch viel ein-

fiele (→ Sammelfußnote), sich nicht gegen alle denkbaren Einwände abzusichern ?
Selbst in der Antike wagten das nur wenige. Der erste war Plutarch von Chaironeia, ein Zeitgenosse Kaiser Hadrians. Er hatte alle großen Bildungszentren der Epoche besucht – von Athen bis Antiocheia, von Alexandria bis Rom – und ihren beeindruckend professionellen Wissenschaftsbetrieb kennen gelernt. Gleichwohl zögerte er aus unbekannten Gründen, in diesen exklusiven Netzwerken mitzuarbeiten, sondern schrieb lieber *Moralia*, kleine Aufsätze für Leute, die für gründliche Gelehrsamkeit keine Zeit oder – das soll es geben – kein Interesse hatten. Heute kennen wir viele Gelehrte des Altertums nur noch durch ihn. Experten beklagen das. Doch macht sein Mut, Langweiliges wegzulassen, es uns nicht überhaupt erst möglich, die Antike als eine Epoche zu verehren, die vitalen Sinn für das Schöne und Wesentliche hatte?
Die Renaissance jedenfalls, die kluge, schöne, sinnliche Renaissance, hat Plutarch als den Inbegriff eines Weltweisen gerühmt. Als sie endete, brach mit den Religionskriegen eine Welle kühner Universitätsreformen über Europa herein. Man förderte den intensiven Diskurs (über den wahren Glauben), Interdisziplinarität (zwischen Gelehrten gleicher Konfession) und internationale Netzwerkarbeit (gegen gemeinsame Glaubensfeinde). Man warb erfolgreich Drittmittel ein (beim Papst oder beim König von Spanien zum Krieg gegen Ketzer), gründete Exzellenzzentren (in Ingolstadt, Rom oder Genf) und ließ sich von Fachleuten (in Fragen der Orthodoxie) akkreditieren. Doch selbst in dieser attraktiven Wissenschaftslandschaft wollten manche nicht mittun. Michel de Montaigne etwa zog sich 1571 in das Turmzimmer seines Weingutes bei Bordeaux zurück, um Betrachtungen über Themen zu schreiben, die mit den aktuellen Fragen seiner Zeit provokant wenig zu tun hatten: über simple Alltagsprobleme, seine persönlichen Gewohnheiten und Neigungen, über Liebe und Tod, kaum aber über Gott. Doch seltsam wiederum: die hoch gelehrten Abhandlungen seiner engagierten Zeitgenossen liest heute niemand mehr (außer einigen Historikern, die aber nie-

mand liest, weil ...). Montaignes *Essais* hingegen (er war der erste, der diesen Titel benutzte) sind Weltliteratur geworden, weil sie auch qualitativ nichts mit → Projekten und Netzwerken zu tun hatten.

Dank Ideen wie denen, die Montaigne und Männer wie sein Freund Heinrich von Navarra vertraten, wurde Glaubenshass unter Gentlemen unmodern. Dafür nahm das Essay-Schreiben großen Aufschwung. Der erste, der nach Montaignes Muster eigene verfasste, war jener Francis Bacon, mit dem die *scientific revolution* begann. Zu solchem Ansehen kam das Genre bei aufgeklärten Köpfen, dass 1690 sogar der redliche John Locke meinte, mit dem Titel *Essay* Leser für seine voluminöse Abhandlung über den menschlichen Verstand anlocken zu müssen – ein Etikettenschwindel, den Harold Nicolson 1952 in einem Essay über das Essay-Schreiben scharf getadelt hat. Ein guter Essayist nämlich, so meinte er, doziere nicht und lege auch keine persönlichen Bekenntnisse ab. Persönlich seien nur sein Ton und Blickwinkel. Nicht wie ein Reiseleiter führe er den Leser, sondern wie ein Mann, «der ein wenig durch seinen Garten schlendert».

Das Schlendern aber ist, wie gesagt, eine unter Akademikern unübliche Gangart (→ Feuilletonwissenschaftler). Wenn sie nicht gerade von These zu These jagen, trödeln sie nach dem Prinzip «Nachdem ich hiermit Teil III.8.c. meiner Ausführungen abgeschlossen habe, komme ich nun zu III.8.d.; dabei möchte ich zunächst anhand von Folie 227 zeigen, wie ...». Zumal in Drittmittelanträgen (denen scharfe Zeitpläne beizufügen sind, wann welcher Einfall sich einstellen wird) wäre entspanntes Schlendern ganz verfehlt. So pflegen Graduiertenkollegs und andere Großprojekte denn auch Massen von Sammelbänden, Dissertationen und Habilitationen hervorzubringen, aber keine Essays. Natürlich gibt es für Essays auch keine Drittmittel – nur Leser. Man muss sich entscheiden.

Wäre die Entscheidung für den Essay ein Votum gegen die Forschung? – Im Gegenteil: die nonchalanteste aller gelehrten Gattungen ist zugleich die strengste, forderndste und forschendste.

Denn wer komplexe Themen kurz und beschwingt auf den Punkt bringen will, muss sie lange durchdacht haben (sich kurz zu fassen, kostet, wie Johann Joachim Winckelmann, ein begnadeter Essayist, 1760 bemerkte, viel mehr Zeit als ausschweifendes Dozieren). Nur wer Wissen hat, kann weglassen, was solches bloß demonstriert: Fußnoten, Fachjargon, Bibliographien, → Moden und jene Marktschreierphrasen, die «Bologna»-Bürokraten allen Ernstes für «profilbildend» halten (→ Uni-Formierung). Stattdessen muss er können, was nur ein echter Forscher kann: klug fragen, das Wesentliche (also das Unerwartete) der Dinge entdecken, Faszination für sie, vielleicht sogar Spaß an ihnen wecken. Wer so schreibt, schreibt wissenschaftlich: unbekümmert um Rechthaber und Reformer aller Art, verantwortlich nur jener Wahrheit, die solche Zeitgenossen irritiert und verstört. Intelligente Leser lohnen das.

Sollte Essay-Schreiben dann aber nicht auch im akademischen Lehrplan verankert werden? Besser wäre: den Studierenden Zeit zu lassen, lesend das Glück zu erfahren, das der klare, gelungene Ausdruck schenkt. Dann würde sie ganz von selbst die Lust anwandeln, Essays zu schreiben. Lehren und lernen hingegen kann man es nicht. Man muss es einfach versuchen. GW

EXKURSION (lat. *excursio* – Hervorlaufen, Ausflug; zu *ex* – aus und *currere* – laufen) – Raus aus dem Hörsaal, rein ins Feld! Exkursionen sind naturwissenschaftliche Lehrveranstaltungen unter freiem Himmel. Für Naturwissenschaften, die sich einen beschreibenden Anteil bewahrt haben, ist diese Form der Lehrveranstaltung von großer Bedeutung. Hier wird die Naturbeobachtung geschärft, es wird die Umsetzung von der Beobachtung in Modellbildung geübt. Hier erleben Studenten die Freude des Begreifens im ureigentlichsten Sinne: die Pflanze, der Stein wird berührt, gefühlt, gerochen, geschmeckt. Wer vergisst schon das Brüllen eines Vulkanausbruchs, den Schwefelgeruch, das Vibrieren der Erde unter den Füßen! Landschaften beginnen zu sprechen und von ihrer Entstehung und Entwicklung zu erzählen –

nach einer Exkursion sieht keine Landschaft mehr aus wie zuvor.
Aber Exkursionen wirken sich auch auf einer anderen Ebene auf die Entwicklung und Ausbildung eines Geologen oder Biologen aus. Im Gelände, weitab von den gewohnten Annehmlichkeiten der Zivilisation, bekommt das Zwischenmenschliche einen anderen Stellenwert. Wer nebeneinander keuchend einen hohen Berg erklommen hat und oben das mitgenommene Wasser teilt, hat tiefere Erfahrungen der Gemeinschaft gemacht, als das in einem Hörsaal möglich ist; Zusammenarbeit (→ globalesisch also: *Teamwork*) erhält eine ganz andere Basis. Dazu fällt es unter Geländebedingungen schwerer als im Hörsaal, einen Schein zu wahren, eine Maske zu tragen oder sich zu verstecken (→ Gesicht). Hierarchien verschieben sich, wo Fitness, Fairness und Rotweinkenntnisse eine Rolle spielen, der Lehrer wird im Idealfall zum Kollegen. Dies mag zumindest zum Teil erklären, warum Zugehörige dieser Berufsgruppen ein anderes Sozialleben pflegen als → Altphilologen oder → Einzelschreibtischforscher.
Im späteren Berufsleben fast aller Geologen und Biologen kommt Geländearbeit nur noch wenig oder gar nicht mehr vor. Glücklich, wer weiterhin zumindest ab und zu im Gelände arbeitet. Er atmet dort auf, der Geist denkt freier, die Freude an der eigenen Profession wird wieder lebendig – das Gelände, das Begreifen der Natur bleibt für diese Wissenschaftler der unbestrittene Höhepunkt ihres Berufes. *HW*

EXZELLENZCLUSTER – Es gibt auf dem Gebiet der staatlichen Wissenschaftsförderung einen Widerstreit von egalitärer und distributiver Gerechtigkeit. Wurde an deutschen Hochschulen jahrzehntelang bis zu einer schwer nachvollziehbaren Öde der Ergebnisse fast alles gleichmäßig gefördert, so soll nun durch exklusive Verteilungsgerechtigkeit in einem so genannten Exzellenzwettbewerb Geld vor allem dorthin gegeben werden, wo wissenschaftliche Spitzenleistungen in der Forschung zu erwarten sind.
Aber woran und wie soll man die vorab erkennen? Die Antwort lautet: an Anträgen und durch Gutachten. Das klingt einfacher,

als es ist. Denn Anträge und Gutachten wachsen gegenwärtig wie unter subtropischen Bedingungen (→ Freiheit). Mittlerweile gibt es auf nicht wenigen Gebieten eine besondere Art von Kommissionswissenschaft für Wissenschaftskommissionen. Sie betreibt eine gigantische Antragsmaschinerie, eine aus öffentlichen Mitteln geförderte Projektemacherei. Bearbeitet wird diese Maschinerie durch eine kaum überschaubare Zahl von Gutachtern. Zwischen beiden entsteht ein grauer Markt, auf dem sich die Wissenschaft in erster Linie mit sich selbst befasst (→ Auswahlverfahren).

Schon im Ansatz gibt wissenschaftliche Exzellenz eher eine soziale Orientierung am → Wettbewerb mit anderen vor als eine sachliche Ausrichtung an Problemen. Man ist exzellent insbesondere im Blick auf Konkurrenten und erst in zweiter Linie im Sachgehalt der bearbeiteten Fragestellungen. Man gebärdet sich mit großem Werbeaufwand als potentieller Entdecker des ganz Neuen und verwechselt Selbstdarstellung mit Reklame. Nicht wenige Wissenschaftler sind heute exzellent vor allem als PR-Leute in eigener Sache.

Der Exzellenzwettbewerb stellt kaum Geld für die Lehre bereit. Nicht allein aus diesem Grund geht das staatlich initiierte System der Spitzenforschung notwendig zu Lasten der Breitenbildung. Seine Befürworter zitieren gern die Bibel: «Denn wer da hat, dem wird gegeben, dass er die Fülle habe.» (→ Matthäus-Prinzip) Dabei unterschlagen sie in aller Regel den Folgesatz: «wer aber nicht hat, dem wird auch das genommen, was er hat.» (Matth. 13:12).

Legitimation schafft, so wird vorausgesetzt, vor allem die kollegiale Beglaubigung von Anträgen durch Gutachten. Aber auch die ist durchaus unverlässlich. Denn man setzt mit ihr auf eine starke Binnenorientierung der Wissenschaft und übergeht die nicht unerheblichen Verlockungen ihrer Betriebsblindheit. Und solche Blindheit wird durch den Wettbewerb eher gefördert als behoben. Wer als Antragsteller von Kollegen positiv beurteilt werden, wissenschaftliches Renommee erwerben und dadurch seinen

Wert im Wissenschaftsbetrieb steigern will, dem geht es nicht primär um Wahrheit, sondern eben um innerbetriebliche Optimierung von Chancen des Statuserwerbs.

Bedenklich aber ist am aktuellen Exzellenzwettbewerb mehr als alles andere die systematische Schiefheit des Verfahrens. Die Ergebnisse der ersten Bewerbungsrunde bis zum Januar 2006 haben eine ärgerliche Ungleichverteilung der Förderchancen zwischen Natur- und Ingenieurswissenschaften einerseits sowie Geistes- und Sozialwissenschaften andererseits erbracht. Letztere sind in nur fünf bis zehn Prozent der Fälle erfolgreich gewesen. Und das liegt keineswegs an diesen Wissenschaften, sondern am Zuschnitt des Wettbewerbs. Große, fast anstaltsförmige Forschungsverbünde mit Millionenetats lassen sich in Projekten der Geistes- und Sozialwissenschaften kaum sinnvoll thematisch begründen. Da mögen diese → Projekte noch so interdisziplinär angelegt sein. Denn Forschungsqualität ist nicht immer ein kollektives, sondern oft ein individuelles Phänomen (→ Einzelschreibtischforscher). Sie ist ferner keineswegs ausschließlich an den Einsatz eines bestimmten Geldquantums gebunden, sondern eben auch an andere Voraussetzungen: an Originalität und Einfallsreichtum, vor allem aber an Zeit (→ Risikogerede).

Heute gibt es in Deutschland ein (gerade im internationalen Vergleich) allgemein hohes Niveau des tertiären Bildungssektors. Aber gibt es eine Spitzenstellung einzelner Universitäten? Nein, es gibt allenfalls exzellente Fächer und Fachbereiche. Was man für wirklich gute Universitäten braucht, ist nicht Geld, sondern viel Geld. Aber nicht etwa viel Geld, das man auszugeben verpflichtet wird, sondern solches, das man über längere Zeit horten darf. Erst die Thesaurierung privater Spenden (und nicht staatlicher Zuwendungen) in milliardenschweren Funds hat über sehr lange Zeiträume hinweg für die Qualität einiger US-amerikanischer Hochschulen gesorgt. Ihr Vermögen steckt in Stiftungen und wird keineswegs zu Wettbewerbszwecken auf den Markt geworfen. Und damit kommt eine weitere Dimension ins Spiel, die bei der Kurzsichtigkeit heutiger deutscher Hochschulpolitik nur zu oft übersehen wird: Nicht allein Geld und blinde Betriebsamkeit, sondern über Geld vermittelte Tradition, also Zeit, sehr viel Zeit ist eine wichtige Vorbedingung wissenschaftlicher Qualität. KL

# F

FACETIME – Es gab einmal eine Zeit, da lebten die Wissenschaftler ganz zurückgezogen in ihren Bücherstuben und Laboren, und gingen unermüdlich ihren Studien nach. Heute jedoch entscheiden sich die Karrieren oft danach, wie viel «face time» man investiert. Es fängt schon während des Studiums an, wenn man als nichts ahnender Student das erste Mal dem sozialen Wirbel einer Konferenz ausgesetzt wird. Man wird aufgefordert, ein → Poster mitzubringen, neben dem man dann meist Stunden in der schwachen Hoffnung ausharrt, jemanden in eine Diskussion verwickeln zu können. Oder man hält einen Vortrag. Ist ja auch egal, wenn die Daten nur vorläufig sind oder noch gar nicht richtig analysiert wurden, und wer schert sich schon darum, wenn es keine Schlussfolgerung gibt. Hauptsache, man ist dabei und lernt Leute kennen. Denn: diese Kontakte sind lebenswichtig, sie öffnen Tür und Tor zu neuen Arbeitsgruppen oder Untersuchungsgebieten. Kontakte zu den richtigen Leuten helfen einem, Mittel für die nächste Studie einzuwerben; sie können ausschlaggebend bei der Begutachtung des nächsten Manuskripts sein. Gute Verbindungen ziehen Einladungen nach sich; zum Beispiel, eine Rezension zu verfassen oder an einer Konferenz in einer exotischen → Tagungsstätte teilzunehmen, gerade dann, wenn man mal wieder ein paar Tage → Urlaub gebrauchen kann. Und schließlich: je mehr Leute man kennt, desto mehr Leute wollen einen kennen lernen, denn es scheint ja schon viele zu geben, die von einem gehört haben (→ Matthäus-Prinzip). Und eines Tages, wenn ein berühmter Wissenschaftler ein Bier mit jemandem trinken möchte, könnte man das vielleicht selber sein. MFS

**FESTSCHRIFTENDRUCKKOSTENZUSCHUSSVERSICHERUNG (FSDZV)** – Wer Druckkostenzuschüsse für eine Festschrift zusammenbetteln muss, wünscht sich nichts sehnlicher als eine institutionelle Lösung dieses Problems. Da es sich um ein typisches Lebensrisiko innerhalb der Universität handelt, einmal Herausgeber einer Festschrift sein zu müssen, drängt sich das Versicherungsmodell auf: das kalkulierbare Risiko wird durch Umverteilung beherrschbar gemacht. Eine FSDZV sollte deshalb abschließen, wer ernsthaft erwägt, sein Leben der Wissenschaft zu weihen; denn damit entsteht ja nach dem heutigen universitären Gewohnheitsrecht die unverfallbare Anwartschaft auf eine Festschrift. Die Höhe der Beiträge hängt davon ab, wann die Festschrift zwischen 50. und 100. Geburtstag abgerufen werden soll. Bei zweibändigen Festschriften wird eine mit steigenden Lebensjahren degressive Eigenbeteiligung verlangt. Zum 80. Geburtstag wird die Festschrift automatisch zweibändig, die Eigenbeteiligung entfällt. Für Festschriften mit Auslandsbeteiligung werden Gegenseitigkeitsabkommen zu erwägen sein. Verwaltet wird die FSDZV gemeinsam mit Krankenkassen und Versorgungsämtern, weil dort die sachliche Nähe zum Risiko des Pflegefalles und zur Aufsicht über die Altenheime am größten ist.
Die Einführung der FSDZV wird garantieren, dass jeder/jede Versicherte ohne Rücksicht auf die (ohnehin nicht quantifizierbare) wissenschaftliche Leistung bei Erreichen der Altersgrenze eine Festschrift, im Nichterlebensfalle eine Gedächtnisschrift erhalten wird. Der Grundsatz der Beitragsäquivalenz garantiert dabei, dass der Umfang der Festschrift/Gedächtnisschrift mit der Anzahl der Versicherungsjahre und der Höhe der darin gezahlten Beiträge korreliert. Eine Nebenfolge der FSDZV wird sein, dass jede/jeder weiß, was sie/ihn erwartet, Rivalitätskämpfe insoweit unterbleiben und Neidgefühle im Keim erstickt werden. Weiterhin: jeder nur irgend verwertbare Text muss künftig in Festschriften publi-

ziert werden, weil anders der Bedarf gar nicht gedeckt werden kann (→ zugesagt). So ist garantiert, dass man dort über Indices alles Publizierte finden kann. Sicherheit der Produktion und Verwertung, Erschließbarkeit durch EDV, allgemeines kollegiales Wohlwollen – ja Steigerung des Lebensgefühls ins «Festliche», schließlich auch die Beseitigung aller Kalkulationsrisiken für die Verlage werden die beglückende Folge sein.

Wie vor hundert Jahren die Einführung der Sozialversicherung unter Bismarck, so wird auch die Einführung der FSDZV gewiss zunächst umstritten sein. Sie wird sich dann aber durchsetzen, und später, wenn unsere Urenkel zurückblicken, werden sie sich fragen, wie man jemals ohne FSDZV hat leben können. *MS*

FEUILLETONWISSENSCHAFTLER – Das zusammengesetzte Hauptwort wird im Deutschen vieldeutig gebildet. Man kann ihm nicht ansehen, was es meint, man muss es schon wissen. Der Butterkeks: Die Butter ist im Keks. Das Butterbrot: Die Butter ist auf dem Brot. Die Buttermilch: Die Milch ergibt sich beim Buttern. Und die Butterfahrt: Die Fahrt geht zur Butter.

Was also ist der Feuilletonwissenschaftler (im Folgenden: der FW)? Ergibt sich seine Wissenschaft beim Feuilletonisieren, und was wäre das? Betreibt der FW die Wissenschaft vom Feuilleton, so, wie der Biowissenschaftler ein Wissenschaftler ist, der Lebendiges erforscht? Oder ist das Feuilleton in ihm drin, wie die Butter im Keks?

Empirisch ist es zunächst umgekehrt: Er, der FW, ist im Feuilleton drin. Seine Fahrt ging erfolgreich dorthin – und das wird beobachtet. Allerdings neigen die Beobachter dazu, die Tatsache, dass der FW im Feuilleton erscheint, als Indiz dafür zu nehmen, dass das Feuilleton doch irgendwie auch in ihm drin ist, dass also Affinitäten zwischen Feuilleton und FW bestehen. Anders als beispielsweise der Sprach-, der Musik- oder der Politikwissenschaftler – was der FW alles freilich auch sein kann –, die Sprache, die Musik und die Politik, hat der FW das Feuilleton aber nicht zum Gegenstand. Nicht der FW spricht und reflektiert über oder erforscht gar das Feuilleton, sondern jene, die ihn als solchen bezeichnen, sprechen darüber, dass er in demselben auftritt. Das geschieht in kritischer Absicht. Etwas sei «bloß Feuilleton» heißt, dass dieses Etwas aus der Spielwarenabteilung der Öffentlichkeit kommt (→ Essay). Der FW ist somit ein Wissenschaftler, der sich zu schriftlichen Auftritten außerhalb jener Zeitschriften überreden lässt, die für das allgemeine Publikum schwer erreichbar sind. Dafür soll er mit akademischer Reputation zahlen.

Im Feuilleton schreiben, das legt die Charakterisierung «FW» nahe, macht man nicht, sofern man der Wissenschaft angehört und sich «der Wahrheit verpflichtet» hat. Diese Festschreibung hat allerdings drei blinde Flecke, was ziemlich viele sind. Der erste blinde Fleck besteht schlicht darin, dass es der Wahrheit ja gleichgültig sein kann, welchen Nebentätigkeiten ihre Verfolger unangemeldeterweise noch nachgehen. Der zweite blinde Fleck hindert die Kritiker des FW daran zu sehen, dass sie soeben noch gefordert haben, die Wissenschaft müsse sich der Öffentlichkeit verständlich machen (→ Schnittstellen), was außerhalb der Öffentlichkeit, also der Massenmedien, allerdings schlecht geht. (Vielleicht wäre es darum hilfreicher, zwischen dem unbegabten FW zu unterscheiden und jenem Wissenschaftler, dem auch unter Bedingungen erhöhter Sichtbarkeit noch etwas Nachdenkenswertes einfällt.) Der dritte blinde Fleck schließlich betrifft die Tatsache, dass nicht nur der FW als Wissenschaftler etwas betreibt, das selber nicht Wissenschaft ist. Sondern auch der Universitätspräsident, das Mitglied einer Berufungskommission, der Arzt, der Gutachter oder der so genannte «wissenschaftliche Berater». Denn weder Wissenschaftspolitik noch Selbstrekrutierung, Therapie, Expertise oder Rat sind selber wissenschaftliche Tätigkeiten. Sie sind nur «wissenschaftsnah». In diesem Sinne aber operiert auch der FW wissenschaftsnah, nur eben nicht vor Gericht, in der Klinik, im Amt oder in der Kommission, sondern im Milieu des Feuilletons, butternd.

JK

FINNLAND – In Deutschland sind 47,4 % aller Studienanfänger Frauen. 39,0 % aller Promovenden sind Frauen. 22,6 % aller Habilitanden sind Frauen. 13,5 % aller Neuberufenen sind Frauen. Frauen bekleiden 15,7 % aller C3/W2-Professuren, aber nur 9,1 % der am höchsten dotierten C4/W3-Professuren (Zahlen von 2004). – Zum Vergleich: in Finnland waren dies im Jahr 2003 20,5 %, in Portugal 20,1 %, in Polen 18,5 %, in Frankreich 16,1 % und in Großbritannien 15,3 %. Den geringsten Frauenanteil in diesen Positionen verzeichnen die Niederlande mit 8,6 % (Quelle: CEWS Statistikportal). JF

FORSCHUNGSFRONT – Da, wo ich bin.

FRAUEN – Nicht zu verwechseln mit → guten Männern. Aber es besteht noch Hoffnung (→ Finnland).

FRAUENBEAUFTRAGTE – Wird heute an den meisten Universitäten als «Gleichstellungsbeauftragte» bezeichnet, um deutlich zu machen, dass nicht Frauen das «Problem» sind, sondern deren Ungleichbehandlung (→ Y-Chromosom). Auch Männer dürfen Gleichstellungsbeauftragter werden, was jedoch in der Regel vermieden wird, da es letztlich eben doch um Frauen geht. In manchen Institutionen werden die Gleichstellungsbeauftragten von allen gewählt, in anderen nur von Frauen, und in vielen ergibt sich die Tätigkeit wie von selbst ...

F: Wie bist Du Frauenbeauftragte geworden?

A: Der Prozentsatz von Frauen unter den Professoren ist in Bayern am niedrigsten und innerhalb Bayerns ist die Universität, an der ich arbeite, das Schlusslicht. In meiner Fakultät gibt es also nur drei Kolleginnen. Eine hat das alles schon hinter sich und niemand möchte, dass sie jemals wieder Frauenbeauftragte wird. Die zweite war es, als ich an die Uni kam. Sie wollte das Amt sofort an mich abgeben, aber ich habe mich die ersten zwei Jahre erfolgreich dagegen gewehrt.

F: Warum?

A: Frauenbeauftragte müssen in jedem Ausschuss und jeder Kommission sein. Wenn Kollegen über ihre Mitarbeit in einer Berufungskommission stöhnen, kann ich nur müde lächeln. Aus eigenem Interesse hoffe ich, dass in meiner Fakultät bald eine Frau berufen wird, die das Amt dann übernehmen kann.

F: Was findest Du neben den zeitlichen Belastungen besonders schwierig an Deiner Arbeit?

A: Am schlimmsten finde ich es, Gutachten in Berufungsverfahren zu schreiben. Wenn die Liste feststeht, mit einem Mann an erster Stelle, auf Platz zwei und eventuell drei jeweils Frauen, dann werden Gutachten geschrieben. Die Fachgutachten stellen dar, warum die Bewerber besonders qualifiziert sind. Meine Aufgabe besteht dann darin zu schreiben, warum die Frauen auf Platz zwei und Platz drei für die Stelle ungeeignet sind. Es ist deprimierend: Ich habe noch nie so viel Negatives über Wissenschaftlerinnen schreiben müssen wie in meiner Zeit als Frauenbeauftragte... *BB*

**FREIHEIT** – wird durch die → gute wissenschaftliche Praxis zunehmend kleiner; hier ist sie schon nahezu ganz eingespart worden. Aber man kann einen → Antrag stellen oder → ausschlafen.

**FRÜHSTÜCK** – Es ist der blanke Terror. Im Tagungs- oder Kongresshotel, morgens, vor Beginn der wissenschaftlichen Sitzungen, werden Eierschalen mit Hilfe von ungeschlachten Fingern abgepult, hellgrüne bis schwarzbraune Flüssigkeiten von gierigen Mündern geschlürft, Lachs, Speck, Pastete, Rührei und Marmelade von differenzlosen Geschmäckern auf einen Teller gehäuft, Müsli, Joghurt und andere Milchprodukte von 24-Stunden-Gesundheitsfanatikern in leicht verdaubaren Quantitäten eingenommen. Es ist das stinknormale Ritual der allmorgendlichen Fütterung des Menschentiers, bekannt aus allen Hotels dieser Welt. Die Buffetisierung des Frühstücks ist niemals elegant und hat selbst in ihrer nobelsten Prätention immer etwas von der subproletarischen Essensausgabe, wie in der Suppenküche der Armen, an sich. Es gibt aber einen gravierenden Unterschied. Die Armen schweigen morgens. Wissenschaftler → schweigen selten. Morgens, beim Frühstück, wird dieses Reden der Wissenschaftler zum Terror. Ich erinnere mich daran, eingesogen worden zu sein, gegen 7, vielleicht 8 Uhr, in tiefstgründigste Kommunikationsversuche über Kants Moralphilosophie. Morgens ist meine Moral noch nicht erweckungsfähig. Ich erinnere mich daran, attackiert worden zu sein, gegen 7, vielleicht 8 Uhr, mit Konsiderationen zur DNA-Reparatur bei Hefe. Ich wollte essen, nicht konsiderieren. Ich erinnere mich daran, massakriert worden zu sein, gegen 7, vielleicht 8 Uhr, mit Geschichten über Berufungslisten, (Lehr)Stuhlausstattungen, Hilfskraftstellen. Mein Interesse war Null. Mittags, abends hört man dieses Geschwätz genauso, doch hat der fortgeschrittene Tag die Abwehrkräfte gestärkt. Morgens ist man noch unschuldig, ungeschützt, das freundliche So-tun-als-hörte-man-zu zerstört den Elan des angebrochenen Tages. Ach, hätten sie doch alle geschwiegen. Wie die Armen und die Fischer. Ich hätte weiter mit meinen Wissenschaftskollegen gefrühstückt. Seit ich des Terrors der Morgenworte gewahr wurde, seit Jahren, frühstücke ich nicht mehr. RMK

## G

GACKERN – Unter gewissen Hühnern durchaus verbreitetes Verhaltensmuster zur Anzeige der eigenen Produktion. Da die gelegten Eier limitiert sind, kann nicht die ganze Legebatterie ein Belegexemplar abbekommen. Aber Hühnergesellschaften sind – wenn nicht weise, so doch – erfahren im Umgang mit ihren Eierlegern. Ihr Volksmund hat seit Jahrhunderten das eigene, hühnerhafte Erfahrungswissen in Sprichwörtern gespeichert, so krumm, wie ihm der Schnabel gewachsen ist (siehe die Stichworte «Ei», «Gackern», «Henne» und «Huhn» in: Karl Friedrich Wilhelm Wander (Hrsg.), *Deutsches Sprichwörter-Lexikon. Ein Hausschatz für das deutsche Volk*, 5 Bde., Leipzig 1867–1880).
*Wenn die Henne legt das erste Ei, macht sie viel Geschrei.* Nach der

Premiere ist es durchaus üblich, in aller Angemessenheit bescheiden auf den erfolgten Vollzug aufmerksam zu machen. Auf eine wohlwollende Neugier unter den Kollegen (→ Nichtangriffspakt) darf man dabei rechnen, denn *es gleicht kein Ei dem anderen.* Gewisse Hühner freilich übertreiben dermaßen und gackern so penetrant im Stall herum, als sei bereits das eigene Gackern die Erfüllung der Warholschen Versprechung ‹In der Zukunft wird jedes Huhn für fünfzehn Minuten auf der Spitze des Misthaufens stehen.› Zudem kennt man auf dem Hof auch Blender. *Manches Huhn gackert und legt doch nicht.* Das Gackern anderer Hühner wiederum ist indifferent, weil sie nur diese besonders gockelhafte Mitteilungsform kennen. Viele erfahrene Hühner hören deswegen kaum mehr hin, scharren gelangweilt herum oder brüten lieber selbst in aller Ruhe weiter (→ Kleinbürgertum). *Die Henne legt nicht jedes Mal ein Ei, wenn sie gackert.* Zur Sicherheit wird jede ernsthafte Legerin deswegen nochmals nachgackern, um den Wahrheitsgehalt ihrer Meldung zu unterstreichen. Wer weiß, ob und wann sie wieder gackern darf? Diese realistische Selbsteinschätzung hat exponentiell proportionale Folgen auf Lautstärke und Dauer. *Je seltener ein Ei, je mehr Geschrey.* Um die Nachteile des mündlichen Gackerns auszugleichen (sog. Flüchtigkeit des gegackerten Worts), bedienen sich erfahrene Legehennen der schriftlichen Anzeige (die Möglichkeit, direkt vor Presse und Fernsehen zu gackern, ist wenigen ranghohen Hühnern vorbehalten). Verschickt wurden einst Vordrucke, die den Adressaten auf die direkte Erwerbsmöglichkeit des gelegten Eis hinwiesen. Das ertrugen die Empfänger stoisch: *Willst du nicht die Eier meiden, musst du der Hühner Gackern leiden.* Mit der Umstellung auf neue Medien hat das E-Gegacker seinen Siegeszug angetreten und überschreitet nicht nur Ländergrenzen, sondern ungenierter denn je auch die schickliche Hürde der persönlichen Bekanntschaft. In anonymisierter Form wird so das Gegacker durch die neuen Kanäle gestreut, man erkennt es an dem Adressatenvermerk «undisclosed recipients» sowie der unpersönlichen → Anrede durch ein fremdes Huhn:

«Chère/Cher collègue, Chère/Cher ami(e), Permettez-moi de vous annoncer ces deux nouvelles publications: [folgte die Auflistung der Eier], Bien cordialement, [Name des Huhns].»

Besonders ungenierte Hühner versenden das sogar mit der Einforderung einer Empfangsbestätigung. *Viel Gackerns und wenig Eier,* denkt sich mancher im Stall. Ohnehin sind die Eier durch die Vervielfachung des Gegackers nicht besser geworden. Anderen auf dem Hof schwillt vor lauter Dauer-Gegacker gar innerlich der Kamm, und sie sehnen sich nach → Schweigen. Direkt elektronisch zurückzugackern, wäre daher nicht nur unhöflich, sondern auch grundsätzlich verkehrt. Aber ruhigere Hinkel pflegen für sich das Prinzip: *Lege dein Ey ohne Geschrey.* MV

GEISTESNÄHE – Wahrlich kein Modewort. Nur 79 Einträge bei *Google,* wobei nur 42 angezeigt werden. Minusrekordverdächtig. Und kein einziger wissenschaftlicher Kontext. Wahrscheinlich ist das Wort politisch verseucht. Braun und Rot. Wer also etwas zu wissenschaftlicher Geistesnähe erfahren möchte, muss → daheim schauen. RMK

GENIE – Genies gibt es ohne Zweifel, auch in der Wissenschaft, aber von diesen seltenen Exemplaren soll nicht die Rede sein. Verhandelt wird hier vielmehr die Etikettierung ‹Genie› als Entschuldigung für Versagen. Als genial oder brillant werden gerne solche Akademiker charakterisiert, die entweder nicht organisieren können oder nicht reden oder diejenigen, die eine Schreibhemmung haben. Eine Kombination aller drei Genietypen wird allerdings auch im akademischen Milieu nicht als genial oder brillant bezeichnet.
In einer breiteren Öffentlichkeit (→ Schnittstellen) dürfte das unorganisierte «Genie» das bekannteste sein. Es gehört zu der Spezies, die die Ablage nicht hinbekommt, deren Korrespondenz unorganisiert ist oder gar nicht existiert und die keine E-Mails schreiben kann. In einer Lesart hat diese Subspezies des Genies keine Zeit für solche niederen Tätigkeiten, weil es mit Denken be-

schäftigt ist; in einer anderen Interpretation könnte man auch sagen, dass es an Grundqualifikationen für den modernen akademischen Betrieb mangelt. In Ergänzung ist dem unorganisierten «Genie» leider meist nicht einmal bewusst, dass zu seinem Tätigkeitsfeld, sobald es eine höhere Stellung in der akademischen Hierarchie eingenommen hat, auch Personalführungsaufgaben gehören. Da das Bewusstsein für das Vorhandensein einer solchen Aufgabenstellung fehlt, fehlt auch meist schon im Ansatz die Kompetenz dazu, dieser Aufgabe gerecht zu werden. Gänzlich fremd sind diesem Genietypus daher auch Formen der konstruktiven Kritik, des Lobes oder schlicht der Rückmeldung. Um solche Leistungen zu vollbringen, müsste das unorganisierte Genie nämlich an etwas anderes denken als an sich selbst.

Die beiden anderen Genietypen, der Stammler und der Schreibgehemmte, sind der breiteren Öffentlichkeit weniger bekannt. Der so genannte Stammler kann leider weder Vorträge halten noch andere mündliche Beiträge von sich geben. Im Falle der Geniezuschreibung wird das damit entschuldigt, dass der Stammler schneller denkt, als er reden kann, d. h. dass seine Gedanken zu komplex sind, um in verständlichen Worten unter das gemeine akademische Volk gebracht zu werden. Welche Entschuldigung stellt der Genieverdacht aber für den Schreibgehemmten dar? In diesem letzten Fall sind die Dinge noch komplizierter als in den beiden anderen: Der Schreibgehemmte, dem in der akademischen Welt eine Existenzberechtigung eingeräumt wird, *muss* einfach brillant oder genial sein. Häufig neigt dieses Genie aber zu Melancholie und Verzweiflung. Um damit zurechtzukommen, trinkt dieses Genie gerne, was dazu führt, dass es noch weniger schreiben kann, noch melancholischer und verzweifelter wird – und so weiter ...

Anstelle der Rede vom Genie tritt in Deutschland immer häufiger die von der Exzellenz. Das klingt planbarer und daher machbarer als Genialität. Doch heißt es hier skeptisch sein: die Geniefallen werden nicht allein durch Umdeklarationen schon vermieden. EME

GESICHT – Was für ein Gesicht zukünftige Lehrer machen sollen, hat Erasmus schon 1528 für Schüler beschrieben. Die Augen sollten «gütig, schamhaft, rechtschaffen aussehen», der Ausdruck weder trotzig noch frech, weder nervös noch blöde, weder argwöhnisch noch hinterlistig, weder wankelmütig noch herrisch, weder verschlossen noch geschwätzig. «Sondern also, daß sie ein sittlich, ehrlich, lieblich Gemüt anzeigen.» Die Mimik des Geistes sitzt dann aber seit der Aufklärung fest in den ironischen Mundwinkeln eines Voltaire, den scharfen Augen Kants oder gar in der stumpfen Nase eines Darwin. Dabei hat das Wissensgesicht auch noch ganz andere Herkünfte. Etwa den hässlichen Sokrates mit den schönen Gedanken, oder die erhabene Physiognomie des Melancholikers oder, *last but not least* das Gruppenbild in Gesellschaft der Großen Männer, der Gelehrte als *flatware* der Nationalen Portraitgalerien weltweit. Und heute? Peter Sloterdijk eifert unübersehbar Sokrates nach. Typen wie Theodor Mommsen mit seinem wilden Haarschopf wurden ersetzt durch Mediendiener, die covergerecht zur Antrittsvorlesung kommen. Helmut Plessners «Verhaltenslehre der Kälte» (Lethen) hat sich erfolgreich durchgesetzt mit der Mahnung, nicht ohne Maske in Gesellschaft zu gehen, Erving Goffman hat daraus eine ganze Soziologie des «face-work» erschaffen, womit eine Technik der heiligmäßigen gegenseitigen Masken(er)haltung gemeint ist. Das soll alles sein? «Schön ist, Mutter Natur, deiner Erfindung Pracht / Schöner ein froh Gesicht / das den großen Gedanken deiner Schöpfung noch einmal denkt» (Klopstock). Richtig. Die Gesichter von Naturforschern strahlen mehr Frohsinn aus. Melancholisch wie die Kulturdenker sind sie eigentlich nie. Die Wollust der Neugier im Experiment, die Sicherheiten der Mathematik, das Bewusstsein, in einer *scientific community* zu arbeiten, die wirklich weltweit Verständigung zulässt, schließlich, doch nicht zuletzt das häufig sichere Bündnis mit den politischen Machthabern, das alles macht einfach glücklicher und also ein «froh Gesicht». Allein deshalb muss es mithin eine brückenschlagende Kulturwissenschaft geben. CLS

**GHOSTWRITER** – Ein Verlag fragt an, ein guter Verlag sogar, der Gefragte kann und will, wie so oft, nicht nein sagen. Die eigene → Eitelkeit verbietet eine Absage, und in der Tat hat er (fast immer ist es ein «er», «sie» schreibt immer noch selbst) der Welt etwas Wichtiges zu verkünden. Nur verständlich soll es sein. Irgendwann, wenn die *deadline* für die Abgabe des Buches erreicht ist, fällt unserem → Science Star auf, dass es neben dem Honorar auf dem Bankkonto leider keine Zeit zum Schreiben aufs Zeitkonto gutgeschrieben gab (→ Todesstreifen). Außerdem, sind wir doch ehrlich, ist das Schreiben für Laien dann doch ein wenig unter seiner Würde. Der Verlag, auf diese Situation vorbereitet, hat schon eine geübte Journalistin (fast immer eine «sie», die flüssig schreibt und nicht selbst auf Ruhm aus ist) an der Hand, die dann geschwind das Buch nach Stichworten der Geistesgröße schreibt – und es dann nach seinen Vorgaben nochmals umschreiben muss, damit er das Gefühl hat, es doch so gut wie selbst verfasst zu haben: Die Kunst des Ghostwriters besteht darin, über subtile Methoden dafür zu sorgen, dass das fertige Buch am Ende doch wieder der ersten Version nahe kommt.

Allerdings muss man keine Berühmtheit sein, um einen Ghostwriter zu engagieren. Inzwischen werden, so hört man (→ Whistleblower), ganze Magister-, Diplom- und Doktorarbeiten mit Hilfe von professionellen «Editier»-Zuarbeiten verfasst (→ Titelkauf).

MK

**GLOBALESISCH** – Von den Deutschen geliebte und dem ungeliebten Deutsch vorgezogene Sprache der deutschen Wissenschaft. Wenn man Naturwissenschaftler ist, schreibt man nur in dieser Sprache, und man spricht es zumeist amerikanisch – gern mit stark deutschem oder gar dialektalem, also hessischem, berlinischem, sächsischem (besonders apart!) usw. Akzent. Zunehmend auch im Unterricht an der deutschen Universität geläufig. Von Universitätspräsidenten und Wissenschaftsministern als fortschrittlich und international gepriesen und entsprechend massiv gefördert. An den Türen meiner Universität steht jetzt nicht mehr «drücken», sondern «push» – und natürlich auch «pull» (vermutlich, damit sich die dort massenhaft drängelnden internationalen Eliten nicht stoßen). Der Kollege oder Student, mit dem man es spricht, wird mit Fritz, Peter oder Ahmed angesprochen. Das wissenschaftliche Englisch löst damit eines der schwierigsten Probleme deutscher akademischer Manieren: Wen duzt und wen siezt der Herr Professor? No problem anymore: «I completely agree with Ingeborg, but would like to add ...». Die sprachlichen Anforderungen an die schriftliche Kompetenz – etwa für einen Aufsatz in → *Nature* oder dem *New England Journal for Irgendwas* – sind minimal: die Texterstellung ist weitgehend normiert, das *stylesheet* beinhart, die Gliederung vorgegeben, rhetorische Qualitäten nicht erwünscht, das sprachliche Register der betreffenden Spezialgebiete sowieso extrem beschränkt. Der standardisierte global-englische Artikel ist die Form, in der Natur-Wissenschaft kommuniziert, er ist Verlautbarung eines außersprachlichen, oft apparativen, Forschungsprozesses. Er war außerdem die Form, in der nach dem Nazidesaster der deutsche Wissenschaftler wieder international an der Forschung teilnehmen konnte. Er war sozusagen das Eintrittsbillett in die von Markl so genannte «Spitzenforschung» (→ Elite). Aus diesen Gründen sprechen und schreiben es Naturwissenschaftler von Herzen gern und ohne Komplexe.

Diese allerdings quälen die Geisteswissenschaftler, nicht weil sie schlechter Englisch könnten als die Naturwissenschaftler (sie können es oft besser), sondern weil sie es – um «spitzenforscherlich» mithalten zu können – eigentlich genauso gut können müssten wie *native speakers*. Denn der wissenschaftliche Prozess ist in den Geisteswissenschaften ja nicht nur kontingent mit Sprache verbunden, sozusagen post festum zur Bezeichnung außersprachlicher Operationen (z. B. der Zellkern-Transfers von *Mister Hwang*), sondern er ist in die Sprache eingelassen, er ist im Wesentlichen Formulierung eines Textes aufgrund anderer Texte. Um schwierige und subtile Gedankengänge darlegen zu können, um elegant, witzig oder tief zu formulieren, braucht man eine ausgesprochen

große Schreibkompetenz in der Sprache (mit standardisierten Textformaten ist es gerade nicht getan). Die Idealform dieses wissenschaftlichen Tuns ist außerdem immer noch das Buch, nicht der (standardisierte) Artikel. Auch mündlich, auf einer Konferenz oder im Unterricht, sollte man die Sprache perfekt beherrschen. Es kommt ja auf → Witz und Eleganz und Varietät der Formulierung an. Ein Gedicht will mit vielen verschiedenen Wörtern gedeutet sein, ein philosophischer Gedanke möchte raffiniert ausgedrückt, eine historische These differenziert verteidigt werden, in der Diskussion sollte man brillant und schnell (!) replizieren können. Für gute Geisteswissenschaft ist nämlich – anders als in den Naturwissenschaften – gerade die Sprache unabdingbar, die man am besten kann. Das ist zumeist die so genannte Muttersprache, und bei vielen Deutschen ist das (noch) das Deutsche.
Hier ist das Problem: Englisch müsste in den Geisteswissenschaften muttersprach(enähn)lich geschrieben und gesprochen werden. Aber wer kann das schon (außer den Anglisten)? Und – vor allem – warum auch sollte man das können? Das seit etwa 250 Jahren (so lange ist das gar nicht) übliche und in diesen Disziplinen sehr erfolgreiche Deutsche ist ein wunderbares Instrument der Forschung, und es gibt keinen qualitativen Grund, dieses aufzugeben. Die Naturwissenschaftler werfen ja auch nicht ihre besten Instrumente fort, nur um völlig forschungsfremden Befehlen der Geldgeber zu genügen. Im Übrigen: wenn Geisteswissenschaftler international kommunizieren müssen, so schlagen sie sich ganz tapfer, auch in anderen Sprachen als Globalesisch. Internationalität stellt sich in den Geisteswissenschaften nicht bloß dadurch her, dass, wie unsere Universitätspräsidenten glauben, überall Englisch gesprochen und geschrieben wird. Es gibt noch einige andere große Wissenschaftssprachen, und Internationalität ereignet sich hier manchmal sogar noch dadurch, dass andere – sogar Amerikaner – deutsch sprechen.
Daher: Um das bisschen Englisch für das Wichtige, also die Naturwissenschaften, zu lernen, ist es unnötig, Englisch schon im Kindergarten zu unterrichten und Schule und Universität weit-

gehend auf Englisch umzustellen, wie es die Englischlehrer-Lobby (ähnlich mafiös wie die Rechtschreib-Mafia) inzwischen im deutschen Bildungswesen durchgesetzt hat. Die oft ja gerade nicht sprachbegabten Naturwissenschaftler adaptieren sich ohne allzu große Mühe rasch an die (geringen) sprachlichen Anforderungen ihrer Disziplinen. Andererseits: Soviel Englisch, wie man für richtig gute geisteswissenschaftliche Forschung braucht, kann man in der Schule und Hochschule im (noch) deutschsprachigen Inland gar nicht lernen, hier hilft nur die Emigration. Es ist ja kein Zufall, dass bisher noch keine wichtigen geisteswissenschaftlichen Werke (Spitzenforschung) von nicht-emigrierten deutschen Wissenschaftlern auf Englisch geschrieben worden sind. Da aber (noch) nicht alle Geisteswissenschaftler emigrieren wollen, wäre es wichtig, den differenzierten Gebrauch des Deutschen als geisteswissenschaftliche Grundkompetenz in Schule und Hochschule zu fördern. Billiger als die sprachliche Umerziehung der Nation (durch bairisch, berlinisch, schwäbisch usw. englisch redende Kindergärtnerinnen) wäre im Übrigen die staatliche Förderung der Übersetzung exzellenter geisteswissenschaftlicher Werke ins Globalesische.

Aber das Land wird, wie auch sonst, den nun einmal eingeschlagenen Holzweg weiter beschreiten. Feinere Manieren sind auch hinsichtlich der Sprache der Wissenschaften in nächster Zeit nicht zu erwarten. *JT*

GRUNDNORM – Gutes Benehmen besteht in der reflektierten Nachahmung der Manieren jener Gesellschaft, der man zugehörig ist. Mehr als die Beherrschung dieser Grundnorm bedarf es zur äußerlichen Vollkommenheit nicht (→ Knigge). Dem Einzelnen erleichtert sie individuelles Fortkommen und beschert sonstigen Nutzen. Kollektiv befolgt erzeugt die Grundnorm im Idealfall eine gesellschaftliche Harmonie und Befriedung des Miteinanders, die man ob ihrer Oberflächlichkeit nicht gering schätzen sollte. Sozialethisch ist die Grundnorm nach beiden Seiten hin abgesichert: Den Etiketteverstoß verhindert die Maxime der Nachahmung

(→ Frühstück); gegen Torheiten, Amoralität und Speichelleckerei (→ Streber) beugt das aufklärerische Postulat der eigenen Reflexion vor. Die Grundnorm ist eine Metaregel. Sie sagt nichts über die tatsächlichen gesellschaftlichen Ge- und Verbote noch über das konkret erwartete Verhalten, sondern leitet zur imitierenden, jedoch nicht blinden Affirmation an. MV

GUTACHTEN – machen Arbeit, vor allem dem Erstgutachter; dann schon lieber das → Zweitgutachten schreiben müssen.

GUTE WISSENSCHAFTLICHE PRAXIS – «Hochschulen und Forschungseinrichtungen sollen bei Prüfungen, bei der Verleihung akademischer Grade, Einstellungen und Berufungen Originalität und Qualität stets Vorrang vor Quantität zumessen. Dies soll vorrangig auch für die leistungs- und belastungsorientierte Mittelzuweisung in der Forschung gelten.»
(Aus den Empfehlungen der von der Deutschen Forschungsgemeinschaft eingesetzten Kommission «Selbstkontrolle in der Wissenschaft»: *Vorschläge zur Sicherung guter wissenschaftlicher Praxis*, Deutsche Forschungsgemeinschaft 1997.)

«Für die Ermittlung des durch die LOM auszuschüttenden Betrages gibt es z. T. komplizierte Berechnungswege. Im Sinne einer einfachen Handhabung sollten die Ergebnisse der Drittmittelberechnung (Summen) und der Publikationserfolge (in Form der addierten JIF [Journal Impact Faktoren]) im Verhältnis 1:1 berücksichtigt werden. Hierbei sollte eine lineare, direkte Berechnungsgrundlage verwendet werden, die den Erfolg pro leistungserbringende Einheit abbildet.»
(Aus: *Empfehlungen der Deutschen Forschungsgemeinschaft zu einer «Leistungsorientierten Mittelvergabe» (LOM) an den Medizinischen Fakultäten*, 2004.)

GUTER MANN – In der Wissenschaft ist es nicht anders als in anderen Bereichen des Lebens, dem Erfolg geht das Gerücht voran. «Guter Mann, guter Mann» soll daher auch keine Aussage über moralische Qualitäten sein, sondern verweist auf das «Hören-

sagen» über die fachlichen Qualitäten. Eile ist angesagt, will man beim Spiel um den «guten Mann» eine Gewinnchance haben.
Man muss vom «guten Mann» nichts gelesen haben. Es reicht, wenn man aus zuverlässiger Quelle gehört hat, dass er gut ist, dass seine wissenschaftliche Qualität eine Option für die Zukunft zu sein verspricht. Details, die das Urteil begründen könnten, müssen nicht erörtert werden. Bei der Tagung in X habe man auch von Y gehört, der Z sei ein «guter Mann».
«Gute Frau(en)» gibt es nicht. EME

# H

HABITUS – Habitus ist eine mit Pierre Bourdieu populär gewordene Kategorie, die zur Analyse historischer wie aktueller Gesellschaften wertvolle Dienste leistet. Habitus ist zum einen ein klassenspezifisch strukturiertes Arsenal von Dispositionen und anderseits ein generatives Prinzip, mittels dessen Akteure und Akteurinnen ihre soziale Welt strukturieren. Innerhalb der sozialen Welt der Wissenschaften lässt sich nicht von einem einheitlichen Habitus sprechen, zu different sind die Lebens- und Wissenswelten der Kultur- und Sozial- wie Naturwissenschaften. Und doch lassen sich einige Rudimente eines homogenen wissenschaftlichen Habitus, zumindest innerhalb der Professorenschaft, in Ansätzen noch erkennen. Es ist davon auszugehen, dass es sich hierbei um Verfallsformen eines vormals, sprich im 19. Jahrhundert, homogenen Habitus des Wissenschaftlers an sich handelt.
Besagte Rudimente sind erstens eine Neigung zur Negation des Geschlechts, wie sie ansonsten nur unter katholischen Geistlichen, Nonnen, Inhaberinnen von Reformhäusern anzutreffen ist und als Habitus des dritten Geschlechts bezeichnet werden könnte. Zwar fehlen noch eindeutige, am Körper selbst entziffer-

bare Merkmale für dieses dritte Geschlecht (das freilich ist nur noch eine Frage der Zeit), doch der typische Kleidungsstil ist eindeutig. Innerhalb der Naturwissenschaften Jeans oder Cordhose, die keine körperlichen Konturen preisgeben, kombiniert mit *Jack Wolfskin*-Jacke und Schuhen, die sich durch rustikale Klobigkeit auszeichnen. Handelt es sich bei den Naturwissenschaften um *Unisex*-Kleidung, so differieren die vestimentären Stile in den Kulturwissenschaften. Die in der Professorenschaft dominierenden Männer (→ Y-Chromosom) tragen ebenso preiswerte wie schlecht sitzende, mindestens zweifarbige Anzüge, Oberhemden meist der Firma *Elite* und Schuhe, die den Charme früher *Salamander*-Läden atmen. Die wenigen Professorinnen (→ Finnland) mühen sich um vergleichbare Unsichtbarkeit, schätzen ebenfalls Beinkleider (auch aus Versandhäusern), variieren die Oberbekleidung um Halstücher, meiden strikt Schmuck und bevorzugen fast ausschließlich plattes Schuhwerk (→ Aussehen).

Neben Geschlechtslosigkeit ist disziplinenübergreifend prägend zweitens der Habitus der so genannten protestantischen Konfessionslosigkeit. Diese zeigt sich in Reinform in kleineren Universitätsstädten, in denen die Chöre der protestantischen Kirche fast geschlossen aus → Professorengattinen bestehen, die hier jene Zugehörigkeit zu einer Konfession ausleben, die der Professor in einer Weise nach außen negiert, die jedem offenbart, es kann sich nur um Protestantismus handeln.

Disziplinenübergreifend lässt sich drittens ein Habitusmerkmal festmachen, das auf den ersten Blick unwesentlich scheinen mag, jedoch auf zentrale Problemkontexte verweist: Eine starke Fixierung auf französische und eine norddeutsche Automarke, während bayrische und württembergische Autos – hier dürften allerdings die Medizin, teilweise auch die Rechts- und Wirtschaftswissenschaften genauso eine Ausnahme bilden wie die wenigen Kollegen, die merkbare Buchhonorare erhalten (→ Ghostwriter) – ostentativ gemieden werden. Die Gründe für dieses strikte Meiden liegen allerdings nicht in landsmannschaftlichen Animositäten, sondern im zuweilen verzweifelten Versuch, eindeutige Distinktion trotz knapper → Kohle zu betreiben. Das Problem stellt sich wie folgt dar: Wie signalisiere ich Distinktion, wenn ich habituell Austerität und moralische Überlegenheit zum Programm habe, allerdings weder über die materiellen noch die geschmacklichen Ressourcen verfüge, um zumindest erstere stilvoll in Szene zu setzen? Reicht es, das Austeritätsprogramm dadurch zu vertreten, dass ich die Warnungen eines Kollegen aus der Geschichtswissenschaft vor den schädlichen Wirkungen des Unterschichtenfernsehens kombiniert mit dem Bedrohungspotential, welches vom *McDonalds*-Hamburger ausgeht, bei den wenigen sich bietenden Abendgesellschaften wiederhole? Wäre es nicht hilfreich, wenigstens einige Glanzlichter aus dem *Manufactum*-Katalog – es böten sich z. B. die Gartenwerkzeuge an – vorzuzeigen, wenn schon das Geld fehlt, das gesamte Sachlichkeitsprogramm von wahlweise Biedermeier oder Bauhaus oder Shakermöbeln umzusetzen?

Die eigentliche Inkarnation des wissenschaftlichen Habitus freilich ist und bleibt Geisteswissenschaftler (und, darf ich hier wohl auch sagen: Geisteswissenschaftlerin). Ihm und ihr kommt immer noch eine Vorreiterrolle zu und zwar vor allem aufgrund seines/ihres hoch ausdifferenzierten Selbstbildes (→ Privatbibliothek). In diesem erkennt er/sie sich als Teil einer aussterbenden Spezies, die im Kampf gegen bornierte Kultusbürokratie, hochnäsige Universitätspräsidenten, kaum noch Deutsch in zusammenhängenden Sätzen stammelnde Studierende alle nur erdenklichen Kräfte aufbringt und doch nur dazu verdammt ist, im Kreise inkompetenter Kollegen und einiger weniger Kolleginnen Exzellenzpapiere zu erfinden, die aus einer Mischung von schlecht verdautem Managementratgebern und Werbetexten bestehen (→ Risikogerede). Damit freilich sind wir zum Kern des Kerns zumindest jenes wissenschaftlichen Habitus vorgestoßen, den wir bei den Besten, Innovativsten und damit eben Exzellentesten dieser Spezies finden können: Empirisch zutiefst gesättigter Sarkasmus, der die Lust an intellektueller Neugier noch nicht vertrieben hat.

*RH*

**HAUSARBEIT** – In der Uni lernte ich Dinge, die nur mit der Uni-Wirklichkeit zu tun hatten, weil kein Mensch auf die Idee kommt, in → Bibliotheken zu gehen und Zeitschriften herauszusuchen, die nicht gut riechen, und in diesen Zeitschriften nach Aufsätzen zu suchen, die keinen anderen Sinn haben als den, dass die Leute an der Uni nach ihnen suchen und sie dann mehr oder weniger → abschreiben und mit anderen Aufsätzen vergleichen, die über dasselbe Thema in anderen Zeitschriften stehen, die wiederum nur für die Uni gemacht werden, und je mehr solche Aufsätze man abschreibt und in seine eigenen Arbeiten hineinschreibt, um so dicker werden die eigenen Arbeiten, und um so länger wird die Liste am Schluss, an der man sehen kann, wie viele solche Aufsätze gefunden und abgeschrieben worden sind.

In gewisser Weise hatte die Uni dann doch wieder mit der Wirklichkeit zu tun, weil ich herausfand, dass es die besten Noten (→ Scheinerwerb) für die längste Liste gibt und man folglich gar nicht die Aufsätze lesen, sondern nur abschreiben und in die Liste aufnehmen musste, und am Schluss schaffte ich es, Listen zu komponieren, ohne vorher die einzelnen Aufsätze suchen zu müssen, weil die Listen in den Zeitschriften standen und man also nicht die Aufsätze abschreiben musste, sondern am besten gleich nur die Listen hinter einen abgeschriebenen Aufsatz zu hängen brauchte, und schon bekam man eine Zwei plus. Fast alle bekamen eine Zwei plus (→ Nichtangriffspakt). Manche bekamen eine Eins und blieben dann an der Uni, weil dort Leute gebraucht wurden, die die Aufsätze für die Zeitschriften zu schreiben und die Listen der anderen zu prüfen und Zwei plus darunter zu setzen hatten.

*BV*

**HIWI** – Vielfältig sind die Bestrebungen und Versuchungen der Studierenden, sich die zum Lebensunterhalt und für → Mensabesuche benötigte → Kohle zu verdienen – insofern der familiäre Hintergrund oder auch andere ‹Förderstellen› teilweise (oder auch ganz) ausfallen sollten. Ob Bankwesen, Gast- oder Baugewerbe: Letztlich bringt alles *etwas* – und das heißt: mal weniger (→ Jobben), mal mehr – ein. Für den Lebenslauf hingegen bringt's erstmal nichts. Denn wer erwähnt in seinem *CV* schon eine 20-Wochenstundentätigkeit als Lagerhilfe? Allerdings sieht das schon ganz anders aus, wenn beispielsweise der zukünftige Bauingenieur als Helfer rund um seinen gewählten Arbeitsbereich tätig ist (→ Soft Skills).

Wer und wozu gut ist nun – die studentische Hilfskraft? Selten auch Hilfswissenschaftler, zumeist jedoch bei ihrem (nicht so ganz vergangenheitsbewältigten) Kosenamen ‹HiWi› genannt. Es gilt von vornherein mit weitläufigen Vorurteilen aufzuräumen: Der HiWi ist a) ein Geschenk an sein Fachgebiet, und b) weitaus mehr als ein Professorentasche-Hinterherträger (→ Streber), da ein Großteil der Hochschullehrer Kaffee trinkt und dieser erst gebrüht sein will. Klar ist also: HiWis arbeiten im Rahmen ihres Fachgebietes! Zugegebenermaßen sagt das lediglich aus, dass der HiWi offensichtlich Wert auf eine ‹sinnvolle›, also Lebenslauf und Wissensschatz bereichernde Tätigkeit legt. Wie aber sieht diese genau aus? Der Blick ins (natürlich: wie immer, so auch hier gelobte) englischsprachige Ausland zeigt: Anders als hierzulande üblich, wird dort zwischen «Student Research Assistant» und «Student Teaching Assistant», also den beiden Arbeitsgebieten – Forschung und Lehre – differenziert. An deutschen Universitäten entspricht der «studentische Lehrassistent» dem Tutor, also jenem, der die Vor- und Nachbereitung einer Lehrveranstaltung im Rahmen eines Tutoriums durchzuführen hat. (Dies übrigens ein Klacks, sollte man jemals den Begriff «ergebnisorientiert» oder gar «zielführend» mit auf den Weg bekommen haben.) Bleibt der «studentische Forschungsassistent». Dieser übernimmt in der Praxis, was sonst niemand kann – die zwei K. O. s der Wissenschaftswelt: Kopieren und Korrigieren! Wahrlich, es gibt Besseres. – Nicht aber für denjenigen, der, wie man so gesagt bekommt, an einem Blick hinter die Kulissen interessiert ist. Namen, Begriffe, Theorien und Thesen prägen sich ein, wissenschaftliche Praxis (→ Erbsenzählen) und theoretische Anwendung (→ Langeweile) werden ertastet. In manchen Fällen entpuppt sich dies als

Sozialisation: man wächst hinein oder bleibt schlicht hängen (→ Hausarbeit). Keineswegs jedoch gilt die Regel, dass diejenigen, die als HiWis angestellt sind, zwangsläufig eine wissenschaftliche Laufbahn einschlagen, auch wenn gerne jene beispielhaft angeführt werden, die geblieben sind: «So schlecht kann es bei uns also nicht sein!» Ein solcher Satz regt zum Schmunzeln an: Im Vergleich wozu? Wer behauptet das Gegenteil und weshalb? Und: Soll ich nicht lieber sofort wieder umdrehen? Wer bleibt, wird zwar nicht selig und erst recht nicht vor Wissen (→ Beschäftigungstherapie), lernt jedoch zumindest Menschen kennen – allein dies ist, ganz rationell betrachtet, bereits ein Gewinn.

*KW*

**HOMEPAGE** – Die alten Zeiten waren nicht nur gut. Traf man früher Kollegen, wurden Visitenkarten ausgetauscht. Was konnte man auf so einer winzigen Karte vermitteln? Adresse, Telefonnummer, den Namen des prestigeträchtigen Instituts, und natürlich den «Prof. Dr. Dr. h.c.». Ja, man konnte auch (mit) zwei Adressen angeben, eine im In- die andere im Ausland, um die internationalen Verbindungen deutlich zu machen. Vielleicht noch ein Wappen oder Emblem der Universität in einer Ecke. Aber das war's dann auch schon.

Die Homepage eröffnet neue, nahezu paradiesische Möglichkeiten, die zunehmend ausgereizt werden. Neben den oben genannten obligatorischen Informationen gehören auf die Homepage mindestens: der *CV*, die Publikationsliste, Mitgliedschaften in Organisationen, Komitees und Gremien, Herausgeberschaften, besuchte und ausgerichtete Tagungen, gehaltene und verschlafene Vorträge, Einladungen, Besuche, Reisen, Projekte, Vorhaben, Ideen, kurz: vergangene, gegenwärtige und zukünftige Erfolge.

Der überragende Vorteil der Homepage liegt in der Integration von Ton- und Bilddokumenten und der Ausweitung der Selbstdarstellung auf das Privatleben (siehe dazu auch → Vorwort). Wie in vielen Bereichen sind uns amerikanische Kollegen darin (noch!) weit voraus. Von der «Welcome speech from my son» bis zur Abbildung mit *trophy girl* (Frauen zeigen sich gerne mit Größen des Faches auf Konferenzfotos) bis zu Bildern von Studentenparties, bei denen der coole Professor den DJ machte, sind die Möglichkeiten noch lange nicht ausgereizt. *BB*

HONORARPROFESSOR – Gegenstück zum Ordentlichen Professor, der die gewöhnlichen, normalen, also die «ordentlichen» Lasten des beamteten Professorats uneingeschränkt zu tragen hat. Aufgaben und Stellung des Honorarprofessors sind durch die Begriffe *honos* (lat. – Ehre) und *honorarium* (lat. – Ehrensold) bereits hinreichend gekennzeichnet. Der «Ehrensold» besteht an den deutschen Universitäten ausschließlich in der Ehre. Ein «Honorar» im üblichen Sinne des Wortes (→ Kohle) wird dem Honorarprofessor nicht gezahlt.
Immerhin haben es sich einige Fakultäten zur Gewohnheit gemacht, diese Ehre noch zusätzlich durch ein Dankesschreiben des amtierenden Dekans (Formblatt 3711b, individualisiert durch das Dekanatssekretariat) zu erhöhen. Dem Schreiben entnimmt der Adressat außer der Anerkennung für das Geleistete, dass man auch weiterhin mit ihm rechnet.
Die Ehre als solche materialisiert sich in der Befugnis, den Titel «Honorarprofessor» führen zu dürfen. Da im mündlichen Umgang die Langform «Herr/Frau Honorarprofessor(in)» alsbald der einfacheren und klangschöneren Kurzform «Professor» gewichen ist, kann der Honorarprofessor im alltäglichen akademischen Umgang nicht schon an der Kennzeichnung identifiziert werden.
Da es nicht untersagt ist, die Kurzform des Titels auf einer Visitenkarte anzubringen, eröffnen sich dem Honorarprofessor jene schönen gesellschaftlichen Perspektiven, die das deutsche Publikum für einen Professor trotz des bekannten, starken Prestigeverlusts immer noch bereithält: Zuschreibung überdurchschnittlicher Kenntnisse, jedenfalls im Fach, aber auch darüber hinaus; gefestigte Vertrautheit mit den kulturellen Erscheinungen (z. B. Konzerten), Abneigung gegen Unterschichtenfernsehen (→ Habitus), Ekel vor der Bildzeitung, je nach Disziplin stil-

sichere Entscheidung über Krawatte oder Rolli, distanziertes, aber soziales Verständnis für Fußball usw. Außerdem darf mit einer gewissen Ehrerbietigkeit und aufmerksamerer Dienstleistung im Hotel- und Gaststättengewerbe gerechnet werden. Nicht zuletzt bringen die Medien durch pointierte Zitierweise («ein Professor aus Heidelberg») die besondere Aufmerksamkeit zur Geltung, die dem akademischen Titelträger landesweit zuteil wird.

Diese Gratifikationen sind dem Honorarprofessor umso wichtiger, als er sie in der Regel mühsam erarbeiten muss. Denn nur in wenigen Ausnahmefällen war der Honorarprofessor bereits vor seinem Einrücken in die Honorarprofessur an anderer Stelle als (vielleicht sogar «ordentlicher») Professor tätig. Im Allgemeinen handelt es sich um einfache, unhabilitierte «Doktoren», die auf einem der beiden vorgesehenen und üblichen Wege die Honorarprofessur erworben haben.

Der erste Weg besteht im unermüdlichen Einsatz bei den Lehrverpflichtungen einer Fakultät. Als so genannter Lehrbeauftragter berufen und (kärglich) honoriert (!), bietet der Honorarprofessor in spe bestimmte, von den Ordentlichen Professoren nicht beherrschte («Das Bodenrecht von Neuguinea») oder nicht geschätzte Materien («Grundkurs für Studienanfänger in ...») an. Nimmt er diese Aufgabe unverdrossen und mit semesterweise erneuerter Begeisterung wahr, dann darf er damit rechnen, dass die Fakultäten ihn nach 20 bis 30 Semestern, manchmal aber auch noch etwas später, unter Streichung des bisherigen Honorars mit einer Honorarprofessur ehren.

Da diese Belohnung, des in universitären Diensten ergrauten Lehrbeauftragten trotz aller gegenteiligen Bekundungen, vor allem von Seiten der Lehrbeauftragten insgeheim und hartnäckig erwartet wird, die Fakultäten aber ein diesbezügliches Junktim um jeden Preis vermeiden wollen, erleben die eher seltenen, rein pädagogisch orientierten Lehrbeauftragten heute gelegentlich das extravagante Schauspiel, dass sie mit rüden Worten vor (noch) nicht gehegten Hoffnungen gewarnt werden.

Der zweite, bei den Ordinarien beliebtere Weg besteht in der Verleihung einer Honorarprofessur an einen akademischen Außenseiter, der sich nur von Fall zu Fall im Leben der Fakultät mit besonderen (z. B. politischen oder ökonomischen) Beiträgen, häufig dagegen mit größeren oder kleineren Geldbeträgen, zu Wort meldet. Die Kandidaten für diese Klasse von Honorarprofessoren sind im Durchschnitt akademisch gebildete, gelegentlich sogar profilierte Prominente aus (meistens) Politik und Wirtschaft, fallweise auch aus dem Bereich der Kunst. Bei geschickter Verleihungspraxis kann es einer Fakultät ohne weiteres gelingen, einen bescheidenen professoralen Eigenbestand durch eine Summe glänzender Namen blendend zu vergolden (→ Drittmittel).

Als traditionsvergessener Fehltritt geistig verwirrter Fakultäten wird es dagegen gewertet, wenn akademisch gänzlich unqualifizierten, fallweise sogar als Verächter alles Akademischen aufgefallenen und lediglich mit hohen Umfragewerten auf der Beliebtheitsskala ausgestatteten Politikern (z. B. ehemaligen Ministern) Honorarprofessuren angetragen werden.

In der akademischen Administration erfreuen sich die Honorarprofessoren meistens einer nur mäßigen Beliebtheit. Wie Emeriti fallen sie, obwohl ohne irgendwelche direktiven Befugnisse, durch allerlei Betreuungswünsche (Hörsäle, Aushänge, Fotokopien, Telefonate usw.) unangenehm auf, ohne aber ihrerseits die Bereitschaft erkennen zu lassen, diese von ihnen ausgehende Belästigung durch ständige Verfügbarkeit zu kompensieren.

Das studentische Echo auf den Honorarprofessor ist geteilt. Da er am existenzentscheidenden Prüfungsgeschehen in der Regel nicht beteiligt wird und auch nicht beteiligt werden möchte, wird ihm vom Normalstudenten keine weitere Beachtung geschenkt. Andererseits wird er von dem an seinen speziellen Kenntnissen Interessierten (→ Drittstudium) meistens außerordentlich geschätzt, da er mangels Zulaufs in der Lage ist, sich intensiv mit der Vermittlung des Faches zu befassen.

All diese Umstände führen dazu, dass der Psychotypus des Honorarprofessors durch eine eigenartige Mischung von Servilität und Hoffart auffällt, der den Umgang mit ihm schwierig macht und seinen Einsatz zur Ausbildung unverdorbener Studentengemüter ohne nähere Prüfung des jeweiligen Kandidaten nicht empfehlenswert erscheinen lässt. DS

# I

INTERLAUS (SCIENT.) – Für den höchst wünschenswerten internationalen Zusammenschluss aller jener Wissenschaftler, die an gegenseitigem Lob interessiert sind, wird von unbekannter germanistischer Seite die Einrichtung von INTERLAUS in Vorschlag gebracht. Der empirisch feststellbare Bedarf ist bekannt: Vor allem diejenigen, die sich der Altersgrenze nähern, pflegen sich erfahrungsgemäß zu fragen, ob sie hinreichend gelobt werden (freilich: was ist «hinreichend» ?). Gleichheit des Status und der Interessen drängen zum Zusammenschluss, der eine Minimierung des Risikos, nicht gelobt zu werden, garantiert. Die Gefahr, dass jemand an den runden Geburtstagen zwischen 60 und 80 Jahren kein Kolloquium, keine Festschrift, keine gesammelten *Opera minora* erhält, reduziert sich durch INTERLAUS erheblich. Nur derjenige, für den sich von allen Lobbereiten und -begierigen niemand finden sollte, der bereit ist, ein Lob zu spenden (und sei es für die Unterlassung von Publikationen – ein viel zu selten gewürdigtes Verdienst!), fällt durch die Maschen des *network*. Alle anderen werden aufs rascheste bedient, wenn sie auf dem PC das richtige Menu und die altersgemäße Form des Lobes auswählen (lobende Erwähnung in einer Fußnote, Rezension, Miszelle, Kolloquium, Festschrift, Ehrenpromotion). Die säkularisierte, wissenschaftsgläubige Gesellschaft, die kein *Laus Dei* mehr für nötig hält, könnte sich in INTERLAUS (scient.) ihren datengeschützten Sakralraum selbst schaffen. Vieles spricht dafür, rasch damit zu beginnen. MS

# J

**JOBBEN** – Im dritten Semester verdreifachte ich mich: Ich, die studentische Hilfskraft, ich, die Aushilfe in der Großkanzlei und ich, der Spüler. Was ich einnahm, nahm ich ab, am Ende des Halbjahres zehn Kilo. Am Lehrstuhl ging es nicht so gestelzt zu wie bei den Anwälten, wo kühler Stress in der Luft lag; aber meine Hoffnung, an der Uni besseren Kontakt zum charismatischen Professor zu bekommen, erfüllte sich nicht, weil ich mich in jeder Hinsicht als unfähig erwies: Keine ausreichenden Schreibmaschinenkenntnisse, zu jung für Korrekturen und nicht einen Dunst von Wissenschaft. Alle Begegnungen mit ihm waren von nun an vom Willen zur Schadensbegrenzung geprägt; um jeden Preis wollte ich ihn überzeugen, dass er sich in mir doch nicht getäuscht hatte. Das übergroße Wollen und Bemühen zahlte es mir mit jenen Peinlichkeiten heim, die nur dieser Geltungsdrang erzeugen kann. Einmal ergab sich zwischen Tür und Angel ein Gespräch, beim Aufräumen waren mir seine älteren Veröffentlichungen über Literatur des 19. Jahrhunderts in die Hände gefallen, und so fragte er mich, ob ich mich für Fontane interessiere.

«Nicht wirklich.» (*für uns beide unbefriedigend*)
«... aber gelesen?»
«Ähm, den *Schimmelreiter*.»
«...der ist aber von Storm?!»

Die Tür fiel zu und er war gegangen. Ich hatte noch Zeit gehabt, «Theodor!» hinterherzurufen. Mehr passierte nicht, bis seine Sekretärin wiederkam und die Vakanz, die ich ausfüllen durfte, beendet war. Ich bin nie wieder → HiWi geworden.
Im Restaurant lernte ich die Abende schätzen, an denen weder die Hektik der Messetage herrschte noch der tödliche Leerlauf feh-

lender Gäste. Deprimierend, nach einer halben Stunde Warten, Besteckpolieren und Topfputzen wieder zu gehen, die Stadt vor der Tür, aber längst von der Hitze der engen Küche und den Dämpfen und Gerüchen der Industriespülmaschine durchweicht, kein Geld in der Hosentasche. Alle Tage juckten meine Hände nun vom heißen Wasser, die Haut wurde trocken, rissig, blutete, Handschuhe halfen nicht und außerdem musste man mit den bloßen Fingerkuppen an der Unterseite der Speiseteller zur Sauberkeitskontrolle nach «Pünktchen!» tasten.
Vor irgendwelchen → Semesterferien kündigte ich, die Köche, die mich gemocht hatten, waren aus der Konstellation heraus missmutig, sie mussten bleiben. Ich aber räumte meine Sachen in den gelben Käfer, fuhr zum Studium nach England und kam nie wieder zurück ins Lokal. Wenn ich heute Essen gehe, stören mich die Pünktchen unter dem Tellerrand, die die Spüler übersehen haben. MV

# K

KÄLTE – Wer formale Regeln der Kommunikation einfordert, macht sich auch in manchen akademischen Kreisen verdächtig; wer ausdrücklich den Wert von Ritualen, Formen und Zeremoniell betont, setzt sich maliziösen Vorwürfen aus. Die Liste der Einwände ist Legion. Sie betreffen teils schlechthin die Existenz von formaler Regulierung dort, wo andere gerne die Spontaneität menschlicher Interaktion walten lassen würden. Teils wenden sie sich spezieller gegen bestimmte Formen äußerlicher Verhaltensmuster. Eine genaue Unterscheidung dieser zwei argumentativen Stoßrichtungen ist in der diskursiven Praxis oft kaum möglich, sollte aber aus analytischen Gründen versucht werden.
Manieren, Kritik der Manieren und die Kritik der Kritiker folgen

zeitgebundenen Mustern, die ihrerseits wechselnden Akzentuierungen unterworfen sind (→ Pappritz). Der Umgang der Wissenschaft mit diesen Präskriptionen hat somit nicht nur Manieren zum Thema, sondern ist selbst auch Ausdruck einer eigenen Haltung zu Manierenfragen. Diese Manier ist auch im Umgang mit den frühmodernen Klassikern des Genres ablesbar. Jene Höflichkeitsliteratur zwischen Castigliones *Cortegiano* (1528) und Knigges *Umgang mit Menschen* (1788) entstammt höfischen Kontexten. Dazwischen liegt Gracians Handorakel *Die Kunst der Weltklugheit* (1647). Die höfische Gesellschaft schuf eine Anleitungsliteratur für Aufsteiger, die den jungen Mann als Projektionsfläche im Blick hatte, aber universalistisch argumentierte. Sie lehrte ihn kommunikative Schmiegsamkeit, die bei aller einstudierten Schulhaftigkeit den Anschein nonchalanter Souveränität (→ Coolness) wahren musste. Normiert waren Gestik und Rhetorik, Gesprächsthemen und angemessene Interessen, eigentlich jedes äußere Verhalten. Zu den Pfeilern des Erfolgs gehörten Affektverbergung (Contenance), die Einübung der Täuschung und überhaupt Anleitung zu vielfachem Selbstzwang und Selbstkontrolle. Machttaktische Simulatio und Dissimulatio waren der Preis für die Hoffnung des Aufstiegs, und noch jede moderne Klugheitslehre darf auf der peinlichen Einhaltung formal-äußerer Korrektheit insistieren.

Anrüchig sind diese Maximen nicht erst mit dem Fortfall ihres Bezugssystems Hof geworden. Sie waren auch zuvor schon moralisch diskreditiert. Was aber weder ihre Feinde noch ihre Freunde vor immer neuen Rückgriffen auf diese Grundbücher bewahrt. Das liegt auch daran, dass beinahe alles, was der Buchmarkt periodisch in die Regale schwemmt, intellektuell unendlich viel dürftiger als seine historischen Vorbilder ist, mag die missleitende Chiffre → Knigge auch tausendfach bemüht werden. In seiner ebenso präzisen wie hintersinnigen Analyse bezeichnete Helmut Lethen die Theorieentwürfe 1994 als *Verhaltenslehren der Kälte*. Das war programmatisch, dicht und in seiner Kritik auch stellvertretend. Denn Lethen verfasste seine Analyse der «kalten Persona» nicht nur als Rezeptionsvorgang dieser Maximen in der Zwischenkriegszeit, sondern subkutan auch als Sittengeschichte der späteren Bundesrepublik. Oberflächlich betrachtet artikulierte Lethens Buch noch einmal jene Einwände, die es nun gegen den wiedererwachten Höflichkeitsdiskurs in Stellung zu bringen galt. Denn ein vielen verdächtiges Formbedürfnis war wiedererwacht. Wo nach dem Abgang der Bonner Republik die Moralisierung, Subjektivierung und Emotionalisierung des öffentlichen Lebens auf Widerspruch stieß, lauteten die Parolen nun auf Kritik des *Betroffenheitskults* (Cora Stephan), und man las über die Entlarvung der gefühligen *Sucht mit sich identisch zu sein* (Erik Grawert-May). Denn eben das hatte die Gegenkultur versprochen: Beseitigung von Hierarchien, Überwindung von Distanz und Einübung in Authentizität. Es galt auch für die Universität (→ Sit-in), war aber Teil einer größeren und auch weltweiten Bewegung.

Beim Kassensturz der in die Jahre gekommenen Gegenkultur wurde jedoch auch an der Universität die schützende Funktion von Regeln, Formen und Ritualen wiederentdeckt. Die Entformalisierung hatte einen hohen Preis gehabt. Der Umgang in einer Gesellschaft, die nur die Maximen des Rechts und der Moral für sich gelten lässt, wird sich zwar nicht dem Vorwurf der Kälte aussetzen müssen, im Gegenteil, es geht dort leicht allzu menschlich zu. Der Verzicht auf die Verbindlichkeit von Formen lässt Interessen dort ungeschützt aufeinanderprallen, wo Regeln beide Seiten vor zuviel Aufrichtigkeit und Unverblümtheit schützen könnten. Deutschland mit seiner Tradition der idealistischen Philosophie mag davon stärker betroffen gewesen sein als andere Länder, in denen die Verbindlichkeit gesellschaftlicher Regeln als weniger peripheres Anliegen abgetan wurde.

Die moralische Unbedingtheit, die infolgedessen die Interaktion bestimmen durfte, offenbarte ihren hohen und oft überflüssigen Preis in vielfachen Situationen. Man ist nicht immer von sich entfremdet oder lügt, wenn man Dritten gegenüber höflich ist. Heuchelei ist noch etwas anderes. Auch das schimmerte bei Lethen durch. Im historisierenden Gewand erschien bei Lethen eigentlich eine Abrechnung mit den Konventionen der eigenen Generation. Sie hatten Kälte abgelehnt und etablierten doch einen eigenen Habitus der Immunisierung und Distanzierung. Eine verzwickte Dialektik. Ihre Verdammung wurde nicht offen ausgesprochen, aber sie war 1994, als Lethens Buch erschien, doch als Infragestellung des Wärmekults (→ Rauchen) untergründig spürbar: Die wissenschaftliche Neubewertung der Verhaltenslehren der Kälte war Ausdruck der öffentlichen Lernfähigkeit der Generation von 1968. Ob sich ein Minimalkonsens erzielen lässt, dass dies eine anerkennenswerte Leistung war, auch wenn eine neue, positive Normativität daraus noch nicht erwachsen ist? MV

KINDER – Kind und Wissenschaft passen nicht zusammen – genauso wenig wie Kind und Kunst. Wissenschaft und Kind brauchen nicht immer, aber doch oft ungeteilte Aufmerksamkeit, manchmal sogar völlige Hingabe. Man trägt die Forschungsfrage nach Hause, wiegt sie in Gedanken hin und her, bis das Kind fragt, ob man ihm bei seiner Erzählung zuhöre oder nur so tue als ob. Und wie bei der Wissenschaft, so kann man beim Kind manches, aber nicht vieles delegieren, will man von sich noch sagen, tatsächlich Wissenschaftler oder Wissenschaftlerin, Vater oder Mutter zu sein. Wer anderes behauptet, macht sich und der Umwelt etwas vor. Wer beides vereinbaren will, lebt Notlösungen. Weder die richtige Politik noch Institution oder Gesinnung (→ Ausschlafen) können beides, Kind und Wissenschaft, problemlos zusammenbringen.

Es gibt sicher Mütter – und zunehmend Väter – in der Wissenschaft, die, das Neugeborene im Tuch an den Leib gebunden, schon wieder am Computer sitzen und Datenanalysen oder sonst eine wissenschaftliche Aktivität betreiben; im Labor dürften sie seltener auftauchen. Und gewiss existieren Wissenschaftlerinnen und Wissenschaftler, die es schaffen – die Hormone helfen angeblich zumindest den Müttern, solange diese ihr Kind stillen –, nach unruhiger Nacht einen brillanten Vortrag oder vollkonzentriert eine Vorlesung zu halten, ohne immer wieder den Faden zu verlieren. Außerdem gibt es in jeder Wissenschaft Routinearbeit, die man auch todmüde und mit fast geschlossenen Augen erledigen kann (→ Erbsenzählen).

Wer so wenig Zeit hat wie forschende Eltern, muss besonders effektiv arbeiten. Ohne meine Kinder hätte ich nie so zügig promoviert, wäre mir auch die Kontinuität meiner wissenschaftlichen Tätigkeit vielleicht weniger wichtig gewesen. Zeitdruck, Zeitnot, Erschöpfung können durchaus produktiv sein: Viele gute Einfälle entstehen im Zustand jener Euphorie, die der völligen Erschöpfung vorausgeht.

Man kann den Wissenschaftleralltag sicherlich über weite Strecken so einteilen, dass Sinn und Zeit für Familie bleiben. Ich bewundere Kollegen – Männer mehr noch als Frauen –, die feste Zeiten für ihre Familie reservieren, es beispielsweise also strikt ablehnen, abends oder gar an einem Wochenende an Forschungskolloquien oder → Sitzungen teilzunehmen. Nun handelt es sich bei den mir bekannten Verweigerern um recht etablierte Professoren und Professorinnen; sie können sich ihr Nein in diesem oder jenem Fall wahrscheinlich leisten. Die Lage stellt sich für den wissenschaftlichen Nachwuchs ganz anders dar: Wer als junge Forscherin oder junger Forscher ein Kind hat (zwei Kinder scheinen bereits kaum vorstellbar) und mit diesem (bzw. diesen) unter der Woche und am Wochenende ohne Zeitdruck zusammensein will (vom Partner, der Partnerin ist dabei noch nicht die Rede), sieht sich mit den vielen kinderlosen Konkurrenten und Konkurrentinnen konfrontiert, die von früh morgens bis spät abends forschen – und dies sechs, wenn nicht sieben Tage die Woche. Verbieten kann man diesen Ehrgeiz nicht (→ berühmt). Man kann das Engagement sogar verstehen: Warum sollten die «Kinderlosen» zurückstecken? Etwa aus Rücksicht auf die Forschenden mit Familienanhang, die doch ihren persönlichen Gewinn aus dem Kinderhaben ziehen? Hat man nicht selbst auf Familie (erst einmal oder überhaupt) verzichtet?

Zeit für Rücksicht auf Kinder gibt es jedenfalls in der Wissenschaft nicht. «Qualitätszeit» am Morgen oder Abend? Da macht man sich etwas vor. Die Wissenschaft braucht jene frühreifen und pflegeleichten Kinder, die rund um die Uhr Verständnis für ihre Forscher-Eltern aufbringen. Wie gut, dass es jetzt «Kinderuniversitäten» gibt. *ILO*

KLEINBÜRGERTUM, AKADEMISCHES – Kennzeichnend für das deutsche Kleinbürgertum ist die so genannte Schrebergartenmentalität. Ein Schrebergarten ist ein sehr kleines Stück Land, auf dem ein Häuschen und ein Grill untergebracht werden. Man sieht und kennt den Nachbarn, lädt ihn aber weder in das eigene Kleingartenhaus noch zum Grillieren ein, ist er doch potentiell ein Gegner beim Wettbewerb um den schönsten Schrebergarten, der alljährlich vom Schrebergartenverein ausgeschrieben wird. Mental ist der Kleinbürger eher ängstlich zu nennen (→ Xenophobie). Aber in der Enge seines Gartens und in Kenntnis der potentiellen Wettbewerbsgegner fühlt er sich ganz wohl, weil alles überschaubar und geordnet ist.
Analog zu der Schrebergartenmentalität, die geeignet ist, den deutschen Kleinbürger zu charakterisieren, findet sich die akademische Schrebergartenmentalität, die gleichfalls geeignet ist, den akademischen Kleinbürger zu charakterisieren. Der akademische Kleinbürger (oder Kleingärtner) hat gerne ein überschaubares Forschungsgebiet, das er in immer neuen Anläufen mit derselben Methode erkundet. Die Vorgehensweise der forschenden Nachbarn, die er selbstverständlich als Gegner im Wettbewerb um Forschungsressourcen erachtet, beäugt er dabei argwöhnisch vom Zaun aus, ohne mit ihnen in ein ausführlicheres Gespräch kommen zu wollen. Das Verlassen des Schrebergarten- oder Forschungsvereins und das damit verbundene Wagnis, ungeschützt in die Welt des Denkens vorzudringen, lehnt der akademische Kleinbürger ebenso vehement ab wie die Einladung zum gemeinsamen Grillieren, sprich Argumentieren. Beim Grillieren und Argumentieren gibt es per se für den Kleinbürger nur eine richtige Methode – da lässt man sich auch nicht reinreden und deshalb bleibt man besser gleich → daheim. Diese Vorgehensweise ent-

spricht auch dem Bedürfnis des akademischen Kleinbürgers, alles unter Kontrolle zu haben: die Sekretärin, die Assistenten, die Doktoranden, die Studierenden, die Kollegen, die eigene Frau und die eigenen Kinder (→ Männer).

Allerdings sind im akademischen Kleinbürgertum beim wissenschaftlichen Grillieren und Duellieren zudem Verhaltensweisen zu beobachten, die den Horizont des Schrebergartens weit hinter sich lassen. Auf den Begriff gebracht geht es um ‹Kampf› und ‹Unterwerfung›. Was man nicht versteht, etwa weil es ein ganz anderer Forschungsansatz ist als der eigene, lehnt man nicht nur als fremd ab, sondern bekämpft es, um es zu beseitigen. Es sei denn, neue andere Forschungsansätze werden von einer Autorität als etwas Größeres erachtet, dann unterwirft man sich dieser Erkenntnis. Man möchte sich schließlich nicht die Finger verbrennen. Beim Grillieren. EME

KLUFT – In der Frankfurter U-Bahn sah ich einmal einen etwa 30jährigen Mann, der sein Gesicht mit Metall durchnietet hatte. Die kantigen Spikes zeigten nach außen, auf Wangen, Stirn und Kinn (→ Schnittstellen). Dieser mit seinem Nagelbrett verschmolzene Fakir konnte nur Student sein. An der Uni habe ich schon alles Erdenkliche gesehen. Studenten sind tolerant und diskutieren auch über Gedichte, wenn ihr Gegenüber zwei Ratten auf den Schultern trägt. Der Dresscode, zumindest in den Geisteswissenschaften, kennt keine Tabus. Schwer zu entscheiden, ob die studentische Exzentrik Autoritäten provozieren, Kommilitonen beeindrucken oder die eigenen, von vorhandener Geisteskraft zeugenden Wortmeldungen noch erstaunlicher erscheinen lassen soll. In Marburg, wo ich vor ein paar Jahren einen Gastkurs gab, wimmelte das Foyer, in dem man → rauchen und Kaffee trinken konnte, von *Gothics*: Schwarz gekleideten, jungen Frauen in schwarzen Stiefeln mit pechschwarz gefärbten Zottelhaaren, Ringen durch Nase, Lippen und Wangen und den hypnotisch verlangsamten Gesten einer Verwünschungen murmelnden Hexe. An amerikanischen *Colleges* liegt die Betonung weniger auf dem

Dämonischen als auf der in der Wolle gewaschenen Individualität, und das ist wörtlich zu verstehen. Der Student sieht so abgerissen aus, als hätte er sich mit dem Studium eine komplizierte Buße auferlegt, als wären Bibliothek und Seminarraum eine wüste Eremitage, in der es gefährliche Visionen hagelt, denen er nur entgeht, indem er sich von Kopf bis Fuß in ein Faksimile grauen Staubs verwandelt. Im bis nach Mitternacht geöffneten Yale-Computerzentrum brachten die «Geeks» genannten chronischen Hacker in Pappkartons ihre Habe mit wie eine *bag lady*, die im Bergdorf & Goodman-Eingang übernachtet. Ihre fleckigen Holzfällerhemden waren mit Keks- und Sandwichkrümeln besprengt, als handele es sich dabei um eine vatikanische Segnung. In den *CompLit Departments* Neuenglands tauchten Anfang der 1990er die sehr viel eleganteren Dekonstruktivisten-Uniformen auf (→ Coolness). Vor allem männliche Studenten trugen dunkle Bügelhosen und schwarze Hemden, die vage von Punk und Existentialismus beeinflusst waren, aber letzteren an Rigidität und Verschlossenheit noch übertrafen. Zu diesem Look trug man einen messerscharfen Geist, Negativität auf allen Ebenen.

Auch in der alten Welt ließ sich mit Schwarz immer ein Effekt erzielen. Ein gänzlich in hautenges, schwarzes Leder gekleideter Student älteren Semesters setzte sich einmal zu einer Vorlesung an der Universität Hamburg in die erste Reihe und stahl Professor Mandelkow durch sein saloppes Gegenreferat die Show. Er kam nie wieder. Ich habe wochenlang von diesem Superman der Dialektik geträumt. In Erinnerung blieb auch später, dass man sich Schwarz erarbeiten musste. Wer Schwarz trug, durfte nicht langsam wirken. Brillanz in dieser Antifarbe war Pflicht. Leder mochte, wenn es nicht allzu frühpensionärmäßig als Weste daherkam, unter Literaturwissenschaftlern anschlussfähig sein, aber wir hätten uns nie mit Juristen vermischt. Die männlichen Besucher dieser Fakultät trugen Polohemden und Anzüge, die Frauen weiße Blusen, Röcke und blaue Klubjacken, Segelgarnituren eben. Und wenn wir etwas missbilligten, dann war das, durchs Leben zu segeln. Die Popper waren eine Ausnahme: von amerikanischen Western, englischen Bands und New Yorker Blasiertheit beseelte junge Männer in weißen Oberhemden, leisen Schuhen und Haaren, die tief in die Augen fielen. Popper wie Joachim Lottmann brachten die Dozentinnen unkontrollierbar zum Lachen und schienen alle freie Zeit in Parties und Musik zu stecken. Wenn man von den Klubs erfuhr, die sie frequentierten, waren die schon längst nicht mehr angesagt. Trotzdem konnte es nie schaden, wenn man in einem Vormittagsseminar so aussah, als hätte man die Nacht durchgemacht. Artig gemeinte Kleidung, die man unordentlich trug, verdoppelte ihren Sex-Appeal mit der Desinvoluture des Trägers, jener Überfordertheit, die dem verbogenen Kragen und dem aus der Hose schauenden Hemd eine epische Anziehungskraft verlieh. Wir übrigen, die einfach den Text gelesen hatten, lösten das Garderobenproblem durch eine immergleiche Hose, Jacke, den alten Pullover, und folgten damit einer Einsicht der langjährigen *Vogue*-Chefredakteurin Angelica Blechschmidt, die nur in schwarzen Cocktailkleidern zur Arbeit ging. «Entweder man zieht immer dasselbe an oder man macht jeden Tag Modenschau», war ihre Devise. Heute hat die Modenschau gewonnen. Es gehört zum Ehrgeiz aller trendbewussten Studenten, wie einer von Maos Soldaten auszusehen. Jeder löst das Problem des Nullpunkt-Outfits täglich neu und auf seine Weise. Die Anstrengung, nach nichts auszusehen, ist enorm. Lauter Metaphern auf die horizontale Gesellschaft. Tausend Jeans-, T-Shirt- und Sneaker-Typen, aber immer eine individuelle Mischung. Die Uni ist ernsthaft auf dem Weg, zum Laufsteg zu werden. Ein Cocktailkleid und eine Fönfrisur wären nicht halb so viel Arbeit.

*IH*

KNIGGE – Hinter der Chiffre «Knigge» verbergen sich viele Bücher, aber eines ist verschwunden: Adolph Freiherr von Knigges 1788 geschriebenes Traktat *Über den Umgang mit Menschen.* Es ist unsichtbar geworden in seiner aufklärerischen Reflexion, in seinem Moralisieren, in seiner ebenso brillanten wie bitteren Sozialkritik, welche Knigge aus Beobachtung unvollkommener Zustände infolge unvollkommener Menschen entwickelte. Seine Gesellschaftsethik, wie man mit sich und anderen unter diesen Bedingungen auskommt, formulierte er ohne Prinzipienreiterei. Vieles davon war zeitgebunden, weniges aber oberflächlich. An seinen Stil voller → Witz und Schärfe, durchsetzt mit Bildung und aus Erfahrung gewonnener Anschauung, reicht keine spätere Anleitungsliteratur des 19. und 20. Jahrhunderts heran. Diese langweilt mit trivialer Philosophie, die notwendig zu trivialen Ratschlägen führt (→ Pappritz). Geblieben ist eine kleine Schnittmenge an Prämissen: Der Wunsch zum gesellschaftlichen Aufstieg, der Glaube an den Wert des Sichtbaren (→ Aufhübschen) und die notwendige Illusion der eigenen Formbarkeit. MV

KNÖDELDIAGRAMM – Forschung im Zeitalter der Vernetzung. Ein Knödeldiagramm ist integraler, womöglich kriegsentscheidender Bestandteil eines jeden Antrags auf einen Sonderforschungsbereich, eine Forschergruppe, einen dislozierten Forschungsschwerpunkt (→ Exzellenzcluster). Es soll in graphisch eingängiger Form dokumentieren, wie die verschiedenen teilnehmenden Forscher, vernetzt durch Methoden, Kompetenzen und im Rahmen der Antragstellung imaginierte gemeinsame Interessen, zu Synergieeffekten in ihrer Arbeit gelangen, die den Erkenntnisgewinn aufs Dramatischste beschleunigen. Dazu werden jene, geometrisch wohlgeordnet, in Form von bunten Kreisen (Knödeln) symbolisiert, die wiederum durch eine Vielzahl von Linien verbunden werden. Das Geflecht der Linien steht wie beim Filz für die Stärke des Gewebes und erlaubt Gutachtern wie Förderorganisation, guten Gewissens größere Mengen Forschungsgeldes bereitzustellen. Doch halt! Nur der Laie wird in einer Maximierung der Linienzahl das optimale Knödeldiagramm erblicken. Hier hilft die Shannonsche Informationstheorie, die die Quantifizierung der in zufälligen Symbolfolgen enthaltenen Information erlaubt – die Voraussetzung der Zufälligkeit ist bei den Aussagen über Kooperationen meist in sehr guter Näherung erfüllt: laut Shannon ist das Knödeldiagramm mit maximaler Aus-

sage dasjenige, in dem genauso viele Partner vernetzt wie unvernetzt sind. Zur gefälligen Beachtung bei der nächsten Antragstellung!
*US*

KOHLE – In einem Gewirr von verbeamteten, angestellten, sozialversicherungspflichtigen und sozialversicherungsfreien Tätigkeiten und angesichts der generellen, auch bei Spitzenpolitikern beliebten Vermengung von brutto und netto herrscht bei Betroffenen wie Außenstehenden weitgehende Ahnungslosigkeit hinsichtlich der Verdienstmöglichkeiten als Wissenschaftler. Hier soll folgende kleine Tabelle helfen; bei Verheirateten wurde zur Berechnung des Nettoeinkommens Steuerklasse IV angenommen, also implizit ein ähnliches Gehalt des Ehepartners. Kirchensteuer wurde keine abgezogen. Die erste Summe nennt das monatliche Bruttogehalt, die zweite das Nettogehalt (das in Anbetracht der vielen Faktoren nur ein Anhaltspunkt sein kann). (Noch) gezahlte Weihnachtsgelder wurden auf das monatliche Nettogehalt umgelegt. KV: hier heißt es sich selbst gegen Krankheit zu versichern. Beiträge zur Sozialversicherung (Rente, Arbeitslosigkeit) erfolgen in diesen Fällen keine.
Besondere Berücksichtigung verdienen Vergleiche mit den abgeschafften Besoldungsgruppen C1–C4, nach denen bis zum 31.12.2004 eingestellt wurde und die für die Inhaber «alter» Stellen weiterhin gelten. Die neuen Besoldungsmöglichkeiten nach W1–W3 seit Januar 2005 wurden eingeführt, um die Besoldung von Wissenschaftlern «konkurrenzfähiger» zu machen. *Honi soit qui mal y pense!*

*Student*
- wissenschaftliche Hilfskraft (bei 80 Std./Monat)
  € 633,60 / € 571,82

*Doktorand* (abgeschlossenes Hochschulstudium, ledig, keine Kinder, 24 Jahre)
- im Westen, angestellt nach BAT IIa/2
  € 1434 / € 998
- als Stipendiat der Studienstiftung
  € 1020 / € 1020 (KV)

*Assistent, wissenschaftlicher Mitarbeiter* (abgeschlossene Promotion, ledig, keine Kinder, 28 Jahre)
– im Westen, angestellt nach BAT IIa
€ 3091 / € 1715
– im Westen, verbeamtet auf Zeit, C1 (abgeschafft)
€ 3047 / € 2372 (KV)

Zum Vergleich: Berufsanfänger (ohne Promotion) in den Naturwissenschaften, Ingenieurswissenschaften und Informatik verdienen im Median brutto € 3730 im Monat, 90 % davon brutto über € 3380. Der wissenschaftliche Mitarbeiter, immerhin promoviert, liegt also im Feld der 10 % geringstbezahlten Berufsanfänger.

Erster Schritt zur Vollprofessur ist eine auf maximal 6 Jahre befristete Juniorprofessur. Gelingt es nach Ablauf der 6 Jahre nicht, eine Vollprofessur zu ergattern, findet die wissenschaftliche Karriere ein finanziell überraschendes Ende (brutto gleich netto: € 0).

*Juniorprofessor W1* (abgeschlossene Promotion und besondere wissenschaftliche Leistung, typischerweise mindestens 2 Jahre Erfahrung in einer assistentenartigen Stellung)
– im Osten, 33 Jahre, ledig, keine Kinder, angestellt
€ 3149 / € 1819
– im Westen, 33 Jahre, verheiratet, keine Kinder, verbeamtet
€ 3510 / € 2645 (KV)

Richtig dazu gehört man aber erst als Professor auf einer Dauerstelle: in aller Regel noch als Beamter, doch unter Umständen «nur» als Angestellter, was sich empfindlich bemerkbar macht; dies ist der Fall, wenn die sonstigen Verbeamtungsvoraussetzungen nicht vorliegen oder der Landesgesetzgeber geschlafen hat (Sachsen!).

*«außerordentlicher» Professor W2*
– im Osten, 40 Jahre, ledig, keine Kinder, verbeamtet
€ 3598 / € 2764 (KV)
– im Osten, 52 Jahre, verheiratet, 2 Kinder, verbeamtet
€ 3862 / € 2929 (KV)

*«ordentlicher» Professor W3*
- im Westen, 52 Jahre, verheiratet, keine Kinder, angestellt
  € 4829 / € 2637
- im Westen, 52 Jahre, verheiratet, keine Kinder, verbeamtet
  € 4829 / € 3476 (KV)
- im Westen, 52 Jahre, verheiratet, 2 Kinder, verbeamtet
  € 5009 / € 3598 (KV)

*«ordentlicher» Professor C4* (abgeschafft seit 1.1.2005)
- im Westen, 52 Jahre, verheiratet, 2 Kinder, verbeamtet
  € 6459 /€ 4406 (KV)

Die nach W2/W3 berechneten Gehälter sind Grundbesoldungen, zu denen leistungsorientierte Zuschläge treten können – die allerdings zunächst nicht zur Altersversorgung beitragen und die an vielen Universitäten eher nach Gutsherrenart verteilt werden. Ein weiterer interessanter Aspekt ist, dass die Zulagen *gedeckelt* sind: was Kollege A zusätzlich verdient, kann Kollege B nicht mehr bekommen. Und wenn Kollege C eine Höhergruppierung erhält, müssen Kollege A oder B die Zulagen gekürzt werden (→ Forschungsfront). Selig also sind die Friedfertigen! *US*

KOLLEGE – In der Schweiz ist vieles anders. Da sprechen sogar schon Kindergartenkinder von ihren Kollegen, Jugendliche verabreden sich abends in der Kneipe mit ihren Kollegen, Studierende gehen mit den Kollegen in → Urlaub. Nein bei all diesen Kollegen handelt es sich nicht um Berufskollegen (beunruhigt hatte man sich schon gefragt, ob es in der Schweiz Kinderarbeit gibt). Es geht um Freunde und gute Bekannte. Wie ist es also zu verstehen, so fragte ich mich, wenn ich in einer Fakultätssitzung als «Frau Kollegin» von mir gänzlich unbekannten Personen angesprochen werde. Ist das ein verdecktes Angebot, in den Freundeskreis aufgenommen zu werden? Die mit einer solchen → Anrede einhergehende, typisch schweizerische Distanziertheit und Zurückhaltung ließ mich jedoch vermuten, dass ich hier ausschließlich in meiner Funktion als Arbeitskollegin angesprochen wurde. In den USA hatte mich keiner mit «colleague» angesprochen. Und auch in meinen langen Jahren als wissenschaftliche Mitarbeiterin in Deutschland hatten mich meine Kollegen nicht so genannt. Nun, früher dachte ich, ein Kollege sei ganz allgemein ein Amts- und Berufsgenosse, also ein in derselben Berufssparte arbeitender Mensch. Wenn bei meinen Eltern die Kollegen eingeladen wurden, dann kamen die Mitarbeiter meines Vaters. Nun war mein Vater aber Richter und vielleicht gelten dort ganz andere Regeln als in der Welt der Wissenschaft. Dies zumindest ist mein Eindruck, denn wissenschaftliche Mitarbeiter scheinen keine Kollegen zu sein, auch die Oberassistentin wird so nicht bezeichnet, nein, Kollegen sind nur Professoren zueinander. Ja, die Professoren bilden ja sogar ein Kollegium! Dabei scheint es ganz und gar unwichtig zu sein, ob man zusammen arbeitet, ob man eine Professur für Lateinische Philologie des Mittelalters und historische Hilfswissenschaften mit besonderer Berücksichtigung von Paläographie und Diplomatik hat oder einen Lehrstuhl für Empirische Agrarökonomie. Alle Professoren sind Kollegen. Ein unsichtbares Band verbindet uns (→ Forschungsfront). Das Professorenband. Das hebt uns heraus gegenüber all den kleinen Tröpfen, die (noch) keine Kollegen sind. Aber es ist auch ein großer Gleichmacher, ein Deindividualisierer, denn man hat keinen Namen mehr, man ist der Kollege, die Kollegin. Allerdings, auch dies ist mir schon begegnet, werde ich, als Frau, oftmals aus dem Kreis der Kollegen verbannt, wenn ich ein Schreiben erhalte, das die Empfänger mit den Worten adressiert: «Liebe Kollegen, liebe Alexandra». Tja, da bin ich dann die Alexandra, eine Person aus Fleisch und Blut, während die Männer die Kollegen sind (→ Y-Chromosom). Ist das eine Auszeichnung, dass ich eine Person bin in der Masse der anonymen Kollegen, oder ist das eine Ausgrenzung aus dem hehren Kreis der Kollegen? Ich empfinde eine gewisse Ambivalenz. Wird ein einzelner Mann inmitten eines Kreises weiblicher Kolleginnen auch namentlich hervorgehoben («Liebe Kolleginnen, lieber Hans») oder wäre der Hans dann ein Kollege? Leider konnte ich diese Regel noch nicht überprüfen, da ich in solcherlei Anschreiben bisher immer als Frau in der Minderheit war. Übrigens ist das Ansprechen mit ‹Kollege› ungeheuer praktisch: Man braucht sich keine Namen mehr zu merken. Heimlich habe ich diesen Anrede-Usus überhaupt im Verdacht, darauf zurückzuführen zu sein, dass die gedächtnisschwachen, mit höheren Dingen beschäftigten und daher zerstreuten Professoren sich die Namen ihrer Kollegen einfach nicht merken konnten. Und auch für die Schlussfloskel eines Briefes braucht man nicht mehr zwischen ‹guten›, ‹herzlichen›, ‹besten› und ‹freundlichen› Grüssen zu schwanken und damit Sekunden der kostbaren Arbeitszeit zu verschwenden, sondern kann beherzt mit ‹kollegialen Grüssen› schließen. Ach, ist es nicht schön? Lasst uns alle Kollegen sein, ja? Aber nur die Professoren natürlich. AMF

KOMMILITONE – Ein schrecklich kompliziertes Wort, das in der weiblichen Form Plural eine natürliche Form der Legasthenie mit sich bringt. Dieser Begriff der Studentensprache wurde im 16. Jahrhundert aus dem lateinischen com-milito – «Mitsoldat, Waffenbruder» entlehnt. In der einen oder anderen dramatischen Situation fühlt der Student diese Schicksalsgemeinschaft zwar wieder aufleben, da aber nur noch ein Bruchteil der Studierenden ihr militärisches Können in schlagenden Studentenverbindungen verfeinern und der Schmiss dem Piercing weichen musste, betrachten wir im Folgenden den Kommilitonen semantisch im Sinne von Mitstudent oder Studienkollege. Manche Professoren nutzen den Kommilitonen zur → Anrede in Vorlesungen. Doch warum tun sie das? Sie sind doch weder → Bundesbrüder geschweige denn deren Mitstudenten. Fehlt ihnen vielleicht lediglich der geeignete Sammelbegriff, um all ihre Zuhörer anzusprechen und greifen sie deshalb auf den Kommilitonen zurück? Mitnichten, denn jeder Aushang und jedes allgemein gehaltene Anschreiben der Universitätsverwaltung verrät, dass es einen solchen Sammelbegriff gibt: Studierende! Elegant umfasst dieses Wort Männer und Frauen, ist dabei kurz und benachteiligt niemanden (→ Finnland). Wenn Professoren dennoch «Kommilitone» zur Anrede benutzen, bleibt nur die Erklärung, dass sie sich wohl gern in die Gruppe der Studierenden einbeziehen möchten. Ob das letztlich eine Form von Anbiederung ist oder die Renaissance der vorsokratischen Schule, in der der Meister auf der gleichen Stufe wie seine Schüler stand, darf jeder für sich selbst entscheiden. So oder so: Der Kommilitone verstärkt das Zusammengehörigkeitsgefühl der jeweiligen Fachbereiche. Denn selten wird der Begriff auf Personen angewendet, die nicht dem eigenen Fachbereich angehören.

Studenten benutzen den Begriff kaum. Hin und wieder geschieht es gegenüber der Verwaltung und gegenüber Professoren, um auf einen Mitstudenten hinzuweisen: «Wissen Sie, ein Kommilitone hat das so und so gemacht.» Auch gegenüber Bekannten, die nicht studieren: «Ich habe da einen Kommilitonen.» Untereinander verwenden sie das Wort eigentlich nie. Wozu auch? Es gibt doch Namen! Doch Vorsicht: es ist nicht der gleiche Name, den Studierende untereinander benutzen. Der Professor benutzt den Nachnamen. Ein seltener Klang! War er bis in die 1960er Jahre noch die bevorzugte Anrede der Studierenden untereinander, ist er heute die letzte Festung der Anonymität. Kannte man damals jemanden nur flüchtig, wusste man seinen Nachnamen, der Vorname war Freunden vorbehalten. Heute ist es umgekehrt.

Der Vorname gibt nicht viel über eine Person preis. Er schützt die Privatsphäre (→ Studentenwohnheim). Kennt man hingegen Vor- und Nachnamen, dann *googelt* man den Kommilitonen und der Schleier der Anonymität lüftet sich – bisweilen – per Mausklick. Doch diese Möglichkeit bleibt zumeist dem Kreis der Mitstudenten vorbehalten. Ein Professor an einer großen deutschen Universität ist froh, wenn er sich am Ende des Semesters wenigstens ein paar Nachnamen seiner Kommilitonen merken konnte. *SK*

**KONFERENZ** – Als ich zum ersten Mal zu einer Konferenz fuhr, hatte ich nicht die geringste Vorstellung davon, was ich dort zu erwarten hätte – als ich wieder abreiste, wusste ich, dass sie unglaublich langweilig sein können. Nicht, dass die Vorträge nicht häufig interessant, amüsant, spannend, anregend oder auch so schlecht wären, dass sie schon wieder eine gemeine Freude bereiten. Sie können aber auch nichts von alldem haben. Da gibt es diese Beiträge über abseitige Themen, vorgetragen in schläfrigem Tonfall, illustriert mit gigantischen Tabellen voller winziger Zahlen, die vorzugsweise in grauer Farbe vor grauem Hintergrund präsentiert werden. Aus schwer nachvollziehbaren Gründen finden → Sitzungen mit hohen Anteilen solcher Vorträge meist kurz nach der Mittagspause oder auch an den Nachmittagen statt, zu Zeiten also, in denen gewisse Stoffwechselvorgänge mit der für die Vortragenden erforderlichen Aufmerksamkeit um dieselbe Ressource konkurrieren. In dieser Auseinandersetzung muss letztere nicht selten den Kürzeren ziehen, wie an den dann häufigen Attacken geradezu überwältigender Müdigkeit und den größeren Anteilen offensichtlich schlafender ‹Zuhörer› erkennbar ist. Eine nahe liegende Möglichkeit, einem nicht so dollen Vortrag zu entkommen, ist das Verlassen des Raumes. Diese ergreifen zu können setzt allerdings die Wahl eines geeigneten Sitzplatzes voraus, wobei naturgemäß Gangplätze hervorragend geeignet sind. Nicht überraschend erfreuen sich daher diese stets besonderer Beliebtheit, wie daran erkennbar ist, dass sich die Reihen (bezeichnenderweise ganz anders als im Kino) meist von außen nach innen füllen. Ist die Flucht aus dem Vortragsraum erfolgreich gelungen, stellt sich nur dem Neuling die Frage: «Was nun?» Dieser wird, Interesse vortäuschend, an den Ständen der ausstellenden Firmen vorbeischlendern und sich die Taschen mit nutzlosen Prospekten vollstopfen. Für erfahrene Konferenzbesucher beginnt nun schon eher die *eigentliche* Konferenz: der Austausch mit Kollegen und Freunden (→ Sex), das Wiedersehen alter Bekannter, mit denen man vor lange vergangener Zeit gemeinsame Abenteuer erlebt hat (→ Sit-in), das Schmieden neuer Pläne ...

Ein unvermeidlicher Programmpunkt jeder Konferenz ist der Gesellschaftsabend. Leider steht er in seiner Steifheit oft in einem deutlichem Kontrast zu den (privaten) Aktivitäten an den übrigen Konferenzabenden. Zu dieser Manieriertheit tragen besonders die nur manchmal amüsanten Ansprachen bei oder auch die wild wuchernden Preisverleihungen für besonders gelungene ‹Jungreferentenvorträge› oder das schönste Poster. Besonders unlöblich hervorzuheben sind auch die nahezu unvermeidlichen musikalischen Darbietungen, zumeist akustische Belästigungen sondergleichen, für die auch eine noch so schöne → Tagungsstätte nicht zu entschädigen vermag. RMU

## KONKURRENZ → Urlaub.

## KOSTEN-LEISTUNGS-RECHNUNG (KLR)

«[...] schrittweise eine neue Qualität von Leitung, Planung und wirtschaftlicher Rechnungsführung zu verwirklichen. Eigenerwirtschaftung der Mittel – das ist ein Schlüsselwort für Änderungen, die nicht weniger tief sein werden als die der vergangenen Jahrfünfte. Weit geöffnet wird der Raum für Verantwortung und Eigeninitiative auf dem soliden Boden eines bilanzierten Planes. [...] Das Leistungsprinzip wird zwingender wirken, gute Arbeit sich also immer besser auszahlen.» *(Erich Honecker, Generalsekretär des ZK der SED und Vorsitzender des Staatsrates der DDR: «Durch das Volk und für das Volk wurde Großes vollbracht». Festansprache, 1989).*

Die Ökonomisierung der Gesellschaft macht auch vor den Universitäten nicht halt. Es geht nicht mehr um Erkenntnisgewinn und -vermittlung, sondern um *Output*, Mehrwert und erzielte Synergieeffekte. Unternehmensberater werden angeheuert, um Forschungsinstitute *neu aufzustellen* und Maßnahmen zum *Qualitätsmanagement* zu ergreifen. Zentrales Steuerungselement ist die Einführung von Programmbudgets und Kosten-Leistungs-Rechnung. In den Worten von Hans-Olaf Henkel, dem ehemaligen Präsidenten der Leibniz-Gemeinschaft (und des BDI), führen Programmbudgets «Informationen über erbrachte und geplante Aufgaben, Arbeitsziele und -ergebnisse mit Angaben zum jeweiligen Ressourceneinsatz der dafür verantwortlichen Arbeitseinheiten zusammen.» Ganz praktisch bedeutet dies, dass die Wissenschaftler nun in guter realsozialistischer Manier jedes Jahr angeben müssen, wie viele Produkte (Publikationen) sie im *übernächsten* Jahr abzuliefern gedenken. Zusätzlich müssen alle Mitarbeiter an Instituten, die KLR und Programmbudgets eingeführt haben, nun genau darüber Buch führen, wie viele Stunden sie jeden Tag für welche Tätigkeiten aufwenden. Zur Auswahl stehen zum Beispiel

‹Ref.-u. Lehrtät./Berat./Networking›, ‹Management u. Administration›, ‹Evaluation› sowie die verschiedenen Forschungsprojekte. Wem hier allerdings was in Rechnung gestellt werden soll, bleibt völlig unklar; die eingesetzten Personal- und Sachmittel stehen ja von vorneherein fest. Auch scheint – weitaus grundsätzlicher – dieses Verständnis vom Wert «erzielter Arbeitsergebnisse» der Wissenschaft doch völlig wesensfremd zu sein. Bleibt zu hoffen, dass es bei regelmäßiger Planübererfüllung demnächst wenigstens wieder hübsche Orden geben wird. JF

KRITIK – Gibt es nicht (mehr). Es gibt nur kritische Anmerkungen, Vorschläge. Keine Kunst der Beurteilung. Die Bewertung eines wissenschaftlichen Werks verschwindet in der → Rezension(sethik). Nur Paraphrasen bekommt man geboten in den Besprechungsteilen der Fachzeitschriften, Paraphrasen mit kritischen Einsprengseln. Am Ende wird das besprochene Werk doch als Fortschritt gelobt. Jedenfalls wird niemals geschrieben: Das vorliegende Werk ist schlecht, so schlecht, dass es das Lesen nicht lohnt. Als ob es nur gute oder jedenfalls annehmbare Bücher gäbe. Als ob in der Welt der Wissenschaft Kritik an keinem, jedenfalls fast keinem Buch haften bleiben könnte. Als ob die meisten wissenschaftlichen Bücher nicht fade, langweilige Aufgüsse wären. Als ob alles mehr oder weniger gut wäre, jedenfalls nicht schlecht. Kritiker, wo seid Ihr? Ihr seid nicht nur nicht da, weil Ihr zu jung seid und es nicht wagt, den Älteren zu sagen, was nicht, aber auch was (!) in ihren Büchern steht. Wenn Ihr alt geworden seid, werdet Ihr genauso wenig dazu sagen. Ihr seid feige, es mangelt Euch an Zivilcourage, Ihr habt euch schon mit dem ersten → Scheinerwerb im System eingenistet und das Nest wird Euch bis zur → Abschiedsvorlesung und darüber hinaus wärmen. Nicht beschmutzen wollt Ihr die Behausung, nicht beflecken den Fortschritt auch noch der kleinsten Provinz des scientifischen Kosmos. Ihr merkt nicht einmal, dass der Schmutz, dieser Wust des Abgeschriebenen, Umgeschriebenen, Fortgeschriebenen Euch schon längst überlagert hat. Nichts sagt Ihr zum → Wiederkäuen, kaut Ihr doch immer noch und noch und immerfort. Kritik ist nötiger denn je. Starke, ungerechte, ungeschützte, ehrliche Kritik. Der Mut und → Witz hat Euch verlassen. Früher im 19. Jahrhundert, da habt Ihr noch kübelweise Kritik auf Eure Fachgenossen ausgeschüttet. Der Kommunikation hat es nicht geschadet. Heute gibt es nur noch geistlose, endlose Fachgenauigkeit produzierende → Langeweile. Heute entspricht die «Kritik» endlich den «kritisierten» Büchern. Ödnis trifft auf Ödnis. Wo seid Ihr? Wo sind die Kritiker geblieben? Man muss eine Zeitschrift gründen. Es werden nur Kritiken geschrieben. Von Kritikern. Der Name? Es kann nur einen geben: K. *RMK*

# L

LABOR – Labore sind Orte unsichtbarer Vorgänge. Messen bedeutet, sinnlich nicht direkt Erfahrbares erfahrbar zu machen. Vieles von dem, was sich im Labor abspielt, hat etwas von Zauberformeln: es wird zusammengemischt, aufgeheizt, getrennt, gewartet, gerührt, geschleudert, wieder getrennt. *Erfolg* zeigt sich unter Umständen am Ende in so etwas Unscheinbarem wie einem kleinen, diffusen Fleck auf einer gallertigen Fläche (→ Y-Chromosom). Die meisten Schritte entziehen sich einer direkten Kontrolle, ob der entsprechende Vorgang gelungen ist. Erst ganz zum Schluss wird das Unsichtbare sichtbar und man weiß, ob man die Zeit anstatt hochkonzentriert im Labor ebenso gut am Strand hätte verbringen können.

Dieses Warten, Hoffen und Bangen zeichnet die experimentelle Arbeit zumeist aus. Je nach Versuch können das Minuten sein, aber auch Tage oder Wochen. Ein sehr großer Teil der Arbeit im Labor besteht daraus, diejenigen Glieder der Kette ausfindig zu machen, die nicht wie geplant funktionieren: Habe ich einen

Denkfehler gemacht? Unsauber gearbeitet? Eines der eingesetzten Geräte könnte nicht funktioniert haben oder eine der verwendeten Lösungen war zu alt.
Sicher auch aufgrund dieser Unwägbarkeit hat sich eine Art Mythos um das experimentelle Arbeiten entwickelt: da wird gerne von den großen Meistern geschwärmt. Wie so oft spielt hierbei das Ausblenden der negativen Seiten – die ungeheuer aufreibenden Misserfolge – eine große Rolle. Das kann auch Stoff für Missverständnisse zwischen Betreuern, deren eigenes praktisches Wirken sich eher in der rosagefärbten Erinnerung ansiedelt und den «Arbeiterbienen» der Wissenschaft, den Doktoranden und jungen Postdocs sein. Manches, bei dem sich später fast unbezwingbare Hürden ergeben, wurde vorher als «ganz einfach» beschrieben.
Dennoch lebt das Arbeiten im Labor auch im positiven Sinne gerade von dieser Spannung. Kaum jemand, der nicht selbst Laborerfahrung hat, wird sich vorstellen können, wie sehr man sich über das Auftauchen der baumartigen Struktur einer Nervenzelle unter dem Mikroskop freuen kann. Leuchtend tauchen die kleinsten Verästelungen auf und man zeichnet die Spuren des leuchtenden Farbstoffs auf einem Blatt nach, um das Gelingen des Experimentes zu dokumentieren – bisweilen mit freudig zitternder Hand. JH

LANGEWEILE – Es gibt Aufsätze, die man nicht lesen will. An dem behandelten Thema arbeitet man gerade selbst, das Gesagte des zu lesenden Aufsatzes muss berücksichtigt werden, gehört in den Forschungskontext eingeordnet, die dort vertretene Argumentation *muss* widerlegt werden. Der Aufsatz verrät sich gleich als der Schule von W zugehörig und verwendet folgerichtig die Methode, mit der alle dieser Schule Zugehörigen zu arbeiten pflegen.
Es ist ein Detail. Das Detail wird ausgeführt auf zwanzig Seiten. Eigentlich muss das Elaborat daher gar nicht gelesen werden. Es genügt völlig, wenn man den Aufsatz bis zu dem Detail «querliest». Der Ansatz ist derselbe wie bei U, die → Sprache erinnert an T, die Methode ist sowieso bekannt und der Dank gilt X Y Z, die das Thema erst zu einem solchen gemacht haben.

Vielleicht reicht es, wenn das Detail gegen Ende der eigenen Überlegungen eruiert und in der Argumentation berücksichtigt wird. Ein Detail, ein Detail! Lassen wir es vorerst. EME

LAUDATIO – «Naja, sind ja doch 'ne ganze Menge Leute gekommen. Wahrscheinlich, weil's hinterher was zu saufen gibt. ... Die Stühle sind noch genau so unbequem wie früher, und die Fenster hätte auch jemand putz ... Na, der hat ja einen ganz besonders feinen Schlips um heute! ... Natürlich, erst kräftig ins Mikrophon husten! Ob er wohl diesmal richtig abliest? Hätte inzwischen auch das Freisprechen lernen können. Aber er musste ja schon als Student alles ablesen. ... Also eine ‹Laudatio› soll das werden. Was der da von sich gibt, ist aber auch ziemlich lau. ... Na gut, da hat er recht! Aber ich war nicht ein Jahr → btA, sondern anderthalb. Hätte mich wenigstens fragen können. Weiß sowieso nicht, wo er das alles her hat. Sicher meine Frau gefragt (→ Professorengattin). Vielleicht sogar die Exe. Oder Inge? Die haben ihm mit Sicherheit Sch ... Auf mein Buch über die Butaratuski geht er dagegen natürlich nicht ein. Da hatte ich ihm ganz schön eine reingewürgt. Von Erfolgen hält er eben nichts. Und er sähe es natürlich gern, wenn ich mich jetzt aufs Altenteil zurückzöge (→ Abschiedsvorlesung). Dann hätte er freie Bahn und könnte sich noch mehr aufspielen. ... Wenn ich Pech habe, hält er dann wieder dieselbe Laudatio, wenn ich abgenibbelt bin. Komisch eigentlich, wofür alles man *laudationes* kriegen kann. Eben dachte ich noch, das alles sei doch das typische Gerede, wenn man einen endlich los wird. Aber auch für 'nen Ehrendoktor muss man ja so was über sich ergehen lassen oder für 'nen → Preis. 'N Preis wär' mir sowieso lieber gewesen. Am besten Nobelpreis, da ist das Preisgeld am höchsten. Dann kriegt man wohl auch so eine Nachrede. Richtig, vielleicht könnte man Laudatio mit «üble Nachrede» übersetzen? Wer will schon einen anderen höher schieben als sich selbst? ... Na, die Aufzählung hätte er sich auch sparen ... Ganz recht, das ist bloß eine kleine Auswahl! ... Eigentlich besser, wenn man dann die letzte Laudatio kriegt (→ Nachruf). Denn

da gilt ja wohl *nihil nisi bene.* Ganz Abgetretene stören eben nicht mehr.
Naja, war ja eigentlich ganz nett! Nun muss ich auch noch zu ihm und *laudare necesse est* machen.» HF

# M

## MÄNNER

F. K. Waechter, Schwanzvergleich (1989) FKW

**MATTHÄUS-PRINZIP (MT 13, 12; MT 25, 29)** – Wer kennt ihn nicht, den Kollegen, dem alle, aber auch wirklich alle → Preise und Auszeichnungen verliehen werden, der Manuskripte mit derselben Rate publiziert wie andere Leute Ablehnungen einsammeln, dessen Projektanträge nicht nur im ersten Rutsch gleich durchgehen, sondern immer auch ohne Abstriche finanziert werden, der beiläufig erzählt, dass er von dieser oder jener Stiftung gefragt worden sei, ob er nicht ein Mehrmillionenprojekt möchte, der von *Science* und *Nature* inzwischen sogar schon angefragt wird, ob er nicht wieder eine interessante Arbeit einzureichen habe ... Ja, wer kennt ihn nicht. Seine Arbeit, man muss es neidvoll zugestehen, ist wirklich gut. Aber sie war am Anfang auch nicht so viel besser als die der anderen. Nur dass er, ganz nach dem Matthäus-Prinzip eben, irgendwann mal einen unbenommen sehr guten Artikel (aber eben auch nicht gerade einen das Fach revolutionierenden, sondern eine ordentliche, sehr ordentliche, schöne und interessante Arbeit, von denen es sehr viele gibt) publizierte und dann von seinem Mentor (→ Silberrücken) für einen renommierten Nachwuchswissenschaftler-Preis *gepusht* wurde – da, ja da fing alles an. Naja, nicht wirklich – es fing natürlich schon viel früher an, bei der Studienstiftung, wo er in jungen Jahren lernte, sich unter den → Schwerstbegabten des Deutschen Volkes zu bewegen und gelehrt über dies und das zu disputieren. Das hat geholfen, keine Frage, aber mehr so allgemein, es hat den Stein noch nicht ins Rollen gebracht. Das war der Preis, der Preis aufgrund des guten – aber eben auch nicht genialen – Artikels. Denn nun war plötzlich mehr Aufmerksamkeit in der Fachwelt da, wurde der Artikel wegen des Preises mehr gelesen und zitiert, da wurden die Altvorderen auf den noch jungen Wissenschaftler aufmerksam, der Name war einem bekannt («Der muss doch ein → guter Mann sein, warum sollte ich ihn sonst kennen?») und kam bei der Überlegung für den nächsten Preis auch leichter in den Sinn. Und so kam ein Preis zum andern. Und wer mag schon einem derart Preisgekrönten einen Forschungsantrag verweigern? Nein, wer in seinem Fach so anerkannt ist, den wollen auch die Forschungseinrichtungen fördern, denn der muss ja gut sein. Und das ist er ja auch. Denn er setzt das Geld, das er bekommt, in Publikationen um. Hilfskräfte kann er einstellen von dem Geld, die die fieselige Kleinarbeit machen, mit denen sich so mancher auf derselben Karriere-Stufe noch immer abquält, eine Forschungsassistentin nimmt auch viel Arbeit ab, und so bleibt mehr Zeit zum Schreiben und zum Publizieren. Und wer viel publiziert, der kriegt auch mehr Preise und Gelder und kann sich noch mehr Hilfskräfte und Doktoranden und Forschungsassistenten leisten und damit noch mehr publizieren und noch mehr Preise und noch mehr Gelder erhalten und davon noch mehr und mehr und mehr und mehr und mehr ... AMF

MENSA – Rund 18 Semester – und damit fast ein Drittel seines Studiums – verbringt der deutsche Durchschnittsstudent in der Mensa. Hier steht er in der Schlange, exzerpiert auftragsgemäß den neuen Ikea-Katalog und bekommt schließlich auf einem schäbigen Plastiktablett die verdiente Quittung für sein nutzloses Dasein serviert: eine übel riechende Ansammlung grellfarbiger Häufchen.
Doch darf man Studenten, nur weil sie arbeitsscheues Gesindel sind, ohne ihr dürftiges Wissen als billige Abfallverwerter für die fleischverarbeitende Industrie einsetzen? Darf man ihnen BSE, Gammelfleisch und Vogelgrippe über die Mensatheke zuschieben? Wir meinen: lieber nicht! Schließlich werden diese Leute später noch als Taxifahrer gebraucht. MAS / BS

MENTORING – Bezeichnet die Weitergabe von beruflichem – insbesondere auch informellem – Wissen und Fertigkeiten durch eine erfahrenere an eine unerfahrene(re) Person (als Mentee bezeichnet) zur Förderung derer beruflicher Karriere. Der Mentor/die Mentorin soll seiner Mentee nicht neutral gegenüberstehen, sondern diese möglichst engagiert durch die Einführung in berufliche Netzwerke sowie praktische Verhaltens-Tipps (→ Soft Skills) fördern und damit einen Zugang zu höheren Positionen ermöglichen. Auf keinen Fall soll das Verhältnis zur Entmachtung der Mentoren durch Übernahme derer Position durch den Mentee führen. Merke: Machtgefälle müssen unbedingt erhalten bleiben! Sonst kann der/die Mentor/in ungemütlich werden und die beruflichen Netzwerke gegen die geförderte Mentee einsetzen. Insbesondere bei Frauen, die es an die Spitze geschafft haben (→ Finnland), ist Vorsicht geboten, keine Konkurrenz aufkommen zu lassen, da diese meist sehr viel härter arbeitend und unter größeren Opfern auf ihre Spitzenstellen gekommen sind als vergleichbare → Männer, und nicht beabsichtigen, sich den Platz streitig machen zu lassen (→ Queenbee). Bei männlichen Mentoren (→ Silberrücken) ist zu beachten, dass es sich negativ für die Mentee auswirken kann, den guten Rat des Mentors nicht anzunehmen. Merke: Er weiß es doch wirklich besser und hat diesen Vorsprung an Erfahrung, den eine Mentee einfach niemals wettmachen kann.

Will die Mentee besonders nachhaltig und langfristig von dem Mentor/der Mentorin profitieren (im Allgemeinen charakterisiert durch so genanntes Strippenziehen bei Stellenbesetzungen, beim Beschaffen von Einladungen zu Kongressen, Tagungen oder zu Kapiteln in Herausgeber-Bänden), empfiehlt es sich, der Mentorin/dem Mentor bei jeder Gelegenheit zu danken, dass man ohne sie/ihn niemals da wäre, wo man ist. (Und Hand aufs Herz: Ist doch auch wahr, oder?)

AMF

**MODE** – Die Wissenschaften haben es nicht mit der Mode, sondern nur mit der Wahrheit zu tun. – Das jedenfalls sagten und hörten sie gern. Doch unter den Geistes- und Sozialwissenschaften gibt es mittlerweile nicht nur solche, die selbst zur Mode wurden (wie etwa in den sechziger Jahren die Soziologie, in den siebziger Jahren die Linguistik, in den achtziger Jahren die Informatik oder die Betriebswirtschaftslehre); es gibt vor allem auch Wissenschaftsmoden. Und die, so scheint es, schießen in jüngster Zeit besonders wild ins Kraut: Diskursanalyse, Theorie der Intertextualität, Interkulturelle Literaturwissenschaft, Cultural

Studies, New Historicism, Gender Studies, Kulturen des Performativen, Kommunitarismus, Chaostheorie, Theorie der Fraktale, Ökologische Ethik, Autopoiesis, Selbstorganisation, Künstliche Intelligenz, Neuronale Netze, Human Resources, Lean Management, Total Quality Management, Global Resourcing, Virtual Corporation ... Die Liste ließe sich verlängern. Wen sie ratlos macht, der darf getrost darauf vertrauen, schon in wenigen Jahren mit einer anderen Liste konfrontiert zu werden, von der er ebenfalls nichts versteht.

Wenn ein Wissenschaftler von den Moden seines Faches oder benachbarter Fächer spricht, dann zählt er sich beinahe stets zu jenen, die diese Moden verachten. Er begegnet ihnen mit Hochmut und Herablassung. Dem blinden Glauben an ihre im Augenblick Erfolg versprechenden Schlag- und Stichworte setzt er einen oft ebenso blinden Zweifel entgegen (→ Kleinbürgertum).

Als Wissenschaftler gegen die Moden zu sein ist also billig und recht. Schwer aber fällt es, Einigkeit darüber zu erzielen, wann und mit Bezug worauf etwa in den Geistes- und Sozialwissenschaften überhaupt von Moden die Rede sein kann. Eine gewisse Uneinigkeit darüber, was als Mode zu betrachten ist, scheint durchaus zu deren Begriff zu gehören. Denn meist wird dieser Begriff nur herabwürdigend oder gar wegwerfend gebraucht. Man setzt ihn ein als Exklusivkriterium, nach dem als Mode immer das anzusehen ist, was gerade die anderen tun oder treiben. Kaum jemand nähme gern für sich selbst in Anspruch, einer Mode zu folgen.

Offenbar ist die Entstehung von Moden in den Geistes- und Sozialwissenschaften letztlich ein Zerfallsprodukt von deren eingeschränkter Wahrheitsfähigkeit. Sobald es nicht mehr nur die eine Wahrheit geben kann, soll oder auch darf, entwickeln sich mit den bis weit in die Wissenschaften hinein wirksamen Ideologien scharf gegeneinander konkurrierende Wahrheitsansprüche. Es beginnt dann die Zeit der Weltbilder. Und die haben die Tendenz, einander bis aufs Blut zu bekämpfen. Sobald allerdings auch ihre Überzeugungskräfte zu erlahmen beginnen, schlägt die Stunde der Wissenschaftsmoden.

Die heutigen Wissenschaftsmoden geben sich gern sanft und schwach konturiert, vielleicht gar ein wenig anarchisch, jedenfalls frei und tolerant oder bunt. Und nach außen hin sind sie das meist auch. Erstaunlich gering ausgeprägt ist ihre Bereitschaft zu Argumentation und → Kritik. Viele von ihnen erschöpfen sich in der Darstellung ihrer leuchtenden Oberfläche. Durch sie (und weniger durch die Kraft von Negationen) distanzieren sie sich vom herrschenden Wissenschaftsbetrieb.

Allerdings kommen auch Wissenschaftsmoden nicht ohne sanften Zwang aus. Jacques Lacan, selbst ein Modeschöpfer von Gnaden, sprach geradezu vom «arbitraire procustéen de la mode». Er fand damit eine treffende Formulierung; sie bezeichnet exakt das Ineinander von Beliebigkeit und Zurichtung, das auch für die neuesten Wissenschaftsmoden charakteristisch bleibt. Denn sie können zwar leicht den Eindruck erwecken, als sei in ihnen jederzeit alles möglich. Aber dieser Eindruck trügt. Auch in den Wissenschaften sind Moden nicht einfach nur arbiträr. Sie müssen darüber hinaus an ästhetisch bedeutsame Lockungen gebunden sein. Zwar wollen sie harte Wahrheitsfragen als untunlich oder abwegig ausklammern. Aber den sanften Zwang ästhetischer Attraktion müssen sie umso nachhaltiger einsetzen. Gerade in den Wissenschaften leben Moden von ästhetischer Exklusivität (→ Eitelkeit). Sie bieten den Schein von Innovationen, die gleichzeitig individuell gelten und kollektiv wirken. Und dies umso mehr, als sie kaum begründungsbedürftig erscheinen. Wie jede (auch die wissenschaftliche) Mode so tut, als wäre sie die letzte, so muss sie auch, obwohl man es besser weiß, den Eindruck erwecken, sie sei die einzige.

Moden dienen nicht nur dem schönen Schein, sondern sie befördern immer auch eine Angst, die sie zugleich zu bewältigen vorgeben: die Angst, den Anschluss zu verpassen und nicht mehr mitzukommen. Jede Mode überfordert den, der ihr folgt – und fängt ihn doch auch ab. Da die Wissenschaften angelegt sind auf eine Selbstüberschreitung erreichter Positionen durch deren Widerlegung, erzeugen sie eine strukturelle Schwäche bei denen, die in ihnen arbeiten. Sie werden die → Angst kaum los, nicht mehr ernst genommen zu werden. Diese Angst fördert die billige Bereitschaft zum *sacrificium intellectus* selbst dann, wenn die hinter ihr lauernde Ahnung nicht abzuweisen ist, dass es gar nicht mehr um die angeblich durch eine Mode zutage geförderten Erkenntnisgewinne, sondern nur noch ums Mitkommen geht.

Angesichts dieses Problems eignen sich Wissenschaftsmoden als vorzeigbare Nachweise eines scheinbar erreichten Erkenntnisvorsprungs (→ Forschungsfront). In der konkurrenten Welt der Wissenschaft dienen sie einem krampfhaft verbrämten «Sich-wichtig-Nehmen» (Max Weber). Sie verheißen zuweilen besondere Distinktionsgewinne durch Unverständlichkeit sowie Profilierung durch eine Terminologie, in der Dunkelheit vom Marktgeschrei (→ Gackern) durchsetzt wird.

Der Zwang zum Wechsel, dem die Moden unterliegen, fördert leichthin die Geschwindigkeit ihrer Innovationen. Sie erzwingt in der Theorie wie in der Welt der Waren eine gewisse Billigkeit der Modeartikel. Und die steigt mit dem Tempo der Veränderung, der diese Artikel unterworfen werden. Die Folge ist eine rasante Kurzatmigkeit (→ Exzellenzcluster) sowie eine enorme Vergesslichkeit der Mode gegen ihresgleichen. Durch sie machen Moden dem Opportunismus das beste Gewissen.

Wenn einer witzigen Bestimmung Walter Benjamins gemäß die Mode «die ewige Wiederkehr des Neuen» ist, so wird doch längst nicht alles Neue auch gleich zur Mode (→ Denkstil). Darum geht es nicht an, die Moden unter diesem Aspekt zu kritisieren. Wer das Neue als «nur modisch» diskreditiert, der gehört an den Biertisch, nicht in die Wissenschaft. Denn die darf sich nicht mit der Pflege des Bekannten und Bestehenden bescheiden. Auf einen Erkenntnisgewinn durch Innovationen kann sie selbst dann nicht verzichten, wenn klar ist, dass die Förderung von Forschungsprojekten oft wenig mehr ist als subventionierte Wichtigtuerei. Jede neue Erkenntnis unter den Verdacht einer schicken Beliebigkeit zu stellen, nur weil auch die Mode mit dem Neuen paktiert, wäre reaktionär.

*KL*

# N

NACHRUF – Nirgends wird so viel gelogen wie vor der Wahl, während des Krieges und nach der Jagd. Bismarck soll es gesagt haben, und auf allen drei Schauplätzen kannte er sich aus. Möglich, dass auch bei Kontaktanzeigen, vor Trauzeugen, beim Angeln und im Internet viel gelogen wird. Aber mit Sicherheit auch bei Nachrufen.

Spätestens mit dem Tod wird das wissenschaftliche Werk Geschichte und verfällt der Dekomposition. Die Witwe – heute noch eher selten: der Witwer – räumt nach einer gewissen Frist die Regale und bietet die → Privatbibliothek oder den sonstigen Nachlass dem Institut oder den Antiquariaten an. Gleichzeitig schreiben die Schüler oder Kollegen die Nachrufe. Dazu sammelt man zunächst die akademischen Stationen. Es empfiehlt sich, mit der Landschaft zu beginnen, die den Verewigten unauslöschlich geprägt hat. Dann folgt das mit Auszeichnung bestandene Abitur, die Studienzeit und die quasi nebenbei erledigten Examina, der Einfluss des akademischen Lehrers und (kurzes Innehalten) das erste wissenschaftliche Werk. Dann geht es rasch voran, die Habilitation («ein immer noch, ja heute erst recht aktuelles Werk»), der erste Ruf, die Heldentaten und die bekleideten Ämter vor Ort, die nächsten Rufe und Ehrenämter, die außerordentliche Beliebtheit bei Studierenden und Kollegen, das Ausgreifen der Aktivitäten ins Internationale, die Vortragsreisen, weitere Werke (manche von ihnen freilich schon den Stempel der Vergänglichkeit an der Stirn tragend, aber doch irgendwie «zeittypisch»), nun zunehmend Ehrenämter, Ehrendoktorate, Verdienstorden.

Ein weiteres Innehalten: Der wohlverdiente Ruhestand, die Familie, die letzten Arbeiten, die Rückkehr in die Landschaft, aus der alles kam – und sei es nur mit einer Zweitwohnung. Am Ende die Liebhabereien, der Kontakt mit den Schülern, die Freude über

die Festschrift zum 70. und zum 80. Schließlich der sanfte Tod. Nichts Dramatisches, nicht etwa «von den eigenen umstürzenden Bücherregalen erschlagen» oder gar indezente Bemerkungen, sondern Ruhe und Frieden allerseits. Zerwürfnisse mit der Fakultät werden ebenso wenig erwähnt wie das Vergessenwerden zu Lebzeiten, auch nicht die schwer erträglichen Vorlesungen mit ihren ewigen Wiederholungen oder die Tatsache, dass eigentlich nach Dissertation und Habilitation nichts Wesentliches mehr gekommen ist. Die Verfasserin/der Verfasser eines Nachrufs sollte Manieren beweisen: Es wird nicht gelogen, aber es wird auch nicht alles ausgesprochen. Sanfte Adjektive sind erlaubt. Schmähkritik ist untersagt (dann lieber gar kein Nachruf), doch ein kleines ironisches Funkeln unter der Rubrik «liebenswürdige Eigenheiten» ist durchaus möglich, allerdings nur eine Prise – wie in der Haute Cuisine.
Der Sekretär der Bayerischen Akademie, Friedrich Schlichtegroll, wurde bekannt als Verfasser des jährlich erscheinenden Nekrologs bekannter Zeitgenossen. Friedrich Schiller lieferte dazu das Distichon:

*Schlichtegroll der Totengräber*
Weislich hast Du den Kiel mit der Spade vertauscht
Wer sich lieset in Dir, liest sich zum Glücke nicht mehr. MS

NACHSITZUNG – Gemeinschaftliches Abendessen im Anschluss an einen Gastvortrag. Gemeinsame Nahrungsaufnahme ist in allen Kulturen ein Mittel der Versicherung gegenseitiger Achtung, Sympathie, gar Freundschaft (→ Balkan). Da die meisten Kollegen entweder an ihren Schreibtisch zurückkehren wollen (→ Langeweile) oder familiäre Verpflichtungen haben (→ Kinder), oftmals auch gar nicht wissen, was sie mit dem Gast einen Abend lang bereden sollten, finden sich trotz der mit Emphase vorgetragenen Einladung («everybody welcome») Vortragender und Einladender oft in trauter Zweisamkeit wieder, allenfalls verstärkt durch vom Einladenden abhängige Mitarbeiter und im Vorfeld hinreichend unter Druck gesetzte Kollegen.

Vorgeblich, um «auch Studenten die Teilnahme zu ermöglichen», eigentlich jedoch, weil deutsche Universitäten aus haushaltsrechtlichen Gründen keine Etats für die Bewirtung von Gästen bereithalten dürfen, die Gastgeber aber noch ein Reihenmittelhaus abbezahlen müssen (→ Kohle), fällt die Wahl durchwegs auf Gaststätten einfacherer Art; aufgrund des «guten Preis-Leistungsverhältnisses» geht man meist «zum Italiener» (Pasta und Pizza; kein Fleischgericht). Die Konversation bei Tisch setzt, auch mangels anderer echter Gemeinsamkeiten, das Fachgespräch vom Nachmittag fort; nicht nur wegen der oft geringen, wenig differenzierten sprachlichen Schnittmenge der Konversanten (→ Englisch) verläuft sie mitunter schleppend. Menschheitsuniversalia wie *money, women* (bei jüngeren Naturwissenschaftlern) und (manchmal – jedoch bloß nicht gegenüber US-Amerikanern!) *politics* helfen dann aus.

Die Begleichung der Rechnung gibt abschließend Gelegenheit, mathematische Grundkompetenzen unter Beweis zu stellen, da die Beträge centgenau aufgesplittet werden – und zwar zu Recht, weil es, wenn jeder von sich aus «seinen Anteil und etwas für das Trinkgeld» hineinlegt, meist nicht einmal für den Ausgangsbetrag reicht. Der Gast wird nicht immer eingeladen. Großzügige Trinkgelder ab 10 Cent – oft in inversem Verhältnis zu den Gehältern – runden den Bezahlungsvorgang ab. Schließlich drückt der Kredit fürs Reihenmittelhaus.

US

NACHWORT (auch: Epilog, Postskriptum) – Wenn einem Autor das → Vorwort nicht genügt, kann er im Nachwort noch ergänzen. Da bieten sich – wohldosiert – Hinweise auf Geschichte der Fertigstellung, Einfluss und Erfolg des Werkes und seines Verfassers an. Es steht allen zur Verfügung, die nicht an sich halten können und den rechtzeitigen oder endgültigen Schlussstrich verpassen.

Eine treffende Parodie auf das wissenschaftliche Postskriptum hat Kurt Tucholsky 1916 in seiner Stilanalyse *Die letzte Seite* verfasst. In der Gattung «professorale Reisebeschreibung» folgt auf das letzte Wort des Autors noch ein allerletzter Hinweis, mit dem der

Autor den wohlgesetzten Schluss des eigenen Buches ruiniert: «Bemerkt mag noch werden, dass der auf Seite 154 erwähnte mittlere Fliegenpilz auch in Deutschland beobachtet worden ist. So hat nach einer Mitteilung Schaedlers im ‹*Geographischen Wochenblatt*› ein Lehrer in Meißen einen solchen gefunden und auch bestimmt.» BB / MV

NATURE PAPER (wahlweise auch: *Science Paper*) – Publikation in anzeigenfinanziertem naturwissenschaftlichem Journal mit hohem *impact factor* (→ SCI). *Nature Paper* erregen ein meist unverhältnismäßig großes Interesse der Medien, angetrieben von einer professionell operierenden Presseabteilung, die Presseerklärungen zirkuliert und ausgewählten Journalisten die Gelegenheit zu Vorab-Interviews verschafft. Obwohl es keine direkten Belege gibt, ist zu vermuten, dass sich die gegenseitige Abhängigkeit von Wissenschaftsredaktionen und den Herausgebern von *Nature* auf die Veröffentlichungspraxis auswirkt, denn für einen Artikel auf der Wissensseite eignen sich Themen wie Sex, Schimpansen oder schwarze Löcher eher als das Paarungsverhalten der Nacktschnecke. Es heißt, sowohl die besten als auch die schlechtesten *Paper* erschienen in *Nature*. Unabhängig davon sind *Nature Paper* wegen der großen Öffentlichkeitswirkung ausgesprochen prestigeträchtig. Man muss die neueste Ausgabe natürlich gelesen haben und in gewissen Kreisen gehört es zum guten Ton, schon wenige Stunden nach dem Erscheinen der Online-Ausgabe auf das eine oder andere dort veröffentlichte *Paper* aufmerksam zu machen (→ Gackern). Kollegen reagieren auf die Veröffentlichung mit Glückwünschen («welcome to the club!») oder Hinweisen auf die erratische Publikationspraxis (s. o.), manche auch mit unverhohlenem Neid.

Es soll tragische Fälle von Forschern geben, deren einziges Ziel war, auch einmal ein *Nature Paper* zu ‹haben› und denen dies verwehrt blieb. Sie trösten sich damit, dass am Revers zu tragende Abzeichen, die die Anzahl der *Nature Paper* kennzeichnen, noch nicht im Handel erhältlich sind. JF

**NEKROPHILIE** – Im engeren und ursprünglichen Sinne (griech. *nekros* – Leichnam, *philia* – Neigung, Liebe) die Liebe zu einem männlichen oder weiblichen Leichnam.

In der romantischen Version erscheint Nekrophilie als leidenschaftliche Nichtakzeptanz des eingetretenen Todes der geliebten Person, als Verlängerung der Beziehung, ohne Rücksicht auf die physischen Erscheinungen der Vergänglichkeit, gegebenenfalls bis zum eigenen Hinscheiden des Liebenden. Heinrich Heine hat diese Form der Nekrophilie ebenso ironisch wie unübertrefflich gezeichnet:

> Mein süßes Lieb, wenn Du im Grab,
> im dunklen Grab wirst liegen,
> dann will ich steigen zu Dir hinab,
> und will mich an Dich schmiegen.
> Ich küsse, umschlinge und presse Dich wild,
> Du Stille, Du Kalte, Du Bleiche,
> ich jauchze, ich zittre, ich weine mild,
> ich werde selber zur Leiche. […]

Die sexualpathologische Version der Nekrophilie gibt sich an der nachdrücklichen Betonung der sexuellen Komponente einerseits, der Beliebigkeit des Objektes der Zuneigung andererseits zu erkennen. Im Extremfall bemächtigt sich der/die Nekrophile nicht bloß einer attraktiven Leiche an geeignetem Ort (Beerdigungsinstitute, Friedhöfe, anatomische oder pathologische Anstalten usw.), sondern tötet das Opfer seiner/ihrer Leidenschaft, um sich alsdann in den ersehnten sexuellen Genuss zu bringen. Letztere Veranlagung wird in allen Ländern (als Mord oder Tötung) verfolgt; erstere gilt in einigen als Geschmacksfrage, andere bestrafen sie als Schändung des Leichnams.

In einem erweiterten Sinne verwenden psychologisierende Historiker den Ausdruck «Nekrophilie», wenn sie etwa Adolf Hitler als nekrophil bezeichnen, um ihre Meinung auf den Begriff zu bringen, Hitler habe die (sexuell bestimmte) Neigung besessen, die Welt in ein Leichenschauhaus zu verwandeln. Da diese Absicht allerdings nicht nur bei Hitler oder anderen Diktatoren festzustellen ist, müsste ein erheblicher Teil toter und lebender «Staatsmänner» zu Nekrophilen erklärt werden.

Entschieden metaphorisch hat schließlich Erich Fromm den Begriff konzipiert, wenn er mit «Nekrophilie» die zivilisatorische Gegenseite einer bipolaren Charakterorientierung des westlichen Menschentyps bezeichnet. Dieser habe sich von der natürlichen Biophilie ab und einer universellen Tendenz der Verdinglichung und Zerstörung (!) zugewendet. Technophilie, Bürokratismus und Konsumismus fungieren demnach bei Fromm als die Großsymbole der abendländischen Nekrophilie.

Die akademische Nekrophilie (aN) knüpft zunächst an die romantische Variante der Nekrophilie an. Verbreitet erscheint sie als Magistrophilie, die uneingeschränkte Zuneigung des (männlichen oder weiblichen) Adepten zum akademischen Lehrer. Allerdings wurden auch schon Fälle diszipulärer und kollegialer aN beobachtet. Die sexuelle Komponente wird, gefestigtem akademischem Brauch entsprechend, überwiegend, wenn auch keineswegs ausschließlich, sublimiert und auf die geistigen Rückstände des jeweiligen Verschiedenen konzentriert.

Inzwischen ist herrschende Meinung, dass es sich nicht, wie früher angenommen, um eine Marotte, sondern um eine ernstzunehmende psychische Erkrankung handelt.

Erste Anzeichen von aN zeigen sich bei den Befallenen zunächst am permanenten und ubiquitären Zitieren aller erdenklichen Schriften des Meisters oder der Meisterin an jeder, einem Zitat auch nur entfernt zugänglichen Stelle des eigenen Werkes. Wird der Verstorbene dabei im Anfangsstadium noch in Gemeinschaft mit anderen Gelehrten aufgeführt, so verliert sich diese Einschränkung im weiteren Verlauf der Krankheit, in der das Liebesobjekt zum Zitatenmonopolisten (Form: «siehe nur: ...», «vgl. statt aller: ...») erhöht wird.

In fortgeschrittenerem Stadium erscheint sowohl → daheim wie am Arbeitsplatz der Betroffenen ikonographisches Material verschiedenster Provenienz (Bilder, Fotografien, Scherenschnitte, Skulpturen usw.); die Festvorträge, Symposien, Kongresse über und zu dem Verewigten häufen sich und münden am Ende in nach dem Lehrer benannte Korridore, Säle, Bibliotheken, Turnhallen und sonstige Räumlichkeiten und Gebäude.

Das Vollbild des nekrophilen Syndroms ist schließlich erreicht, wenn die Liebhaber zur Erstellung einer so genannten historisch-kritischen Ausgabe der Werke der Verflossenen schreiten. In der Regel werden dann alle Papiere, → Briefe, Wunsch- und Einkaufszettel, kurz: alles, was irgendwelche Notate, Zeichnungen oder Kritzeleien von der Hand der Geliebten trägt, als sakrale Botschaften behandelt und den Überlebenden als hermeneutische Herausforderung zugeeignet und ediert. Die in der Regel Jahrzehnte verschlingende Dauer solcher Unternehmungen gewährt den Nekrophilen eine gesicherte und von Einmischungen unbedrohte Koexistenz mit dem Objekt ihrer Liebe.

Die erheblichen sozialen Kosten dieser akademischen Obsession stimulieren immer aufs Neue den Versuch, die Nekrophilen zu heilen, indem ihnen etwa das belastete Gemeinwohl oder die wissenschaftliche Belanglosigkeit ihrer Unternehmungen vor Augen geführt werden (→ Kosten-Leistungs-Rechnung). Da aber alle entsprechenden Bemühungen bisher stets gescheitert sind und selbst jahrelange Psychotherapie sich als vollkommen wirkungslos erwiesen hat, gilt aN inzwischen als unheilbar. Dass die jüngsten, mit der Erfindung des Computers zusammenhängenden Hoffnungen in Erfüllung gehen werden, dass sich die Erkrankung wegen des Verschwindens wissenschaftlicher Nachlässe wenigstens in dieser Hinsicht erledigt, ist zumindest zweifelhaft.

Da sich gelegentlich auch kollektive Formen von aN gezeigt haben («Einsteinsyndrom»), muss inzwischen sogar davon ausgegangen werden, dass die akademische Nekrophilie ansteckend ist und sich möglicherweise auch pandemisch entfalten könnte («hypothesis goethe»).

Beobachter dieser Erscheinungen müssen sich allerdings vor der Gefahr einer Verwechslung der echten aN mit der verbreiteten unechten aN, auch: «akademische Pseudonekrophilie» (aPN), hüten. Bei den von aPN Betroffenen handelt es sich um Simulanten, die nicht aus Zuneigung zu den Verstorbenen handeln, sondern eigene Profildefizite zu kompensieren beabsichtigen (→ Wiederkäuen). In der Hoffnung, sich durch demonstrative Liebe zu den Großen selbst zu vergrößern, inszenieren sie einen Memorialbetrieb, dessen Organisation ihnen erlaubt, hier und da den dunklen Winkeln der Bedeutungslosigkeit zu entfliehen. Die gesellschaftlichen Kosten der aPN sind enorm. Der Nutzen der gelegentlich auch «Erinnerungskultur» genannten Folgen tendiert gegen Null.

Beruhigend ist immerhin, dass aN und aPN bislang im Rahmen der romantischen Version des Syndroms geblieben sind und Devianzen oder Perversionen nicht nachgewiesen werden können. Jedenfalls haben entsprechende Sensationsberichte, zum Beispiel über den Verzehr nachgelassener Schriften durch die Nekrophilen («Nekrophagie») oder die Tötung akademischer Lehrer oder des akademischen Nachwuchses (nicht aus den üblichen missgunstdeterminierten Gründen, sondern) aus nekrophiler Orientierung genauerer Nachprüfung nicht standgehalten.

Schließlich darf davon ausgegangen werden, dass die Folgen der deutschen Universitätsreform der akademischen Nekrophilie jedenfalls langfristig den günstigen Nährboden entziehen wird. *DS*

**NICHTANGRIFFSPAKT** – Ein Nichtangriffspakt (NAP) wird geschlossen, wenn die beteiligten Parteien, statt latente Interessensgegensätze im Streit oder Wettkampf zu klären, dem Prinzip des Neutralismus folgend Nichteinmischung und friedliche Koexistenz zur Maxime ihres Handels erheben, ohne dass dies explizit gemacht werden muss. Berühmtes Beispiel für einen NAP ist das Fußballländerspiel zwischen Deutschland und Österreich bei der Weltmeisterschaft 1982 in Spanien, bei dem keine echten Angriffsbemühungen zu verzeichnen waren und das folglich 0:0 endete, was beiden Mannschaften das Weiterkommen ermöglichte.

NAP sind auch integraler Bestandteil des akademischen Alltags und erleichtern diesen ungemein. Idealtypischerweise lassen sich hierbei zwei Formen unterscheiden: Zum einen der NAP zwischen Dozent und Studierenden sowie zum anderen der zwischen Fakultätskollegen. Im letztgenannten Fall geht es meist um Sicherung und Abgrenzung der eigenen Macht, etwa bei Berufungs-, Promotions- und Habilitationsverfahren.

Zu den unbedingt schützenswerten Privilegien akademischer → Freiheit gehört, dass Dozenten den Aufwand für eine Lehrveranstaltung selbst bestimmen. Will oder muss ein Dozent – notorisch oder aus welchen Gründen auch immer – den eigenen Arbeitsaufwand so gering wie möglich halten, empfiehlt sich ein routiniert abgespultes Seminar oder Proseminar als Mittel der Wahl, da in den meisten Fällen auf die Kooperationsbereitschaft (also die Passivität) der Studenten Verlass ist. Dank der Entschlussfreudigkeit der Studenten – gerade Studenten der Geisteswissenschaften sind hier zu rühmen – können oft bereits in der ersten Sitzung rund die Hälfte der Referate verteilt werden. In den folgenden Sitzungen werden dann jeweils ein oder zwei Studenten ungestört ihre Referate halten. Der routinierte Dozent wird – unabhängig davon wie gut oder schlecht der Vortrag war – für das schöne → Referat danken und zur Diskussion überleiten. In dieser werden auch die übrigen Studenten sich mit Kritik zurückhalten und nur ein paar höfliche Nachfragen stellen. Auf diese Weise vergehen die 90 Minuten einer Seminarsitzung oftmals genauso ereignisarm und ergebnislos wie das oben genannte Länderspiel. Der Erkenntnisgewinn tendiert gegen Null.

Gründe für derartiges Verhalten liegen auf der Hand: Ökonomisch betrachtet kann man von einer *win-win*-Situation sprechen. Beide Parteien haben bei minimalem Aufwand den maximalen Nutzen erzielt: Der Dozent kommt seiner Lehrverpflichtung ohne größeren Arbeits- und Zeitaufwand nach, die Studenten erhalten ohne großen Arbeits- und Zeitaufwand einen Leistungsnachweis. Die gewonnene Zeit und Energie kann anderweitig verwendet werden: Für Forschungsanträge, für den existenzsichernden Studentenjob oder einfach zum → Ausschlafen.

Zumindest in den geisteswissenschaftlichen Fächern sind die NAP oftmals auch Ergebnis und Ausdruck der Entpolitisierung und der Ermüdung nach den ideologischen Auseinandersetzungen an den Universitäten im Zuge der 68er-Bewegung (→ Sit-in). Der Ort der leidenschaftlichen politischen Auseinandersetzungen zwischen Studierenden und Dozierenden, die Lehrveranstaltungen, wurde nach dem Abklingen des Konfliktes nicht mehr mit leidenschaftlichen fachlichen Auseinandersetzungen erfüllt. Oftmals blieb lediglich ein beiderseitiges höfliches Desinteresse und Gleichgültigkeit zurück. Zivilisatorisch mag eine solche Neutralität, ein derartiger NAP begrüßenswert sein (→ Kälte), ein akademisch anregendes Milieu entsteht dadurch nicht. Oder im Fußballerdeutsch ausgedrückt: man hat auf Ergebnis halten gespielt. GK

N.N. – ist mit absoluter Sicherheit die schönste Abkürzung, die es gibt. Denn, was könnte schöner sein, als das Nichtwissen, das totale zur Schau gestellte ignoramus. Aus N.N. kann alles und jedes werden. N.N. ist ein Stellvertreter. Man weiß noch nicht, wer die Vorlesung, den Vortrag halten wird, jedenfalls weiß man es noch nicht so sicher, als dass man sich traute, den Namen zu publizieren. N.N. ist also eine Art Joker, unspaßig zwar, aber überall einsetzbar, wo nicht verbindlich gesagt werden kann, wer eingesetzt wird. Die Funktion ist eindeutig. Und die Essenz? Was ist das Abgekürzte der Abkürzung? Dies ist so unsicher wie die Person, die das N.N. ausfüllen soll. Der Deutungen sind viele. Der Historiker der antiken Rechtsgelehrsamkeit weiß von **N**umerius **N**egidius – ein Wortspiel aus negare (sagen, dass nicht; verweigern) und numerare (zählen; abzählen; zahlen) –, dem fiktiven Namen des Standardbeklagten in den prozessrechtlichen Beispielen des römischen Rechts. Der Lateinlehrer kann Latein: **N**omen **N**ullum (kein Name), **N**on(dum) **N**ominatus (noch nicht benannt), **N**omen **N**escio (den Namen weiß ich nicht), **N**omen **N**ominandum (der zu nennende Name), **N**otetur **N**omen (der Name werde bemerkt). Der **N**och **N**icht ratifizierte Leitfaden «Deutsche Kultur für ausländische Einbürgerungsantragssteller» vermerkt klar auf Deutsch: **N**och **N**iemand. Im alten Preußen gab es die **N**ormal**N**ull, und die Ökonomen sprechen seit alters her von **N**etto-**N**etto. Man sieht:

Für N. N.-Etymologien gibt es reichlich Material. Im Zedler, dem deutschen Superlexikon des 18. Jahrhunderts, steht jenseits etymologischer Kreativität klipp und klar: «Heut zu Tage wird N (oder N. N., davon weiter unten) auf Briefen und in Schrifften gesetzet an statt eines Namens, den man nicht weiß, oder den man nicht nennen will, oder insgeheim vor eine Person, sie heisse, wie sie wolle [...] Ja es wird endlich N. N. gesetzet, wenn man aus gewissen Ursachen Bedencken träget, dieser oder jener Person oder Stadt Namen auszudrucken». Mehr ist abstrakt zu N. N. nicht zu sagen. Fehlt noch ein Beispiel: Im Programm des 36. Deutschen Rechtshistorikertages (10.–14. September 2006 in Halle an der Saale) kommt, wie bei vielen im Vorbereitungsstadium befindlichen Programmen, erwartungsgemäß N. N. vor. Diesmal jedoch in radikalisierter Form. Im März 2006 kündigte das Programm als Titel der Sektion IV ein spannendes Thema an: «Das Menschenbild des Ius commune». Der Sektionsleiter wurde namentlich genannt und die Sektionsordnungspunkte akribisch aufgelistet, also «Diskussion» (zweimal) und «Kaffeepause» (einmal). Dazwischen viermal N. N. Die gesamte Sektion – ein einziges N. N.-Quartett. Mehr nicht. Angesichts des einigermaßen irritierenden Umstandes, dass etwas weiter im Programm in einer Fußnote zu einem gedruckten Namen für eine andere Sektion «angefragt» vermerkt ist, war der juristisch professionell deformierte Programmleser geneigt, mit Hilfe einer leicht hyperbolischen, das argumentum e contrario und das argumentum e silentio kombinierenden Beweisführung anzunehmen, der Leitungsprofessor habe **N**icht einmal irgend **N**iemanden (an)gefragt. *RMK*

# O

**ORDINARIUS** – war der Spitzname des ehemaligen türkischen Nationalspielers Lefter Küçükandonyadis. Auch andere → Männer dürfen sich so nennen lassen, etwa Bischöfe der katholischen Kirche. Wie der kirchliche Würdenträger seine Diözese, so führt auch der vollendete Ordinarius an einer Universität seinen Lehrstuhl mit striktem Regiment (→ Sekretärin). Mit zunehmendem Alter wird die Spezies des Ordinarius universitatis geprägt durch die → Professorengattin und einen leicht gebeugten → Silberrücken.

*TJ*

# P

**PAPPRITZ, ERICA** – «Liebe junge Freunde – es ist bewundernswert, was ihr leistet und wie tapfer und fleißig ihr euer Ziel verfolgt! Aber auch ihr werdet ja einst das gesellschaftliche Spiel des Lebens nach alten und bewährten Regeln spielen und euch aus diesem Grunde eines Tages mit eben diesen Regeln vertraut machen müssen [...] Nur wenige werden euch dauernde Verstöße gegen die Etikette nachsehen, die nun einmal integrierender Bestandteil menschlicher Gemeinschaft ist.»
Mit diesen Worten sahen sich Studenten der fünfziger Jahre des vorigen Jahrhunderts in «ein Leben in vollendeten Formen» eingeführt – von einer Frau, die in der Presse Nachkriegsdeutschlands zur «Anstandsdame der Nation» und «Hofmarschallin der guten Sitten» ernannt wurde. Erica Pappritz, 1893–1972, Tochter eines preußischen Rittmeisters und Monokelträgerin, *grande dame* fürs

Zeremoniell der Adenauer-Zeit, in ihrer 1919 beginnenden diplomatischen Karriere avanciert zur Vortragenden Legationsrätin I. Klasse und zur Vize-Protokollchefin des Bonner Auswärtigen Amtes, hat sich als Co-Autorin im 1956 erschienenen *Buch der Etikette* nicht nur um den Stil der deutschen Dame verdient gemacht («Keine Brillanten am Vormittag»). Sie hat sich auch *Auf der Hochschule* umgetan (S. 290–293), um Studenten vor dem «nicht selten berechtigten Mißtrauen» gegenüber «gesellschaftlichen Außenseitern» – also Menschen ohne Etikette – zu bewahren.
Vor dem Hintergrund damals weithin gültiger Maßstäbe wie den frühen Quelle-Katalogen und Burda-Schnittmustern dekretiert Frau Pappritz, studentische Kleidung habe «sauber und geschmackvoll» zu sein, denn: «Der Hörsaal ist kein Existentialistenklub» (→ Kluft). Also empfiehlt sich auch der regelmäßige Friseurbesuch: «Ungeschnittene Haare zeugen nicht unbedingt von Genialität, lassen jedoch mit Sicherheit eine allgemeine Ungepflegtheit vermuten.» Diese Sicherheit sollte dann in der von Frau Pappritz skeptisch verzeichneten «neuen Ära der gelockerten Manieren» allerdings ins Wanken geraten (→ Sit-in). Aber wohl doch nicht so sehr, dass losere Formen von der Zeremonienmeisterin des diplomatischen Parketts akzeptiert worden wären. 1965, in der 6., überarbeiteten Auflage ihres Buches – umbenannt in *Etikette neu* – ereignet sich freilich ein signifikanter Nuancenwechsel. Nun ist das Joch der guten alten Manieren (→ Knigge), unter welches der akademische Nachwuchs gespannt werden soll, etwas gelockert: Die «alten und bewährten Regeln» im Eingangszitat sind zu «teilweise bewährten Regeln» modifiziert. Gestrichen ist etwa der Satz vom «Existentialistenklub» und auch die Warnung vor langem Haar, offenbar ein der grassierenden *Beatlemania* gebrachtes Opfer.
Im Bestreben, Lebensanschauung und *comme il faut* vorvergangener Generationen zu bewahren, bleibt es über die Jahre auch bei der antiquierten Sprache im bürgerlich-stereotypen Duktus: «Bemüht euch, durch strenge Selbsterziehung jede Kritik an eurem Auftreten zu vermeiden» und «auch in der → Mensa [...] so

formvollendete Manieren an den Tag zu legen wie im gepflegten Restaurant.» Schon 1956 wird allerdings registriert, dass die Zeiten sich geändert haben, dass nicht mehr jeder Student «jene gesellschaftliche Schule» besitzt, «die einst das wohlfundierte Elternhaus und die studentische Korporation vermittelten» (→ Elite). Vom seinerzeit noch ungebrochenen Usus, nur maskulines Publikum anzusprechen, zeugt auch der Auftakt «Also, meine Herren Studiosi» – welcher 1965 (in der 6. Auflage) dann entfällt, während bis in die 12. (und letzte) Auflage 1971 der Appell überdauert, «eure Kommilitoninnen als Damen» zu behandeln, «auch wenn sie mit euch zum gleichen Examen → büffeln.» Dem Betragen gegenüber Hochschullehrern schließlich gilt die durchaus doppelbödige Mahnung, «ihnen mit der Achtung» zu begegnen, «die ihre geistige Kapazität verdient.» Höflicher Ton «wird euch möglicherweise einst im Examen zugute kommen» – wobei Frau Pappritz noch treffend anmerkt, dies bedeute aber nicht, «daß die Beherrschung der Etikette allein zum Staatsexamen ausreicht.» *EB*

**PATENTE** – Was wird mit jeder Erfindung begründet? Ein Menschenrecht. Das Recht des Menschen zur eigenen Verwertung seiner eigenen Schöpfung. Das Recht auf Patentierung. Allerdings darf nur patentiert werden, was neu ist. Keine Patentierung, wenn die Erfindung bereits öffentlich ist! Wichtig ist auch der Status des Erfinders: Im Rahmen eines Arbeitsverhältnisses muss der Erfinder – Menschenrecht hin oder her – das Verwertungsrecht an den Arbeitgeber abtreten. Die Ausnahme macht der deutsche Professor. Er kann gleich zwei Menschenrechte kombinieren, nämlich das Recht auf Forschungsfreiheit mit dem Recht auf geistiges Eigentum. Die Verwertung liegt bei ihm – nicht bei der Universität. Und wie nutzt er diese Akkumulation menschlicher Freiheit? Es drängt ihn zur Verbreitung der frohen Kunde. Er schreibt einen Artikel über seine Erfindung, er hält einen Vortrag auf der nächsten → Konferenz. So unbeachtet wie es kam, so unbemerkt ist das Menschenrecht zu Grabe getragen: Das Patent ist hin – die

Erfindung ist nicht mehr neu. Wer kann es dem geistigen Schöpfer verübeln, dass er nicht die anderthalb Jahre warten wollte, bis er die Erfindung würde veröffentlichen dürfen? Kann er guten Gewissens eine Neuheit, in deren Erforschung womöglich weltweit (öffentliche) Forschungsgelder gesteckt werden, geheim halten (→ Schweigen), um deren (kommerzielle) Verwertung zu sichern?

Da ein Professor eine potentielle Geldquelle ist, lassen sich amerikanische Universitäten von vornherein die Nutzungsrechte übertragen. Zwar lässt das die → Freiheit der Forschung in Deutschland nicht zu. Aber zu einem massenhaften Andrang ausländischer (gar amerikanischer) Wissenschaftler an deutsche Universitäten hat das dennoch nicht geführt. KO

PD – Häufig verwendete Kurzform für «Privatdozent», ein aus dem Lateinischen entlehntes Kompositum zu docere (lehren) und privatus. In der ursprünglichen Bedeutung stand Letzteres für «vom Staat abgesondert». Privatus ist das Partizip Perfekt Passiv des Verbs privare – «berauben», «absondern» zu privus – «eigentümlich», «eigen», «einer Sache beraubt». Eines Einkommens «beraubt» ist der PD tatsächlich, eigentümlich ist seine Position ebenfalls. Sie ist so seltsam, dass es nicht einfach ist, ausländischen Kollegen oder Nicht-Akademikern zu erklären, was ein «PD» ist. Zum PD wird man nach der Promotion durch die Habilitation, die auch Voraussetzung für die Verleihung der *venia legendi* (Lehrbefugnis) ist.

2002 verabschiedete der Deutsche Bundestag ein Hochschulrahmengesetz, in dem nach amerikanischem Vorbild die Einführung von «Juniorprofessuren», mit Aussicht auf eine spätere Professur, verankert wurde. Der/die PD sollte dadurch nach und nach abgelöst werden (→ Verschrotten), was zumindest in den Sozial- und Geisteswissenschaften bislang nicht geschah. Max Webers Ausführungen zur traurigen Gestalt des PDs (*Wissenschaft als Beruf*, 1919) haben deshalb, mit wenigen Einschränkungen, noch verblüffende Aktualität:

«Bei uns – das weiß jeder – beginnt normalerweise die Laufbahn eines jungen Mannes [→ Y-Chromosom], der sich der Wissenschaft als Beruf hingibt, als ‹Privatdozent›.»
«... [E]r hält nun, unbesoldet, entgolten nur durch das Kolleggeld der Studenten, Vorlesungen, deren Gegenstand er innerhalb seiner venia legendi selbst bestimmt.»

Besoldet sind PDs tatsächlich nicht, Kolleggelder gibt es allerdings auch nicht mehr. Prüfungen, die PDs abnehmen dürfen, werden in manchen Bundesländern (Hamburg) mit einigen Euro entlohnt, in anderen (Baden-Württemberg) sind solche Zahlungen abgeschafft worden. Die von Weber beschriebene Selbstbestimmung trifft theoretisch zu, ist praktisch häufig jedoch nur soweit möglich, wie sie in den Lehrplan des Instituts passt. Um seine *venia legendi* aufrechtzuerhalten, *muss* der PD lehren; damit können vor allem sozial- und geisteswissenschaftliche Institute bei personellen Engpässen und ohne finanziellen Mehraufwand einen Teil des Lehrprogramms bestreiten. Die berufliche Zukunft des PDs war und ist ungewiss, wie auch Max Weber schrieb:

«Denn es ist außerordentlich gewagt für einen jungen Gelehrten, der keinerlei Vermögen hat, überhaupt den Bedingungen der akademischen Laufbahn sich auszusetzen. Er muss es mindestens eine Anzahl Jahre aushalten können, ohne irgendwie zu wissen, ob er nachher die Chancen hat, einzurücken in eine Stellung, die für den Unterhalt ausreicht.»

Finanziert durch andere Tätigkeiten, durch Ehepartner, Eltern oder Erbe, setzen sich dennoch viele dieser Ungewissheit aus und sind keineswegs arbeitslose Akademiker, sondern eben: PDs. Für die Universitäten sind sie nützlich, obwohl sie durchaus eine moralische Belastung darstellen können:

«Hat man ihn einmal, so wird man ihn nicht mehr los. Zwar ‹Ansprüche› hat er nicht. Aber er hat doch die begreifliche Vorstellung: dass er, wenn er jahrelang tätig war, eine Art moralisches Recht habe, daß man auf ihn Rücksicht nimmt. Auch – das ist oft wichtig – bei der Frage der eventuellen Habilitierung anderer Privatdozenten. Die Frage: ob man grundsätzlich jeden, als tüchtig legitimierten Gelehrten habilitieren oder ob man auf den ‹Lehrbedarf› Rücksicht nehmen, also den einmal vorhandenen Dozenten ein Monopol des Lehrens geben solle, ist ein peinliches Dilemma...»

Bei dem heutigen Zahlenverhältnis von Lehrenden und Studierenden und in Zeiten knapper Kassen (→ Bemühenszusage) wird das von Weber beschriebene Dilemma allerdings nicht mehr als Problem wahrgenommen. Je mehr PDs, desto besser. Und dies auch noch nach ihrer offiziellen Abschaffung. *BB*

**POLITIKBERATUNG** – Kollektiv bindendes Entscheiden ist das mitunter tückische Kerngeschäft der Politik und ihrer Macher. Um Regierbarkeit zu sichern, reagiert das politische System mit Komplexitätsaufbau. Es entsteht ein ganzer *cordon sanitaire* an Verbänden, an Quangos und Quagos, vernetzt und angetrieben in einer Vielzahl «gesprächiger Runden» (Rudolf Wiethölter). Das neokorporatistische Deutschland der Bonner Republik hat die Entscheidungen solange ausgehandelt, bis den Verehrern des alten Machtstaats Hören und Sehen vergangen war. Seit neuestem aber scheint es so, als ließen die Verbände den Berliner Staat im Stich. Ihre Verpflichtungsfähigkeit sinkt, die Mitglieder stimmen mit den Füßen ab, der mikroökonomische *turn*, den das Wirtschaftssystem vollzogen hat, zeitigt weitreichende Folgen (→ Uni-Formierung).

Die großen Organisationen also gehen, die – wissenschaftliche – Politikberatung kommt. Nichts geht mehr, ohne dass die Professoren mitmischen. Sie sind die neuen Matadore der gesprächigen Runden. Wer Rürup, Raffelhüschen, Kirchhof, Lauterbach & Co. nicht (an)gehört hat, der kann politisch einpacken. Die Experten und deren Kommissionen versetzen uns Pisa- und andere Schocks, beschwören die demographische Katastrophe und machen selbst vor der Ethik nicht halt.

Was aber tun die Wissenschaftler, wenn sie die Politik beraten? Im einfacheren Fall liefern sie Irritation. Das mag lästig und enervierend sein, bietet aber auch Gelegenheit zur Reorganisation. So weit so gut. Allerdings sitzen im komplizierteren Fall der so genannten Politikberatung die Experten der Politik nicht länger gegenüber, sondern werden selbst aktive Teilnehmer des politischen Entscheidungsprozesses. Für Wissenschaftler ist dies so eine Sache (→ Schweigen). Für die Politik aber auch. GB

**POSTER** – Eine sich seit etwa einem Jahrzehnt vor allem in den Natur- und empirischen Sozialwissenschaften zunehmender Beliebtheit erfreuende Form der Darstellung wissenschaftlicher Ergebnisse auf → Konferenzen und Tagungen. Das Poster soll graphisch bestechen und möglichst wenig Text enthalten, um den müden Konferenzbesucher, der ohnehin nur aus Pflichtgefühl zur *poster session* geht, durch geschriebenes Wort nicht noch mehr zu ermüden. Es empfiehlt sich, neben dem eigenen Namen (mindestens in Fontgröße 100) und dem Titel der Arbeit eigentlich nur eine graphische Veranschaulichung des zentralen Befundes der vorzustellenden Studie zu zeigen. Genauere Informationen über theoretischen Hintergrund, Hypothesen, Versuchsaufbau und ähnliche Details können bei etwaigem Interesse direkt bei den Autoren erfragt werden, die vor ihrem Poster auf potentielle Besucher lauern (→ Facetime).
Poster werden vornehmlich an junge Nachwuchswissenschaftlerinnen vergeben, während etabliertere (mindestens promovierte) Wissenschaftlerinnen ihre theoretischen Ausführungen, Einsichten und empirischen Befunde als Vortrag in einem Symposium oder (bei entsprechendem Berühmtheitsgrad oder auch persönlicher Bekanntschaft mit den Organisatoren) als *key note lecture* vorstellen dürfen. Poster werden auf größeren Konferenzen in Hallen zu Hunderten auf Stellwänden ausgestellt. Dies führt oft zu messeartigem Gedränge und trägt damit zur sozialen Interaktion von Tagungsbesuchern bei, die sich – vielleicht das eigentliche Anliegen von Posterausstellungen – oft ins persönliche Gespräch vertiefen und die Poster eher als Kulisse für Erkundigungen nach der Familie, dem letzten → Urlaub oder, man ist ja auf einer Fachtagung, Klatsch und Tratsch über Kollegen nutzen.
Auf vielen Konferenzen gibt es eine Prämierung der besten Poster,

die sich nicht unbedingt durch besonderen Inhalt, aber ästhetisch gewinnende, farbliche Gestaltung ausweisen. Ein Posterpreis kann auf dem Curriculum Vitae unter ‹Ehrungen und → Preise› aufgeführt werden und erhöht so die Chancen, bei einer späteren Konferenz vielleicht endlich zugunsten eines Vortrages kein Poster mehr ausstellen zu müssen. AMF

POWERPOINT – Rhetorik ist ein Fall von Technik, mitunter gilt das umgekehrte auch. Dreißig Millionen Vorträge, so schätzt die Firma, werden täglich mittels *PowerPoint* gehalten. Der Prototyp dieser Technik zur vereinfachten Herstellung von vortragsbegleitenden Informationsgraphiken entstand in den frühen achtziger Jahren, in den *Bell Northern Research*-Laboratorien. Im April 1987 wurde *PowerPoint 1.0* dann erstmals verkauft, damals noch als Programm zur Erzeugung von Folien für Overhead-Projektoren, 1990 erfolgte die Integration in die Bürosoftware von *Windows*.

Inzwischen wird die Nichtverwendung des Programms in wissenschaftlichen Zusammenhängen mitunter schon als Zurückbleiben hinter dem didaktisch Möglichen oder einfach nur als unhöflicher Nacktvortrag gerügt. Die Zwangsvorstellung ist also eine allerjüngsten Datums, wir können sagen, wir sind dabei gewesen, aber die Probleme sind älter. Denn anders als ein aus Medientheorie und Vergnügen an Demokratie gemischtes Argument will, wonach zwei Kanäle, aus denen dieselbe Information kommt, besser sind als nur einer, existieren Kosten der Redundanzerzeugung. Auch nachdem, heißt es in einem frühen Text über diese Kosten, «die Ausbreitung des Buchhandels jedwedem es sogar weit leichter gemacht hat, durch Schriften sich mitzuteilen, als durch mündliche Lehrvorträge [...] hält man dennoch noch immer sich für verbunden, durch Universitäten dieses gesamte Buchwesen der Welt noch einmal zu setzen, und ebendasselbe, was schon gedruckt vor jedermanns Augen liegt, auch noch durch Professoren rezitieren zu lassen». So Fichte 1807 in seinem *Deduzierten Plan*. Seine Kritik: Dadurch, dass derselbe

Inhalt in zwei Formen vermittelt werde, neige der Student dazu, sich keiner von beiden adäquat zuzuwenden. Er folgt der Vorlesung unaufmerksam, weil er sie ja sowieso noch nachlesen kann, und er vernachlässigt das Lesen im Hinblick auf die sehr viel eingängigere Möglichkeit des Hörens. Fichtes Argument war also: Redundanz ist über die beabsichtigte Erhöhung der Diffusionswahrscheinlichkeit von Information hinaus folgenreich, eventuell paradox.

Mit *PowerPoint* ist ein neues Kapitel in der Geschichte bildungsfolgenreicher Redundanzen eröffnet worden. Der normale wissenschaftliche Vortrag ist seit etwa sechs bis sieben Jahren selbstbeleuchtet, setzt also Abdunkelung voraus. Da die Bilderfolge durch Computertastendruck – «einen Moment, ich hab' es gleich ... es müsste jetzt eigentlich ... kennt sich jemand damit aus?» – oder Mausklick ausgelöst wird, könnte man in Anlehnung ans Daumenkino hier von der Wissenschaft als Zeigefingerkino oder «Lichtspiel» (Max Weber) sprechen. Tatsächlich ermöglicht es *PowerPoint*, installiert auf weltweit etwa 400 Millionen Computern, vorgetragene Argumente nicht so sehr zu lesen – dazu genügten ältere Techniken wie das «Skript» oder das «Handout» – als vielmehr zu betrachten. Wittgenstein verdanken wir das Argument, dass Sprache nicht in erster Linie der Bezeichnung von Dingen dient, denn welche Dinge würden auch durch Worte wie «wie», «widrigenfalls», «nichtsdestoweniger» oder «oder» bezeichnet? *PowerPoint* hingegen scheint die Behauptung implizit, dass auch solche Worte Dinge bezeichnen, nämlich Bildelemente auf Vortragsfolien: Pfeile, Gabelungen, durchgestrichene Linen.

Wie jede Rhetorik, so kollektiviert auch diese das Denken bereits produktionsseitig. Das wäre nicht so schlimm, die Sprache tut es ja auch. Aber ausgerechnet in dem Bereich diesseits der Publikation, in dem die Wissenschaft vorgibt, Variation zuzulassen und Gedanken zu erproben, auf Standardisierung zu setzen, muss verwundern. Zu *PowerPoint* gehören beispielsweise Funktionen wie der «Auto Content Wizard» (→ Columbia), die rhetorische Gussformen für Mitteilungsabsichten wie «Communicating Bad News» oder «Conduct a Creative Thinking Session» zur Verfügung stellen. Der Wunsch, bei Vorträgen jemandem beim Argumentieren zuzuhören, wird schon durch abgelesene Texte enttäuscht. Das an die Wand projizierte und dazu wahlweise in bildliche, spiegelstrichförmige oder sogar graphisch bewegte Dingform gebrachte Argument zieht die Aufmerksamkeit von der Rede noch weiter ab. Mit Fichte könnte man vermuten, dass zwischen Argument und Anschauung durch *PowerPoint* hin- und hergerissen, dem Hörbetrachter derartiger Präsentationen beides zu entschwinden droht. Begriffe und Urteile kann man negieren, sie haben ein Gegenteil, Piktogramme nicht. Anschauungen, wenn sie etwas zu deuten geben, regen die Phantasie an, Tabellen und Listen weniger. Sie machen meist nur durch den Anschein von Ordnung Eindruck. *PowerPoint* heißt insofern ganz richtig so. *JK*

PREISE – Wissenschaftliche Preise sind Auszeichnungen für herausragende Leistungen in einem Forschungsbereich. Ausgezeichnet werden einzelne Forschungspublikationen, wichtige Durchbrüche in einem Forschungsgebiet oder auch das Lebenswerk eines Wissenschaftlers. Für welche Leistung ein Preis vergeben wird und welche Personengruppe als Preisträger in Frage kommt, entscheidet der Auslober des Preises. Dieser entscheidet auch über die Kriterien der Preisvergabe, die Zusammensetzung der Jury, die Höhe des Preisgeldes und die Form der Preisverleihung.

Zumeist wird ein Preis im Rahmen einer Feierstunde vergeben, bei der es wahrhaft manierlich zugeht. Ein festlich geschmückter Saal, womöglich zwei Streicher, die den Anlass musikalisch rahmen. Die extra zu diesem Ereignis gekommenen, ausgewählten Gäste haben sich zur Ehrung des Preisträgers fein angezogen. Den zu ehrenden Wissenschaftler sieht man vielleicht zum ersten Mal in so feinem Zwirn (→ Aussehen). Eine → Laudatio, in der die Leistungen des Auszuzeichnenden ausführlich gewürdigt werden. Hohe Repräsentanten und der Auslober des Preises sitzen in der ersten Reihe und gratulieren dem Preisträger. Dieser bekommt eine Urkunde, vielleicht gar eine Medaille und außerdem einen Scheck. Schließlich gilt es noch, bei einem Abendessen mit Auslober und Repräsentanten zu bestehen. Um die Bedeutung der Stunde für die Nachwelt festzuhalten, werden Fotos gemacht und möglicherweise werden Preisträger und Auslober gebührend in der Presse erwähnt. Die Preisverleihung als Inszenierung zur Befriedigung tiefer narzisstischer Bedürfnisse.

Doch nicht mit dieser psychologischen Lesart lässt sich die eigentliche Bedeutung von Preisen entschlüsseln. Diese ergibt sich vielmehr aus dem Beitrag von Preisen für die Stratifikation des Wissenschaftssystems. Das Problem lässt sich so skizzieren: Jeden Tag werden tausende wissenschaftliche Artikel veröffentlicht. Selbst enge Fachgebiete lassen sich für den einzelnen Wissenschaftler nicht umfassend überschauen. Welcher Artikel, welcher Forschungsbericht aber lohnt den Zeitaufwand, gelesen zu werden? Welcher Forschungsrichtung (→ Mode) lohnt zu folgen? Die Antwort auf diese Fragen ist Stratifikation, die Hierarchisierung von Wissenschaftlern, Fachzeitschriften und Forschungseinrichtungen durch die Zuschreibung von Bedeutung. Es wird nach Hinweisen möglicher Bedeutung gesucht. Ein Beitrag in *Science* oder *Nature* lohnt eher als der aus einem unbekannten Fachblatt. Der Nobelpreisträger findet mit seinen Ideen zur Zukunft des Forschungsgebiets eher Gehör als der unbekannte Nachwuchswissenschaftler. Der Einfluss von Forschungsergebnissen für die weitere Entwicklung der Forschung hängt demnach nicht nur davon ab, was herausgefunden wurde, sondern auch davon, wer es herausgefunden hat (und wer ihn dafür ausgezeichnet hat). Die Stratifikation der Wissenschaften beruht auf Reputation.

Die Folge dieser Stratifikation des Wissenschaftssystems ist die ungleiche Verteilung von Chancen weiteren Reputationsgewinns. Der amerikanische Soziologe Robert K. Merton hat dieses Phänomen als → Matthäus-Prinzip in den Wissenschaften bezeichnet. Gemeint ist damit, dass «bekannte Wissenschaftler überproportionale Anerkennung für ihre wissenschaftlichen Beiträge erhalten, wohingegen relativ unbekannte Wissenschaftler nur

unterproportionale Anerkennung für vergleichbare Beiträge bekommen» (Merton 1968, S. 2). Wer hat, dem wird gegeben.
Das Matthäus-Prinzip gilt aber auch, weil die Verleihung eines Preises nicht nur zur Reputation des Preisträgers beiträgt, sondern auch Aufmerksamkeit auf den Auslober lenkt: Wer investiert schon gerne Geld in einen Preis, wenn dieser gänzlich unbemerkt bleibt? Ein bereits berühmter Preisträger ist eine Zierde für jeden Preis! JB

PRESSE – Wissenschaftler lassen sich nicht gerne in die Karten schauen, auch wenn sie das im Laufe der Zeiten unterschiedlich begründen. In jüngster Zeit gibt ihnen die Patentgesetzgebung Recht. Wehe dem, der etwas verrät, bevor es nicht davor geschützt ist, der Allgemeinheit nützlich zu sein (→ Patente). Allgemeinverständlichkeit ist, jedenfalls in Deutschland, kein Ziel wissenschaftlicher Publikationen, auch dann nicht, wenn es nicht um Patentrechte geht (→ Sprache). Im Gegenteil, wer sich «populär» ausdrückt, muss mit dem Misstrauen seiner *community* rechnen, es sei denn, er ist bereits ein → Science Star.
Andererseits gibt es auch immer schon die Sehnsucht des Forschers, möglichst vielen Menschen sagen zu können, wie toll er sei, was ja manchmal tatsächlich der Fall ist (→ Eitelkeit). Der Verhaltensforscher Konrad Lorenz zum Beispiel hat mit seinen populären Büchern Hunderttausende für sein Fach begeistern können, weil er etwas zu sagen hatte und es auch sagen konnte. Weil das nicht jedem Wissenschaftler gegeben ist (→ Genie), ist nach dem Zweiten Weltkrieg der Beruf des Wissenschaftsjournalisten entstanden. Zunächst, um als «Übersetzer» die Geheimnisse der Forschung auch dem Laien vermitteln zu können (→ Schnittstellen). Weil ein Wissenschaftler – von Ausnahmen abgesehen – nur Spezialist ist, nimmt ein Wissenschaftsjournalist – wenn er gut ist – seine Chance wahr, Zusammenhänge zu entdecken und zu beschreiben. Und wie das so ist in Deutschland: Wissenschaftspublizistik ist mittlerweile selbst zur wissenschaftlichen Disziplin an den Hochschulen geworden. MU

**PRIVATBIBLIOTHEK** – Am stillen Beginn gewöhnlicher Gelehrten-Karrieren steht die Einübung in Askese. Aus Geldmangel und im Konflikt mit anderen Bedürfnissen erscheint dem Studienanfänger eine Lebensweise, die die immateriellen Werte seines neuen Daseins betont, als durchaus charmant. Die Einrichtung im → Studentenwohnheim ist von demonstrativer Nützlichkeit und Konsumverzicht geprägt. Funktionale Einheitsmöblierung prägt auch die ersten eigenen vier Wände, freilich mit zeittypischen Konjunkturen: Was den späten Sechzigern der abgewetzte Sitzsack war, ist heute das gagelige Ikea-Regal «Billy» und ein nicht minder billyger PC mit Drucker als Grundausstattung unbehausten Studentenlebens. Alles andere würde eine Daseinslast erzeugen, die den universitären Gedanken durch materielle Bleigewichte erdschwer werden ließe.

Einen Sonderstatus nehmen die Bücher und alles andere Gedruckte ein. Hier ist Kaufen immer unverdächtig (→ Habitus) und Gegenstand ausdrücklicher Ermutigungen: «Wer zwei Paar Hosen hat, mache eins zu Geld und schaffe sich dieses Buch an», warb Lichtenberg einst. Im trojanischen Pferd des Bücherkaufs wankt manche Festung des gelehrten Antimaterialismus. Über die Zwischenschritte des Handapparats und der Arbeitsbibliothek weitet sich die Bresche aus, durch welche die Konsumwelt in die stille Bucht der Gelehrsamkeit einbricht. Dinge ergreifen das Dasein und besetzen die Räume.

Es endet in der totalen Niederlage des Askeseprinzips und der verschämten Geburt eines akademischen Gelehrtenmaterialismus (→ Statussymbole). Früher herrschte hier ein imperialer und großbürgerlicher Stil: Plastiken, Abgüsse und ledergebundene Enzyklopädien schmückten die Altbauvillen. In den nun auch vergangenen Zeiten der Bildungsreform gab man sich moderner und war dabei wiederum scheinbar zweckorientiert. Mittlerweile sieht man die Zeitgebundenheit auch der damaligen Büchersammlungen. Suhrkamp ist nun die vergangene Zukunft der Bonner Republik. Die heutigen Privatbibliotheken demonstrieren die intellektuelle Avantgarde ihrer Besitzer durch Einzelstücke vorzugsweise anderer Verlage. (Damit dieser Text länger frisch bleibt, seien sie nicht genannt.) Ob sie aber jemals wieder jenen Kultstatus erlangen werden, der es ihren Besitzern erlaubte, die Bücher gegen alle Wissenschaftlichkeit nicht thematisch aufzustellen, sondern die Regenbogenfarben als Frankfurter Block zu inszenieren, darf bezweifelt werden. Die erkannte man wenigstens auf den ersten Blick, wobei man jedoch vorgeben musste wegzuschauen. Der so ertappte Verfasser erinnert sich peinlich an die seitens einer Akademiepräsidentengattin ausgesprochene Maßregelung «Man schaut anderen Leuten nicht ins Bücherregal!»

Die Privatbibliothek ist eine Selbstinszenierung der eigenen Gelehrsamkeit. Als papiergewordener Ausweis der eigenen Belesenheit soll sie vom intellektuellen Geschmack zeugen und laviert doch wie alles Verdinglichte immer entlang der Grenze zum Vulgären. Noch in der Ordnung der Bücher bildet sich eine unbescheidene Protzerei ab. Der Barbar wagt, sie nach Größe aufzustellen, Naive und Prätentiöse gruppieren nach Thema (und müssen ständig mit den eigenen wechselnden Perspektiven umräumen), und erst Fortgeschrittene finden zu einem unveränderlichen System, etwa nach aufsteigendem Geburtsjahr der Autoren.

Weniger prestigebewussten Besitzern ist ihre Sammlung nicht Staffage, sondern bitter ernsthafte Selbstverpflichtung. Die ständigen Zukäufe bilden ihren angestrebten geistigen Horizont ab. Ein Handapparat auf einem Beitisch belegt das Vorhandensein laufender Projekte. Den Charakter der Arbeitsbibliothek unterstreichen ferner die über die Rückenhöhe herausragenden Notizzettel und ausgeschnittenen Rezensionen (auf vergilbtem Zeitungspapier mit handschriftlicher Datierung). Gerade die Hochschätzung von Paratexten und Sonderdrucken kündet von einer praktizierten Buchgelehrsamkeit.

Dieser Typus Gelehrte rechtfertigt seine maßlosen Anschaffungen verlegen mit der evidenten Nützlichkeit ständig verfügbarer Privatexemplare. Datenbanken beäugt er mit Misstrauen und in ständiger Bereitschaft zur Schadenfreude. Dem Buch als einzig unverwüstlichem Speichermedium gilt seine unteilbare Hochachtung. Er verweist zornig auf die zunehmenden Restriktionen der Fernleihe und die ruinöse Anschaffungspolitik seiner Institutsbibliothek. Auch kann er in die Werke seiner Privatbibliothek Marginalien notieren, nicht mit Filzstift oder Kugelschreiber allerdings, obwohl er sie nie löschen und die Bücher immer sein Eigentum bleiben werden (seine alten Irrtümer faszinieren ihn immer wieder!). Wie viel besser war es noch vor Jahren, als die wesentlichen Neuerscheinungen dem → Ordinarius rasch vorgelegt wurden! Er geißelt den Umschwung als Teil einer organisierten Schikane des Staates an seinen wehrlosen Universitätsangestellten. Daraus zieht er die Legitimation zur Privatrache und kompensiert sich durch Mitnahme der Institutsexemplare an den heimischen Schreibtisch; dort arbeitet er ohnehin lieber, weil er weniger gestört wird. Er vermischt die Bestände miteinander, verstreut Seltenes an entlegene Orte seiner Behausung, um es dann zu vergessen.

In diesen goldenen Jahren hat der Forscher noch die Vision einer bedeutenden Gelehrtenbibliothek. Erreichbare 7500 Bände wie Friedrich Gundolf. Oder 60 000 wie Aby Warburg? 150 000 Martin Bodmer! Er kauft ohne Rücksichten auf realistische Lesekapazität oder die zunehmende Unwohnlichkeit der Wohnräume. Auf Beutezügen durchstreift er Antiquariate, Auktionen und alle Winkel des Internet. Er rafft die Bände wie im Rausch, halb glücklich von der Aufgabe erfüllt, halb von ihr zerfressen. Seinen letzten → Ruf wird er auch aus Angst vor den Mühen des Umzugs ausschlagen. In dieser Selbstüberschätzung und Besitzgier verdämmern die besten Jahre.

Mit der Zeit kehrt eine unbenennbare Bedrückung in seine Privatbibliothek ein. Die mit den Anschaffungen verbundenen → Projekte haben sich nicht realisiert; die Gründe sind Legion, aber die den höflich fragenden Gästen gegenüber formulierten Entschuldigungen streuen nur noch mehr Salz in die Wunde des eigenen Scheiterns. Der Gelehrte fühlt nun eine Beklemmung, als ob ihn die gealterten Bücher ansehen. Sie wispern ihn beim Vorbeigehen an: Warum hast Du mich gekauft, wenn Du mich nun nicht liest? Dass er kein degoutantes Amüsement mehr bei der naiven Frage überwältigter Besucher «Haben Sie die alle gelesen?» verspürt, ist nun längst von einer schwereren Paranoia überdeckt. Irgendwann wird er ein Stück nach dem anderen ein letztes Mal in der Hand gehabt haben (er weiß es dann noch nicht), und die Erinnerungen an die Mühen der Beschaffung sind bedeutungslos geworden.

Nach dem Tod des Gelehrten bleiben die Bücher zurück; die Hoffnung zu Lebzeiten, sie mögen nach dem Dahinscheiden seinen Ruhm und sein Ansehen dinglich repräsentieren, wird sich in ihr Gegenteil verkehren. Den Gelehrtenwitwen und den anderen Hinterbliebenen ist die Masse des staubigen Papiers eine Last, über die sie beschämt klagen. Der Antiquar macht nur lächerlich geringe Angebote. Die angefragten → Bibliotheken nehmen von einem Kauf Abstand. Selbst wenn sie Geld hätten, sie bräuchten die Dubletten nicht. Sie sagen das am Telefon und ohne den Bestand anzusehen. Ob man nicht die Bibliothek als ganze erhalten könnte, fragen die Erben, selbst um den Preis einer Schenkung ans Institut? Die Bibliothekarin winkt müde ab und verzieht einen Mundwinkel. So bedeutend war der Verstorbene als Forscher doch eher nicht.

MV

**PRIVATISSIMUM** – Bei einem ‹Privatissimum› handelt es sich um ein Stelldichein der besonderen Art, zu Hause bei dem Herrn Professor. Es ist ein Oberseminar nach Einladung. Assistenten, Doktoranden und andere Abschlusskandidaten sind automatisch eingeladen und zudem verpflichtet zu erscheinen. Besprochen werden Aufsätze des Professors und der Mitarbeiter sowie wichtige Arbeiten der Literatur. Die Diskussionen ähneln Probekämpfen, manchmal, in guten Momenten, ähneln sie einem Schaulaufen.

Wer macht die Schnittchen und wer schenkt das Mineralwasser ein? Früher wurde an solchen Abenden, der bevorzugten Tageszeit für diese Veranstaltung, viel geraucht, heute muss man dafür auf

den Balkon. Die Balkontür bleibt für die Raucher offen, damit sie der Diskussion weiter folgen können.
So bildet sich eine verschworene Gemeinschaft. In der Wirtschaft muss man für ein *Bonding Training* viel Geld bezahlen EME

PROFESSORENGATTIN – Ein Klischee ist fast genauso alt und ausgetreten wie das des Professors (→ Zersteutheit), und das ist jenes der «Professorengattin», diesem dienstbaren und unentbehrlichen Wesen, das man sofort vor sich zu sehen meint, wenn sein «Titel» fällt. Auf Äußerlichkeiten legt sie wenig Wert, sie nimmt sich zurück, ist gedeckt gekleidet, ungeschminkt, die in Ehren ergrauten Haare im Nacken zum Dutt gesteckt als einziger Schmuck eine Perlenkette (aus Familienbesitz) oder eine (wahrscheinlich über die *Wissenschaftliche Buchgesellschaft* erworbene) ägyptisierende Brosche.
Die Professorengattin, wie sie nicht nur im Buche steht, unterstützt ihren Mann, wo sie kann. Sie hört sich seine Thesen in Rohform an, gibt Anregungen, lauscht Buchprojekten und Aufsatzideen, tippt seine Manuskripte, hält ihm die lästigen Tagesgeschäfte und alle Dinge vom Hals, die ihn sonst bei seiner hehren geistigen Tätigkeit stören könnten (→ Weltfremdheit). Lärmende Kinder etwa, die nicht in die Nähe der heiligen Hallen seines Arbeitszimmers geraten dürfen, lästige Anrufer und hämische Rezensionen, die sie vor ihm liest, um mäßigend auf seinen zu erwartenden Wutausbruch einwirken zu können. In früheren Zeiten, als Studenten ihre Professoren noch zu Hause aufsuchten (→ Privatissimum), servierte sie freundlich, aber distinktionsbewusst den Tee und selbstgebackene, etwas trockene Plätzchen. Selbst hochgebildet, bleibt sie stets diskret im Hintergrund.
Das Gros dieser Frauen ist namenlos, das heißt genau genommen kennen wir all ihre Namen, denn es sind die ihrer Männer. Ihre einzige Möglichkeit, selbst in die Geistesgeschichte einzugehen, sind → Danksagungen (selten, denn warum einer Selbstverständlichkeit danken?), Widmungen (das häufige schlichte «meiner Frau» hilft freilich nicht viel weiter), Nachlassstreitig-

keiten (die Witwen!), Briefbände (die zwar die reale Eigenständigkeit von Frauen wie Gretel Adorno und Elfride Heidegger demonstrieren mögen, ohne Teddy und Martin aber kaum denkbar wären) oder Erinnerungsbücher – wobei noch die berühmtesten, etwa von Marianne Weber, Toni Cassirer oder Monika Plessner, vom illustren Namen ihrer Gatten profitieren (→ Nekrophilie).

Unser Bild der Professorengattin wirkt wie eine Reminiszenz an die fünfziger Jahre oder noch frühere Zeiten großbürgerlicher Ordinarienherrlichkeit, als die Gattin noch selbst als «Frau Professor» angesprochen wurde und sich mit «Frau Direktor» und «Frau Geheimrat» zum Kränzchen traf.

Im Grunde gleicht diese Vorstellung von der Professorengattin der der Schule in der *Feuerzangenbowle,* so dass sich historisch-ideologiekritisch die Frage stellt, ob es «die» Professorengattin je wirklich gegeben hat. Ihr Mythos aber lebt weiter. *CP*

**PROJEKT** – Projekte sind vorentworfene, meist kooperative Forschungsprozesse. Für ihre Durchführung wird etwas Neues, etwas Besonderes, im Prinzip etwas *Einmaliges* versprochen. Dieser Anspruch muss durch Andere, Kollegen oder (wissenschaftlich, ökonomisch, politisch interessierte) Auftraggeber bestätigt werden, damit die Arbeit legitimiert ist und (vor allem finanziell) gefördert werden kann. Im Regelfall wird sie unter modernen Bedingungen (→ Drittmittel) auf diese Weise erst möglich.

Mit der Zunahme projektförmiger Forschung ergeben sich weitreichende Veränderungen im normativen Anforderungsprofil und den Regeln des Systems der Wissenschaft: Man muss viel früher seine Ideen preisgeben (→ Patente) und setzt sich dem Risiko aus (vor allem bei der Teilnahme an Förderungswettbewerben), dass aussichtsreiche Fragestellungen Anderen bekannt, aber nicht gefördert werden. Man muss laufend, in Form von Zwischenberichten, Publikationen oder bei Neuanträgen, Ergebnisse vorweisen, obwohl die Arbeit noch nicht so weit gediehen ist. Bereits die initiierenden → Anträge müssen eine eigentümliche Mischung von Bezugnahme auf Bekanntes, intersubjektiver Verständlichkeit und von «Solidität» einerseits und von «Offenheit», zugespitzt: von zukunftsheischender Hochstapelei andererseits aufweisen. Die Begründung dafür, dass man ein Ziel verfolgt, dessen Erreichen aussichtsreich ist, und dessen Nichterreichen immer noch weiterführende Ergebnisse erwarten lässt, muss also stets vorgängig gegeben werden. Das ist eigentlich paradox; Kreativität lebt aber vom produktiven Umgang mit Paradoxien. CS

PRÜFUNG – Ich habe einen Freund. Es gibt ein Foto, das ihn am Tag der Geburt seiner über alles geliebten Tochter am Wochenbett seiner Partnerin sitzend zeigt. Auf seinem Bauch schläft rosig und zart das kleine Glück. Was an diesem Foto irritiert, ist der gequälte Blick des frischgebackenen Vaters. Wohin starrt er so intensiv? Nicht auf den Säugling, nicht auf die Mutter, sondern in das Buch in seiner Hand: Er → büffelt für die nächste Prüfung.
Ich habe auch einen Diplomvater. Am Tag meiner letzten und wichtigsten Prüfung kam ich aufgeregt und darauf bedacht, nicht zu sehr zu zittern, damit nichts des mühsam über Monate in mich hineingepressten Stoffes herausfalle, zum angesetzten Termin. Aber mein Professor war nicht da (→ Ausschlafen). Er hatte die Prüfung schlicht vergessen. Ich musste am nächsten Tag wiederkommen.
Beide Geschichten machen eines klar: Die Relevanz von Prüfungen hängt vom Standpunkt des Betrachters ab. Die Bedeutsamkeit einer Prüfung ist aber nicht nur personenabhängig, sie ist auch eine Funktion der Zeit. Je größer der zeitliche Abstand zur Prüfung, desto unwichtiger wirkt sie (→ Angst). Dies gilt, vom Prüfungstermin aus gesehen, für beide Richtungen der Zeitachse. Wer kann denn noch seine existentiellen Ängste der schlaflosen Nacht vor dem Vokabeltest in Klasse sechs nachvollziehen? Andererseits – wer hat sich in besagter Nacht bereits um das Diplom gesorgt? Na also. ES

# Q

**QUEENBEE** – Die Queenbee ist weiblich, Wissenschaftlerin – und hat es geschafft! Geschafft, in einer von Männern beherrschten Domäne ganz nach oben zu kommen. Sie hat hart dafür gekämpft und jetzt ist sie da, wo sie hinwollte. Da will sie bleiben, und zwar alleine. Sie setzt sich allerdings häufig für Frauen in der Wissenschaft ein und betont die Wichtigkeit, Beruf und Familie vereinbar zu machen. Aber wehe, wehe! eine ihrer Mitarbeiterinnen wagt es, schwanger zu werden. Das wird nicht goutiert. Schließlich hat sie, die Queenbee, ja auch Opfer bringen müssen und da sollen es die Nachrückenden nicht einfacher haben (→ Kinder). Dann würden die eigenen Opfer ja vergleichsweise verblassen. Und dann wäre die Queenbee auch nicht mehr so alleine unter all den → Männern, was sie zwar wortreich beklagt, insgeheim aber durchaus genießt. *Meetings*, in denen sie die einzige Frau ist, sind ihr Element. Sie will bewundert werden, und das nicht nur als eine Person, die Herausragendes in der Wissenschaft leistet. Nein, sie soll auch und gerade als Frau anerkannt werden. Daher flirtet die Queenbee gerne, trägt kurze, enge Röcke (auch wenn sie es sich nicht immer leisten kann, schließlich ist sie nicht mehr zwanzig). Manchmal kann sie geradezu etwas Laszives an sich haben, wenn sie sich zu einem der Kollegen hinüberbeugt, um ihm während einer Diskussion etwas zu verdeutlichen. Die Männer liegen ihr zu Füßen. Auch schon alleine deshalb, weil sie mehr oder weniger die einzige Frau auf weiter Flur ist (→ Finnland). Und das ist natürlich genau der Grund, warum sie es lieber weiterhin so belassen würde. Wer will sich schon die Konkurrenz ins eigene Haus holen?

AMF

# R

**RATTENOPFER** – Experimentell arbeitende Forscher, die Tierversuche machen, bemühen sich auch heute noch, diese zu verheimlichen bzw. zu marginalisieren. Man arbeite ja *nur* an Ratten. Tiertötungen (das Tier stirbt sofort) werden sauber unterschieden von Tierversuchen (das Tier stirbt nach einer mehr oder weniger langen Narkose). Darüber hinaus werden die verwendeten Tiere für den Tierversuchsantrag als möglichst weit vom Menschen entfernt beschrieben (während bei Drittmittelanträgen die Nähe und Ähnlichkeit zum Menschen gar nicht genug betont werden kann). Dahinter steckt oft gar nicht ein besonderes Schuldgefühl (die meisten Tiere in den Händen von Naturwissenschaftlern werden wesentlich besser behandelt als landwirtschaftliche Nutztiere oder manche Haustiere), sondern die Erfahrungen sozialer Ächtung, lästiger Diskussionen und eines Rechtfertigungsdrucks. Diesen umgeht man, haben die Naturwissenschaften gelernt, nicht am besten durch Lüge, sondern durch Unsichtbarkeit. MK

**RAUCHEN** – Es war irgendwann in der Mitte der achtziger Jahre, als sich der Widerstand gegen das Rauchen an der Universität formierte. Eine Abstimmung müsse her, damit der schädliche Dunst endlich aus den Räumen der Universität verschwinde. Die Professorin ging mit dem Anliegen *ganz dakor*, wie das damals hieß. Margeritha von Brentano hatte sich gerade eine neue – die alte brannte noch im Aschenbecher vor ihr – Zigarette angezündet, als sie das Abstimmungsergebnis, das das Verbot des Rauchens zur Folge haben sollte, mit den Worten kommentierte: das sei wunderbar so, nur sie müsse leider weiter rauchen, weil sie sonst nicht denken könne. Und den Gedanken hat das Rauchen nicht geschadet. Es ging damals um Wissenschaftstheorien von Adorno, Husserl, Heidegger und Feyerabend. Heute wird nur noch wenig geraucht, aber die es tun, sind von widerständiger Kraft. Man kann sie oft nur hierzulande oder im rauchenden Ausland erleben. Die USA meiden sie, und dem Denken dort unten tut das nicht unbedingt gut. *CR*

**REFERAT** – Es ging um irgendetwas. Was, war nicht leicht auszumachen. Nur Anhaltspunkte gab es: Das Seminaroberthema und auch den Titel des Referats. Beides stand auf der ausgedruckten Themenliste. Der Student hatte sein Referat gründlichst vorbereitet. Das konnte man jedenfalls annehmen, hatte er doch einen Stapel Papier bei sich, und oben drauf lag sein Text, zehn, zwölf Seiten lang, eng bedruckt. Es war viel Arbeit gewesen. Lange hatte es gedauert, bis er sein Thema einigermaßen fassen, einkreisen, begreifen konnte. Der Student war fortgeschritten, schon einige Referate hatte er in Seminaren gehalten. Er war gut. Sehr gut. Doch man verstand nichts. Als er anhob zu sprechen, meinte man ein Verbalmaschinengewehr seine tödliche Arbeit verrichten zu hören. Ein Wort jagte das nächste. In vollkommen regelmäßigen Abständen, in kürzesten Intervallen schossen die Worte aus dem Studentenmund. Als ob er seine lange Arbeit jetzt so schnell es ging hinter sich lassen wollte. Der Student schoss ohne Gnade. Keiner begriff etwas. Der Professor, die Assistenten, die Kommilitonen, sie alle lauschten nur noch der Maschinerie des Vokabelauswurfs. Die anschließende Diskussion war lebhaft, vielleicht weil sie ganz losgelöst vom Gehörten war. Dem Studenten sagte niemand – und hatte in den vorangegangenen Seminaren niemand gesagt –, dass man ihn nicht verstanden hatte. Jeder lobte sein Referat (→ Nichtangriffspakt). Es interessierte offenbar niemanden wirklich, weder den Professor noch die Assistenten und Studenten. Sonst hätte ihm wenigstens einer zugeflüstert: Es kommt nicht nur auf das Aussehen an (→ Coolness), sondern auch auf das Aussprechen. *RMK*

**REKTOR** – Der Rektor oder Präsident einer Hochschule hat verschiedene natürliche Gegner, mit denen er sich bisweilen in zum

Teil intensives Wadenbeißen verwickeln lässt. Inneruniversitär sind dies alle Universitätsangestellten, insbesondere Professoren, darunter ganz speziell Lehrstuhlinhaber und an prominentester Stelle Dekane, die es bisweilen wagen, anderer Meinung zu sein; außeruniversitär die gesamte Gesellschaft, die murrend die Frage stellt, wofür die stilistische Aufarbeitung niedernordischer Literatur des 11. Jahrhunderts wichtig sein könnte (wobei der Rektor dies manchmal selbst vergisst, sich aber reflexhaft schützend vor seine Universität stellt), und innerhalb der Gesellschaft besonders die lieben Kollegen Rektoren der anderen Universitäten sowie ganz speziell die Ministerialdirigenten des Wissenschaftsministeriums, die dem Rektor bisweilen das Gefühl geben, doch nur ferngesteuert und nicht in allen Entscheidungen frei zu sein (→ Drittmittel). Auseinandersetzungen mit diesen Gruppen kompensiert der Rektor durch kurzfristiges Scheiternlassen von Berufungsvorschlägen, rasenmäherartig angelegte Sparbeschlüsse oder die Bildung eines neuen Zentrums, dessen Berechtigung nur von wenigen gesehen wird, das aber mittelfristig des Rektors Namen tragen und auf absehbare Zeit alle frei verfügbaren Mittel der Universität binden darf.

An den meisten Hochschulen obliegt es dem Rektor auch, Bleibeverhandlungen durch geschickte Gesprächsführung nach seinem Gusto ausgehen zu lassen. Zwei Beispiele solcher durchaus delikaten und viel taktisches wie diplomatisches Geschick erfordernden Bleibeverhandlungen sind im Folgenden ungekürzt wiedergegeben:

Fall A: Der Rektor ist nicht davon überzeugt, dass Professor X eine besonders zentrale Stellung innerhalb der Universität einnimmt, obwohl Professor X dies natürlich diametral anders sieht.

| | |
|---|---|
| Professor X: | Verehrter Herr Rektor, darf ich Ihnen herzlich für die Möglichkeit dieses persönlichen Gespräches danken und Ihnen versichern, wie sehr ich Sie persönlich als Bereicherung für diese Universität empfinde? |
| Rektor: | Schon recht. Guten Umzug. |

Professor X (*bricht in Tränen aus*): Wie, das war's schon ...? Kein Bleibeangebot?
Rektor: Der Nächste, bitte.

Fall B: Der Rektor ist nicht davon überzeugt, dass Professor Y eine besonders zentrale Stellung innerhalb der Universität einnimmt, und Professor Y hat sowieso vor, diese Hochschule zu verlassen.

Professor Y: Guten Tag.
Rektor: Guten Tag.
*Langes Schweigen.*
Rektor: Tja ... also ...
Professor Y: Ja ... genau ...
Rektor: Wollen Sie wirklich ...?
Professor Y: Nein, also ... das heißt, doch ...
Rektor: Guten Umzug.
*Professor Y verlässt grußlos den Raum.* GM

RESEARCH BY EMAIL – «In den → Semesterferien habe ich keinen einzigen freien Tag, weil ich ständig auf Konferenzen bin. Dort und im E-Mail-Verkehr findet die eigentliche Forschung statt.»

REZENSIONSETHIK – Buchbesprechungen in wissenschaftlichen Zeitschriften sind seit dem 18. Jahrhundert das wichtigste Mittel der Verständigung innerhalb der *scientific community*. Vom Debüt bis zum letzten Werk (→ Nachruf) registrieren sie den Rang eines Autors. Die Wissenschaft wiederum erwartet vom Autor kritische Beiträge zu den Werken anderer. So verständigt man sich, lobt und tadelt, registriert Neuheiten, wirft Blicke zurück und gibt Ausblicke auf die Zukunft. Eine «Besprechung» setzt definitionsgemäß kritische Distanz, wissenschaftlichen Anspruch, geistige Unabhängigkeit voraus. Sie soll das Gerade gerade, und das Krumme krumm nennen. Das ist ein heikles Geschäft, ist wissenschaftliche Kleinkunst, ein Tanz mit allen Gefahren: etwa von Peinlichkeit oder zu grober Redlichkeit, von ungerechtem Verriss oder schamloser Schmeichelei, gehaltvollem Diskussionsbeitrag oder Phrasen. Ob eine Wissenschaftsdisziplin eine «Rezensionskultur» mit Manieren kennt, ist eine Frage der allseits akzeptierten Moral, also der generationsweise weitergereichten Standards.

Zu den elementaren Standards oder «Manieren» gehört zum Beispiel, dass man sich nicht selbst bespricht. Diese Regel ist so einfach, dass sie überflüssig wirkt. Aber in der Rechtsgeschichte gibt es den Fall, dass ein für die Rezensionen verantwortlicher Herausgeber einer Zeitschrift dort seine eigenen Bücher bespricht, offenbar in Unkenntnis der feinen alten Unterscheidung von «Besprechung» und «Selbstanzeige». Nur in letzterer durfte der Herausgeber das Publikum von einer Arbeit in Kenntnis setzen, die er gerade wegen der Kollision von Herausgeber- und Autorschaft nicht im eigenen Organ besprechen lassen konnte. Gleichwohl nahm er dort in betont bescheidener Wortwahl die Chance wahr, wenigstens in ein paar Sätzen zu sagen, worum es ging. Eine Bewertung der Arbeit war in diesen Zeilen ausgeschlossen.

Eine zweite Regel lautet, dass man nicht selbst anbietet, sondern wartet, bis man von einer Redaktion gefragt wird. Die im Selbstangebot liegende Gefahr, eine für das Publikum unerkennbare Gefälligkeitsrezension zu liefern, liegt auf der Hand. Das geht auch indirekt, etwa wenn der bei der Redaktion gut bekannte Rezensent für seinen Doktoranden oder Habilitanden, Kollegen oder Freund Hilfestellung leistet, damit deren Bücher besprochen werden. Das ist offene Korruption. Deshalb sollte auch ein Doktorand oder Habilitand nicht seinen Professor in Verlegenheit setzen, indem er/sie darum bittet, solche Hilfestellung zu leisten. Gleichwohl wird gegen diese Regel massenhaft verstoßen (→ Blurb), vor allem wegen gestiegener Konkurrenz und dem Wunsch nach Erregung von Aufmerksamkeit in Zeiten der Ökonomisierung der Universitäten. Manieren erodieren, wenn es ums Überleben geht.

Drittens: Wer ist der richtige Rezensent? Das ist die in allen Redaktionen kollektiv erörterte oder einsam vom Herausgeber zu entscheidende Frage. Wählt man den jungen Naseweis, der noch nichts Vorzeigbares geleistet hat, aber eine flotte Schreibe verspricht? Wie jung («unausgewiesen» im wissenschaftlichen Sinn) soll er aber sein dürfen? Rezensieren sie als wahre Grünschnäbel, die bisher noch nichts geleistet haben, dann ziehen sie mit Recht skeptische Blicke auf sich. Soll man den abgeklärten Emeritus, aber wissenschaftlichen Gegner wählen, den Fakultätskollegen oder gar den Assistenten des zu Besprechenden? Viele Fehlgriffe sind möglich. Wer hier entscheidet, sollte ein bisschen Bescheid wissen, welche Animositäten es gibt, wer zu wem gehört, wer alt oder jung ist. Jeder Rezensent ist ein zu gewinnender Autor, kein Jagdhund, den man auf die Hasen des gegnerischen Lagers ansetzt.

Viertens: Alle Bücher sind irgendwie kritisierbar, und nahezu jedes Buch hat auch einen Aspekt, der es verdient, gelobt zu werden. Angesichts der Subjektivität aller Urteile sollte der Rezensent auch die Möglichkeit bedenken, dass jeder andere Leser ein anderes Urteil formulieren würde, dass es Aspekte gibt, die dem Schreibenden verborgen bleiben, die aber der nächste Leser entdecken könnte. Jedes Buch hat sein Milieu, seinen Stallgeruch. Man kann das mögen, aber auch mit Idiosynkrasie darauf reagieren. Es gehört zu den guten Manieren, harsche Urteile über Bücher, die einem gar nicht passen, noch einmal zu überschlafen und dabei auch zu versuchen, sich die Leserseite vorzustellen. Aber auch umgekehrt: Ein schlechtes Buch sollte nicht mit milder Sauce übergossen werden, um noch als genießbar zu gelten (→ Kritik).

Schließlich: Eine der plattesten Formeln der Rezensionsrhetorik lautet, die Neuerscheinung «fülle eine Lücke». Diese öde Formel evoziert ein falsches Bild. Sie setzt voraus, der Kosmos des menschlichen Wissens könne Stück für Stück komplettiert werden. Das Buch, das eine Lücke füllt, nimmt teil am Fortschritt der Wissenschaft, ja der Menschheit. Indem sich die Lücken langsam füllen, wird das Bild allmählich voller und richtiger. In den Naturwissenschaften wirkt diese Formel besonders suggestiv; denn tatsächlich scheinen sich die von Einzelnen gelieferten Bausteine «lückenlos» in die Lücken zu fügen. Durch die gemeinsame

Anstrengung werden der Natur ihre Geheimnisse «abgerungen». In den Geistes- und Sozialwissenschaften, die ihre Deutungen von Welt und Texten im Rhythmus der Generationen neu schreiben und neu interpretieren, ist das «... füllt eine Lücke» ganz unbrauchbar. Was ein solides Gebäude mit ein paar Lücken zu sein schien, erweist sich bald als abbruchwürdig. Oft zerfallen ganze Gruppen von geisteswissenschaftlichen Hochhäusern durch die Regenschauer der Paradigmenwechsel (→ Mode). Die Metapher der Lücke taugt nichts, vielleicht nicht einmal in den Naturwissenschaften.

Alles in allem hat Lichtenberg doch wohl Recht zu sagen: «Ich sehe die Rezensionen als eine Art von Kinderkrankheiten an, die die neugebornen Bücher mehr oder weniger befällt. Man hat Exempel, dass die gesündesten daran sterben, und die schwächlichen oft durchkommen. Manche bekommen sie gar nicht. Man hat häufig versucht, ihnen durch Amulette von Vorrede und Dedikation vorzubeugen oder sie gar durch eigene Urteile zu inokulieren, es hilft aber nicht immer». MS

RIESENBURGER – In der Diktion moderner Hochschuldidaktik ist eine → Vorlesung eine «Veranstaltung mit großen Auditorien». Für sie sollten die gleichen strengen erwachsenenpädagogischen Kriterien gelten, wie für alle modernen Seminarformen. Die Hochschuldidaktik empfiehlt auch und gerade für Vorlesungen einen *Wechsel von kollektiven und individuellen Lernphasen* anzustreben, was als Sandwich-Prinzip bezeichnet wird. Der «Riesenburger» sollte nach folgendem Rezept zubereitet werden:

Der *Einstieg* ist eine besonders wichtige Phase. Niemals in ein Gemurmel hinein mit der Veranstaltung beginnen. Damit ist der erste Standard versaut (→ Schweine). Sie erlauben anderen zu reden, während Sie sprechen. Warten Sie ab, bis Ruhe einkehrt. Stellen Sie sich vor, nennen Sie das Thema und Ihre Agenda, Fortgeschrittene erfreuen ihr Publikum mit einem *Eye Catcher* oder *Advance Organizer.*

Damit Ihr Gegenüber nicht träge wird, folgt sehr bald eine *frühe*

*Teilnehmeraktivierung*. Eine Schätzfrage, ein Rätsel oder eine provokante These, die jeder Zuhörer mit seinem Nachbarn in zwei bis drei Minuten erörtern soll. Es ist nicht unbedingt nötig, die Diskussionsergebnisse abzufragen. Sie können Antworten antizipieren und mit Ihrem ersten dichten und anspruchsvollen Informationsteil beginnen.

In der hochschuldidaktischen Nomenklatur halten Sie ein *Impulsreferat*. Das ist etwas ganz anderes als mit Folienschleudern oder Maschinengewehrsalven auf arme Studierende zu schießen. Sie halten einen gut strukturierten, vielleicht mit Medien gestützten Vortrag, der höchstens 20 Minuten dauern sollte. Mit Ausflügen und Brücken in die Alltagssprache sowie einer symboldidaktischen Kompetenz erobern Sie die Herzen Ihres Publikums (→ Nichtangriffspakt).

Es folgt wieder eine *teilnehmeraktive Phase*. Die Studierenden vergewissern sich mittels Ihrer gezielten Fragen, ob sie das Gesagte verstanden haben. Eine Hochform wäre, wenn die Inhalte anhand eines Falles be- und verarbeitet würden (→ Sit-in). So ermöglichen Sie einen ersten Transfer in die Realität. Ihre Studierenden arbeiten hier je nach Ihren Zielen in Kleingruppen, paarweise bis maximal im Quattro.

Maximal drei Gruppenergebnisse werden nun im Plenum veröffentlicht, ggf. ergänzen weitere Meldungen. Fragen, die offen bleiben, beantworten Sie im nächsten Impulsreferat, dem wieder eine teilnehmeraktive Phase folgt usw. Eventuell eintrudelnde *Papierflieger* nehmen Sie bitte mit *Humor*!

Der Ausstieg bedarf wieder besonderer Aufmerksamkeit. Wissen wir doch, dass die Zufriedenheit der Studierenden mit einer Veranstaltung vom *kräftigen Schluss* abhängt (→ s.t./c.t.). Offene, nicht gut geplante Enden liefern den *frühen Taschenpackern* alle Argumente in die Hand.

Wenn Sie all das beherzigt und trotzdem keinen Erfolg haben, tröstet nur noch die Einsicht, dass Lernen niemals sicher, sondern nur wahrscheinlich ist.

AW / VSH

RISIKOGEREDE – Geheimnisvoll, nanonah und makrofern sind die Welten der Natur längst nicht mehr ein Risiko für den Forschenden. Es ist lange vorbei, dass (Natur-)Wissenschaftler sich selbst im Dschungel oder auf See einer unmittelbaren Gefahr aussetzten (→ Science Party). Das Risiko der Forschung betrifft heute die Umwelt des Forschers. Was wird werden, wenn wir Genmangos essen und Biochips in unseren Venen Wache schieben. Naturwissenschaft zeitigt Folgen, zieht Risiken nach sich, kann Angst machen.

Geisteswissenschaften hingegen können niemandem Angst machen, so zwecklos, orientierungslos, fruchtlos sind sie. Dieser wunderbare Zustand, diese geradezu paradiesischen Voraussetzungen für freies Denken haben dieses freie Denken aber gerade nicht zur freien Entfaltung kommen lassen. Der Geisteswissenschaftler darf heute gar nichts mehr wagen, denn sonst könnte es gefährlich werden, nicht wie bei den Naturwissenschaften für die – in Geistesdingen wahrhaft angstfreie – Gesellschaft, sondern für ihn selbst, sein Auskommen, sein Fortkommen, seine Karriere. Es gibt in den Geisteswissenschaften keine Wagnisse mehr, weil das Abenteuer des Denkens an sein Ende gelangt ist. Forschung findet fast nur noch in Form von Antragsforschung statt. Vorbei die Zeiten, als man unevaluiert am Denktisch saß, las und schrieb.

Jeb Bush, einer der größten Arithmetiker aller Welten und Zeiten, hat den Satz gesagt, den sich auch der Präsident der Max-Planck-Gesellschaft zu eigen gemacht hat: Es komme darauf an, «to nurture the creative class». Das ist wahrlich die Mutter aller Forschungsfronten. Es muss aufgerüstet werden, die kreative Klasse muss zur Kreativität gestopft werden: Interdisziplinarität, Wettbewerb, Netzwerk, Kompetenz, Wissenstransfer, Qualifizierung, Strategie, Kooperation, Verbund, Projekt, Relevanz. Innovation! Exzellenz!!

Der deutsche Stopfgeisteswissenschaftler ist auf dem Weg zum Erfolgsprodukt. Eine Tagung jagt die nächste, die Sammelbände türmen sich. Für die Geisteswissenschaften bedeutet das die Vernichtung des natürlichen, unvermeidlichen, wunderbaren Risikos

des Forschers, eine Idee zu haben oder zu bekommen, diese Idee langsam zu verfertigen oder zu verwerfen und schließlich in einem Buch zu veröffentlichen. Welch absurder Gedanke, sich einfach hinzusetzen und loszudenken (→ Schweigen). Dafür bekommt niemand eine Förderung. Heute ist das Risiko der Forschung eingehegt im antragsmäßig stilisierten Kollektivprojekt. Dem Wissenschaftsparadigma der Naturwissenschaften hinterherhechelnd, beinahe atemlos, werden auch in den Geisteswissenschaften die Ergebnisse erwartbar hingerichtet. Im Antrag weiß die Forschergruppe immer schon, wohin die Forschungsreise gehen wird. Als ob es Neues nicht zu entdecken gäbe.
Das Neue und Unbekannte ist seit jeher das Risiko der Forschung gewesen – für den Forscher. Wird es gelingen? Was (und wie) auch immer? Heute soll dieses Risiko minimiert werden (→ Freiheit). Gefördert wird nur, was Ergebnisse mit einiger Sicherheit erwarten lässt. Mit anderen Worten: Das Risiko der Forschung ist zum Risiko der Forschungsförderung geworden. Riskante Forschung, auch wenn sie überall propagiert wird, kommt dabei unter die Räder.

*RMK*

**RUF** – «Ich habe einen Ruf!» Dieser Satz symbolisiert einen der glücklichsten Momente im Leben eines Wissenschaftlers. Ein Ruf – vielleicht sogar an eine alt-ehrwürdige, hoch angesehene Universität? Auf einen mit großen Vorgängernamen belegten Lehrstuhl? Dieser Satz öffnet Raum für Fragen – und viele peinliche Antworten.
In der Umgebung des «Berufenen» nämlich gibt es nicht nur eitel Freude und Sonnenschein, sondern verschiedene Typen von Menschen: Neider (z. B. Kollegen, die seit Jahren auf einen Ruf warten), Abhängige (z. B. Diplomanden, die mitten in ihrer Diplomarbeit stecken), in Mitleidenschaft Gezogene (z. B. Kollegen, die einem den Ruf zwar nicht neiden, aber die bei Weggang anfallende Lehre mit übernehmen müssen), aber natürlich auch die, die sich von Herzen darüber freuen (Eltern, Geschwister und sonst niemand). Und all diese Leute stellen Fragen.

Der im Wissenschaftsbetrieb Unerfahrene fragt: «Ein Ruf? Was für ein Ruf? Wer hat gerufen? Hörst Du Stimmen? Brauchst Du Hilfe?» Darauf kann man ganz souverän antworten, dass ein Ruf die höchste Anerkennung wissenschaftlicher Arbeit und eine Sternstunde im Leben eines Wissenschaftlers sei, dass er vom → Rektor einer Universität oder früher gar von einem Minister persönlich unterschrieben wurde usw. usf.

Der Hinterlistige dagegen fragt: «Ein Ruf? Auf was für eine Stelle?» Hier ist nun Vorsicht geboten. Wenn man nämlich lediglich auf eine W2-Professur ohne Ausstattung berufen wurde, so kann es passieren, dass das gespannte Interesse des Fragenden sich in ein hämisches Grinsen verwandelt, da er weiß, dass sein Heizungsmonteur mit 35 schon mehr verdienst, als der frisch Berufene je verdienen wird. Hat man dagegen einen Ruf auf einen Lehrstuhl, früher C4 und jetzt W3, so hat man in dieser Fragerunde nichts zu befürchten; die Andacht des Fragenden ist einem zunächst sicher. Doch wird weiter gebohrt: «Wo ist dieser Lehrstuhl? Was für eine Ausstattung hat er?»

Wie man mit einem Ruf umgeht, hängt von verschiedenen Randbedingungen ab, und zwar Alter, derzeitiger Stellensituation, Vermögen, Privatleben und wissenschaftlicher Orientierung. Die zwei Extreme sind leicht zu definieren: der arme Schlucker, der mittellos und schon etwas älter (was heutzutage schon bei etwa 30 anfängt) als Single auf einer in wenigen Monaten auslaufenden, befristeten Stelle einem Ruf entgegengefiebert hat, wird ohne Verhandlung alles annehmen, was sich ihm bietet, und wird jede Gehaltskürzung und Ausstattungsverminderung klaglos akzeptieren. Der mit einer Schweizer Bankerbin verheiratete erfolgreiche Lehrstuhlinhaber, der sich beworben hat, um noch einmal seinen Marktwert zu testen (→ Bemühenszusage), wird typischerweise nur durch horrende Angebote seitens der berufenden Universität dazu zu bewegen sein, sein bequemes und wohlgeordnetes Leben an Ort A aufzugeben, um nach B zu übersiedeln. Zwischen diesen Extremfällen liegen unendliche Möglichkeiten, die unter Kollegen zu dem beliebten Fragespiel Anlass geben: «Wird er ihn annehmen oder nicht?», das gegenüber dem vorausgehenden Spiel «Wird er den Ruf bekommen oder nicht?» allerdings den entscheidenden Nachteil hat, dass es keine Möglichkeit zu wirklicher Häme bietet.

Abschließend ist noch die in weiten akademischen Kreisen übliche Meinung zu erwähnen, dass der erste Ruf nicht abgelehnt werden dürfe. Obwohl eine Begründung dafür nie ausgesprochen wird, scheint man sich – im Gegensatz zur Privatwirtschaft – irgendwie aussätzig zu machen, wenn man nach einem erfolgreichen → Berufungsverfahren die Ehre des Rufes so gering schätzt, dass man ihn ablehnt, ohne eine feste Stelle zu haben. Was anderswo als Charakterstärke oder Selbstbewusstsein geschätzt würde, führt häufig dazu, dass man nie wieder eines Rufes für würdig befunden wird. Insofern ist ein erster Ruf in der Tat ein «Angebot, das man nicht ablehnen kann». GM

# S

SAMMELFUSSNOTE – In der Sammelfußnote bricht sich der gestaute Wissenschaftselan des Forschers gewalttätig Bahn. Er hat bibliographiert, kopiert, sondiert. Vor den Schrecken seiner Arbeit im Büro, Labor und Archiv steht die Bestandsaufnahme des früheren Fleißes der Kollegen. Nur ein Zehntel des Eisbergs der Gelehrsamkeit ragt aus dem Ozean der Wissenschaft. Verlagswerbung, Mundpropaganda und Zitierkartelle machen einiges sichtbar und versenken doch das Meiste in den ungeblätterten Bibliographien unbeachteter Forschergruppen. In der Sammelfußnote kommt der Schlamm der Gelehrsamkeit wieder zum Vorschein. Nicht Ideen, keine Thesen, die bloße Masse ist das nachgewiesene Ferment des wissenschaftlichen Fortschritts. Die Sammelfußnote verzeichnet alles. Auf S. 1 des Themas platzt Anm. 1

herein als Miniaturbibliographie und typographische Repräsentation eines Meters Bibliothek zu Beweiszwecken. Sie raunt dem Leser betäubend zu: Mein Verfasser hat alles zu seinem Thema gesehen.
Unter den wissenschaftlichen Ruhekissen ist die Sammelfußnote für den Autor das Kronjuwel. Vor dem entsetzten Blick des vormals neugierigen Lesers marschieren in feindlicher Willensrichtung Kolonnen von Lexikonartikeln, Festschriftbeiträgen und Monographien auf: Wer es mit dem Autor aufnehmen will, muss sich erst durch uns hindurchkämpfen! Wenn die Sammelfußnote nicht das Satzsystem zum Absturz bringt, dann jedenfalls das Auge des Lesers. Man weiß es bei der Begegnung mit der hochgestellten «1» im Text noch nicht, aber die Sammelfußnote wird sich über mehrere Seiten klotzen. Dem Buch zwingt sie ein Layout auf, das nördlich der Umbruchlinie keine sinnvollen Sätze mehr duldet. Dicht gedrängt stehen die Nachweise unter dem schmalen Text, angriffslustig nach dort oben hin: Sie wollen belegen, unterlegen und immunisieren. Sie brauchen immer noch mehr Platz. Am liebsten wären sie Alleinherrscher. Der Autor gibt ihrem Drängen nach, und im *clash of citations* wird sich die Demarkationslinie zwischen Argument (oben) und Arsenal (unten) weiter nach Norden verschieben. Wer aber in der verkleinerten Schrift südlich der Umbruchlinie noch suchen mag, hat schon gewonnen: Er darf auswählen, wo noch nicht ausgewählt wurde. *MV*

SCHEINERWERB – Bezieht sich nicht auf den Erwerb einer der zumindest gegenwärtig noch eher seltenen Einspielungen von Musik des Früh-Barockkomponisten Johann Hermann Schein (1586–1630). Auch Schein im Sinne von Lug, Trug, Vorgaukelei, häufig als Gegenpol zu einem irgendwie wirklicheren ‹Sein› wird hier nicht erworben. Oder vielleicht doch? Man ist sich nicht immer so sicher. Insbesondere wenn von ‹Scheinkriterien› gesprochen wird, stellt sich eine gewisse Unsicherheit ein, ob nicht doch vielleicht Kriterien zur Unterscheidung von ‹Sein› und ‹Schein› an die Hand gegeben werden. Aber wie ist das mit der

Anwesenheitspflicht, der aktiven Teilnahme, der Übernahme eines Referates und dessen schriftlicher Ausarbeitung, einer → Hausarbeit oder, vor allem im Rahmen von *Bologna* scheinbar in Mode kommend, einer bestandenen Klausur – können diese Kriterien wirklich zwischen ‹Sein› und ‹Schein› differenzieren? Ganz ehrlich, wir wissen es nicht. Aber der ‹Schein› als der Leistungsnachweis, mit dessen Hilfe Studierende ihre erfolgreiche Teilnahme an einer Lehrveranstaltung belegen, muss schließlich auf irgendwelchen Kriterien aufbauen, auch wenn Reliabilität und Validität der so erhobenen Leistungsmaße uns nicht bekannt sind. So erwerben die Studierenden eben einen Schein, den Schein des Leistungsnachweises. AMF

SCHNIPPELKURS – Halb liebevolle, halb angewiderte Bezeichnung für den Grundkurs Zoologie, zu absolvieren im Rahmen des Biologie- und Medizinstudiums. Unter der Anleitung von mehr oder minder enthusiastischen Tutoren zückt man Pinzette, Skalpell sowie den gespitzten Bleistift und vertieft sich in die Anatomie verschiedener Tiergruppen. Von Kurstag zu Kurstag schreitet man durchs *Regnum Animalium*, betrachtet durchs Mikroskop die wundersame Welt der Pantoffeltierchen und Kammerlinge, wechselt dann zum Binokular, mit dem sich Fächerlungen von Spinnen, Komplexaugen von Insekten oder die Spaltfüße der Krebse bestaunen lassen. Nach der Präparation von Muscheln, Tintenfischen und Katzenhaien stehen zum Ende des Kurses schließlich die Wirbeltiere – meist Frosch und Ratte – auf dem Programm. Damit sich ‹das Material› nicht allzu schnell zersetzt (→ Rattenopfer), sind die meisten Präparate in Formalin eingelegt, das einem beim Abzeichnen der mehr erahnten als erkannten Strukturen die Tränen in die Augen treibt. Schlimmer noch ist es, wenn halbverweste Kadaver wieder aufgetaut werden. Um dem durchdringenden Aasgeruch etwas entgegenzusetzen, erlaubte mein damaliger Kursleiter kurzerhand Schnaps und Zigaretten. Heutzutage sind die meisten Kurstage aus ökonomischen oder ethischen Gründen abgeschafft bzw. durch computergestützte Trainingsprogramme ersetzt worden. Das mag ganz vernünftig sein; verloren geht dabei allerdings das, was man auch ‹Erfahrung› nennt. JF

SCHNITTSTELLEN – Je mehr die Wissenschaft aus ihren geschützten Werkstätten hinaus geht ins praktische Leben, wo Politik und Wirtschaft, Kinder und Welterklärer ihrer bedürfen, desto mehr Schnittstellen gibt es. An Schnittstellen stoßen verschiedene Kulturen aufeinander, die sich durch Gestus, Weltwahrnehmung, Anforderungen und → Sprache unterscheiden. Auf dem Weg in die Wissensgesellschaft, bei der Anwendung von Wissen, der Übertragung von einer Wissensform in die andere oder für trans- und interdisziplinäre Kooperationen in Clustern braucht man S.-persönlichkeiten mit S.-kompetenz.
*Historisch.* Auf der Suche nach wissenschaftlich induzierten Innovationen, wegen Nachwuchsmangel in Natur- und Technikwissenschaften sowie hohem Investitionsbedarf in physikalische und technische Geräte wuchs das Bemühen um einen Dialog der Wissenschaft mit der Öffentlichkeit (auch: mit den Medien, mit der Bevölkerung, mit ‹der Gesellschaft›, mit kleinen Kindern u. a.). Physik, Biologie und Biotechnologie standen anfangs im Vordergrund der Bemühungen um bessere Wissenschaftskommunikation und bestimmen bis heute die Vorgehensweisen. Mit dem Kampf um Drittmittel, mit zunehmender Relevanz der → Exzellenzclusterisierung und Evaluitis hat die Werbung um öffentliche Aufmerksamkeit auch auf Fächer der Geistes- bzw. Kulturwissenschaften übergegriffen.
*Theoretisch* geht es darum, das vorwiegend in öffentlich finanzierten Institutionen erarbeitete Wissen der Gesellschaft zur Verfügung zu stellen, die Ressource Wissenschaft und damit die Konkurrenzfähigkeit Deutschlands in einer wissensbasierten Gesellschaft zu stärken sowie das Verstehen der oder zumindest Verständnis für die Wissenschaften zu verbessern.
*Methodisch.* Trotz vieler internationaler Fachkonferenzen samt Methodenkritik funktionieren die meisten Aktionen ‹top down›, von

oben (verstanden als wissende Wissenschaftler) nach unten (verstanden als das unverständige ‹Volk›). Die Vermittlung basiert auf der weit verbreiteten, wenngleich längst widerlegten Auffassung, dass die Welt sich teilen ließe in Fachleute hie und Laien da. Die Kommunikation ist (noch?) kein Dialog, sondern Belehrung, Unterrichtung, oft auch Unterhaltung oder – wie boshaft moniert wird – bloße Akzeptanzbeschaffung.

*Positionierung.* Betreut werden Schnittstellen von: Referenten für Öffentlichkeitsarbeit (meist Frauen); Journalisten (die sich gelegentlich dagegen wehren, als Vermittler und Übersetzer eingespannt zu werden), Agenturen (gute Verdienstmöglichkeiten für nicht-forschende AkademikerInnen), KoordinatorInnen (entspricht unterbezahltem Management) und zunehmend öfter in Medien auftretenden Wissenschaftsmanagern und → Feuilletonwissenschaftlern. Wissenschaftsvermittlung und *Public Relation* für Wissenschaft sind Wachstumsbranchen. Die Instrumente der damit befassten S.-persönlichkeiten variieren je nach Status, Bezahlung, Zeitdeputat und Narzissmusquotient. Hoch im Kurs stehen die in der Werbung bewährten Methoden des *Marketing* und des *Show-Biz*; zunehmend bedeutsamer wird die Kooperation mit Künstlern und anderen Emotionsexperten.

*Utopisch.* Die Beschäftigung mit Evaluatoren, Politikern, Journalisten, PR-Beratern und Laien verschiedener Disziplinen stärken das Interesse am Umfeld und an fachfremder Betrachtung der eigenen Arbeit. Es entstehen Netzwerke und Plattformen für neue, der Wissenschaft adäquate Formen der Kommunikation, die echte Dialoge, offene Gespräche, Reflexionen über die Rolle der Wissenschaften möglich machen: Orte für Kontroversen und unbequeme Fragen, für den Disput über professionelle Deformationen und die leidigen Nebenwirkungen einer männlichen, ständischen, abgekapselten *scientific community*. Kurz: eine neue Wissenschaftskultur. *HR*

SCHWEIGEN – Zur Vorgeschichte der gegenwärtigen Hochschulmisere zählen nicht nur Stichtage wie der 19. Juni 1999

(Bologna-Deklaration) und der 23. Februar 2002 (5. Novelle des Hochschulrahmengesetzes, neues Dienstrecht). Wer in einem größeren historischen Horizont denkt, wird auch den 26. Januar 1626 hinzufügen wollen. Das ist das Geburtsdatum Armand-Jean de Rancés, später Abt des Benediktinerklosters La Trappe und Gründer der nach diesem Kloster benannten Trappisten, die sich einem Leben in Andacht, Buße und Schweigen verschrieben.

Rancé hatte allerdings – und hier nimmt das Unheil seinen Lauf – von den Wissenschaften seiner Zeit eine so abfällige Meinung, dass er sie dem Lärm der Welt überließ. So wurde eine große Chance vertan, in die Erneuerung der klösterlichen Lebensweise auch die Universitäten einzubeziehen. Seither gehen Schweigen und Wissen getrennte Wege. Heute verhalten sie sich wie Fremdlinge, wenn nicht Feinde zueinander. Die Säkularisierung des Wissens hat auch die einstmals heilige Stille erfasst.

Es mag zwar hier und da noch eine Erinnerung daran fortbestehen, dass Wissenschaft nah am Schweigen siedelt (→ Einzelschreibtischforscher). Je inniger ihr Verhältnis zur Sprache ist – das variiert von Fach zu Fach –, desto mehr bedarf sie eines Resonanzraumes der Stille, weil man nur an den Rändern der Sprache, wo die Begriffskonventionen sich auflösen, Kontakt mit dem bisher Ungedachten aufnehmen kann. Für das Stillsein aber, das sich einmal mit dem Gelehrtentum verband, existiert in der Kommunikationsgesellschaft der Moderne kein institutionell beglaubigter Ort. Wie sollte man Schweigen auch evaluieren? In welchem *Ranking* spielt Konzentration, die eine Tochter des Schweigens ist, eine Rolle? Der heutige Wissenschaftsbetrieb prämiert vor allem die großen Kommunikatoren.

Keine guten Voraussetzungen für die Erneuerung einer «monastischen Option» (Morris Berman) der wissenschaftlichen Elite! Vielleicht sollte man sich stattdessen an einem zeitgenössischeren Modell orientieren: dem neuen EU-Agrarhaushalt. Warum nicht auf einem Markt für geistige Güter, der alle Merkmale einer inflationären Überproduktion zeigt, ein paar Jahre das Brachliegen und die Regeneration der Kulturen subventionieren? Es ließe sich leicht ein abgestufter DFG-Tarif finden: 150,– € für jeden nicht gehaltenen Vortrag, 3000,– € für jede aus dem Kalender gestrichene Tagung, einen Orden pour l'humanité für jeden ungeschriebenen → Antrag, nicht zuletzt ein beträchtlicher *Overhead* für Hochschulen, die so vorausschauend und kühn sind, ihre Sonderforschungsbereiche zu schließen und den Professoren die → Freiheit und Spontaneität zurückzugeben, damit sie forschen können, worüber sie wollen ... Erst würde es wie ein Rückschritt aussehen und die Wissenschaftsplaner verzweifeln lassen. Aber spätestens im dritten Frühling würde sich ein ökologisches Wunder ereignen, ungeahnter Artenreichtum sich ausbreiten, tiefgründige Abhandlungen entstehen – in Ehrfurcht vor dem Wort, das sich dem Unaussprechlichen abringt, Stille atmend ...

*AKO*

SCHWEINE – «Die benehmen sich wie die Schweine», empören sich die Professoren über die Studenten, die in Vorlesungen ihre Lunchpakete auspacken oder laut mit der Zeitung rascheln. Die Studenten beklagen sich ihrerseits darüber, dass die Professoren – «diese Schweine» – die Prüfungsordnung verschärft hätten. Und das Reinigungspersonal findet ohnehin, dass sich manche an der Uni so schweinisch verhalten, dass man ihnen einen → Bürstenkurs verordnen sollte. Wie aber benehmen sich Schweine? Das weiß kaum einer, der sich auf einem deutschen Campus herumtreibt. Wir hatten früher ein paar Jahre lang jeweils zwei Schweine zu Hause, vom Sommer bis in den Januar, dann kamen sie «in die Wurst». Unsere Lieblingsschweine hießen Mitterrand und Frankenstein. Frankenstein sollte eigentlich Maggie heißen, aber sie hatte ein blaues und ein braunes Auge, und so passte Frankenstein einfach besser.

Schweine sind außerordentlich intelligente und aufmerksame Tiere. Sie kommen, wenn man sie ruft, kennen sich gut in ihrem Revier aus und wissen genau, wo sie nach Futter suchen müssen. Bei manchen Verhaltensforschern steht ihre Intelligenz höher im Kurs als die von Schimpansen oder Hunden. Sie haben ein

fabelhaftes Gedächtnis und meistern Lernversuche mit Bravour. Angeblich sind sie sogar in der Lage, Artgenossen Wissen zuzuschreiben, das sich von ihrem eigenen Wissen unterscheidet. Das können noch nicht mal kleine Kinder! Schweine lernen rasch voneinander, und sie sind sehr geschickt darin, Konkurrenten auszustechen (→ Urlaub). Entgegen aller Vorurteile sind Schweine sehr säuberliche Tiere: gibt man ihnen die Gelegenheit dazu, dann erledigen sie in einer Ecke ihres Stalles ihr Geschäft, und in der anderen bauen sie sich ein Bett aus Stroh.
Eines unserer Schweine, ich glaube, es war Littbarski, war in meine Mutter verliebt. Wenn sie an seinem Stall vorbeiging, streckte er ihr seine dicke Schweinebacke entgegen und ließ sich genüsslich tätscheln. Überhaupt gelten Schweine als sehr gefühlvolle Tiere, die ihren Emotionen auch lautstark Ausdruck verleihen. Bei genauerer Betrachtung gibt es also keinen Grund dazu, missliebige Personengruppen als «Schweine» zu bezeichnen. Ob allerdings Massenuniversitäten und Massentierhaltungen gewisse Ähnlichkeiten aufweisen, bedürfte der weiteren Untersuchung. *JF*

SCHWERSTBEGABTE – Wer kennt sie nicht? Nur jene, die sich nie in die Hörsäle vor allem der mathematisch-naturwissenschaftlichen Fakultäten verirrt haben. In messerscharfer, oft fast computerartiger Präzision lösen sie die schwersten Integrale, beherrschen die komplexesten Reaktionszyklen der Biochemie oder die neuesten Varianten der Superstringtheorie. Doch nicht ihr ganzes Leben ist der Mathematik, der Physik, der Chemie verschrieben – in ihrer Freizeit interessieren sie sich für *Star Trek* und Rollenspiele. In dieser von den Regeln der interplanetarischen Konföderation oder der Siedler klar durchstrukturierten Welt fühlen sie sich wohl. In der realen Welt dagegen augenscheinlich nicht, herrscht hier doch nicht die Klarheit der Gruppentheorie, sondern ein wucherndes Chaos zwischenmenschlicher Interaktionen, das die Schwerstbegabten staunend beobachten. Wie viel besser wäre diese Welt, könnte man jeden gesprochenen Satz wörtlich nehmen – stattdessen überall die Ungenauigkeit der Kontextualität.

Und auch die Wahl eines Partners verläuft nicht nach einem algorithmischen Prinzip, für das man einen Optimalitätsbeweis führen könnte. Wenigstens ein wenig Ordnung in seine Welt bringen kann der Schwerstbegabte durch das Auswendiglernen des Fahrplans der Deutschen Bahn. *US*

SCI – Der als *science citation index* oder auch Zitationsindex bezeichnete bibliographische Wert ist ein wohlfeines Instrument, um das Leistungsvermögen von (vor allem, aber nicht nur) Naturwissenschaftlern zu ermitteln. Hierbei wird nicht die Anzahl der veröffentlichen Artikel eines Wissenschaftlers summiert, sondern gezählt, wie oft ein bestimmter Artikel in anderen wissenschaftlichen Veröffentlichungen zitiert wird. Diesem Berechnungsmodus liegt die Annahme zugrunde, dass nur zitiert wird, was auch relevant und wichtig ist; somit könne möglicher Willkür in der Beurteilung wissenschaftlicher Arbeiten vorgebeugt werden. Denn idealerweise ließe sich die Potenz eines Wissenschaftlers, eines Labors oder eines Institutes aus dem SCI ermitteln – und nicht etwa durch eigenständiges Lesen (→ Zitat) der spezialisierten Veröffentlichungen selbst.
Schön für einen Wissenschaftler ist, dass bei der Ermittlung des SCI für einen Artikel auch die Selbstzitate in späteren Veröffentlichungen mit eingehen (→ SPU) und auch solche Zitate, die die Arbeit zu widerlegen versuchen oder die Ergebnisse kritisch diskutieren. Pech hat derjenige, der auf einem Gebiet forscht und publiziert, auf dem schlicht besonders wenig andere Wissenschaftler arbeiten, was nicht nur an der (immerhin möglichen) Irrelevanz dieser Forschung liegen kann, sondern auch an ihrem Komplexitätsgrad oder an immensen Kosten, die eine breitere Forschungslandschaft verhindern. Glück hat der, der eine neue Methode entwickelt, die in der Folge von vielen verwendet und entsprechend oft zitiert wird.
Der SCI wird bearbeitet und weiter ausgebaut vom *Institute for Scientific Information (ISI)*, das 1960 von Eugene Garfield gegründet wurde. 1992 wurde es von der *Thomson Corporation* übernom-

men, die den SCI sowohl in gedruckter als auch als Internetversion weiter pflegt. Der ursprüngliche SCI aus dem Jahre 1961 umfasste circa zwei Millionen Veröffentlichungen aus 562 Fachzeitschriften, die heute verwendete erweiterte Form beinhaltet mittlerweile fast 6000 Zeitschriften (*Science Citation Index Expanded*). Namentlich nicht so bekannt, aber mit der gleichen Grundidee werden auch ein *Arts & Humanity Citation Index* und den *Social Science Citation Index* aufgebaut.

Mittlerweile haben auch Fachzeitschriften einen Zitationsindex, *impact factor* genannt (Wirkungsfaktor sagen nur diejenigen, die kein → Globalesisch sprechen). Der *impact factor* bestimmt den Marktwert von Zeitschriften und manchmal auch den von Wissenschaftlern, wenn etwa in Bewerbungen gefordert wird, dass dieser Wert in Publikationslisten mit anzugeben sei.

Eine alternative Idee, die Qualität einer Fachpublikation zu beurteilen, findet sich beispielsweise unter *www.f1000biology.com*. Hier werden Publikationen von Fachkollegen bewertet und gegebenenfalls empfohlen, unter der Annahme, dass auf den entsprechenden, mittlerweile hoch spezialisierten Arbeitsgebieten vor allem die jeweiligen Kollegen eine Arbeit als bedeutend einschätzen können – und somit nicht allein das Summieren von Zitationen die Exzellenz eines Artikels oder Wissenschaftlers erkennbar macht. Denn vielleicht ist Qualität nicht zählbar. MK

SCIENCE PARTY (dt. Aussprache: Seins-Party) – Eine Science Party hat nichts mit Feiern zu tun. Es ist nicht etwa ein Wissenschafts-Fest, auf dem man sich an der Wissenschaft freut und sie feiert. Science Party bezeichnet eine Gruppe von Wissenschaftlern, die für eine begrenzte Dauer an einem Großprojekt (etwa einer Expedition mit einem Forschungsschiff) zusammenarbeiten, die ersten Daten produzieren und zum Expeditionsreport beitragen. Wer nicht zur Science Party gehört, hat für einen definierten Zeitraum («moratorium time») keinen Zugang zu Daten und Informationen – diese sind erstmal vertraulich.

Traditionell ist die Science Party einer Schiffsexpedition die

Gruppe an Meeresforschern, die an Bord ist und dort die Beprobung (Bohrkerne, Wasserproben, Faunenproben usw.) durchführt und die Erstinterpretation von Proben- und Datenmaterial vornimmt. Es gibt aber auch Forschungsprojekte, bei denen nur ein kleiner Teil der Wissenschaftler an der Expedition teilnimmt. An Bord ist dann keine Zeit mehr zum Beschreiben von Probenmaterial, daher ist die einzige Aufgabe, sinnvolle Bohrlokationen zu definieren und möglichst viele möglichst gute Bohrkerne zu sammeln. Die Auswertung, die sonst an Bord stattfindet, verlagert sich ins → Labor an Land, wo dann alle beteiligten Wissenschaftler an einem Ort eine *Onshore Science Party* «feiern» – unter simulierten Offshore-Bedingungen. Das heißt, dass in Zwölf-Stunden-Schichten an sieben Tagen in der Woche gearbeitet wird; und selbstverständlich steht man nach der eigenen der anderen Schicht als Aushilfe zur Verfügung, wie es auch an Bord eines Forschungsschiffes üblich ist.

Für eine Sozialwissenschaftlerin wären sicher beide Varianten interessant, die über Wochen oder Monate auf einem Schiff zusammengesperrten ebenso wie die wochenlang an Land gemeinsam in einem Labor auf Gedeih und Verderb einander ausgelieferten Wissenschaftler. Vermutlich sind die Stress-Symptome denen von in zu enge Käfige gesperrten Ratten nicht unähnlich. Es ist in jedem Fall sinnlos, sich in den Wochen einer *Onshore Science Party* irgendetwas anderes vorzunehmen – von Parties ganz zu schweigen.

*HW*

SCIENCE STARS – Galileo, Newton, Einstein – diese Leute wurden berühmt, weil sie etwas entdeckten, das unser Bild von der Welt grundlegend veränderte. Heutzutage kann man auf ganz andere Weise → berühmt werden – man kann Pop-Wissenschaftler werden, jemand, den die Medien lieben, der im Fernsehen gut rüberkommt und der immer ein knackiges Statement abliefern kann. Pop-Wissenschaftlern treten nie Schweißperlen auf die Stirn, wenn die Kamera auf sie gerichtet ist und sie verhaspeln sich nicht, wenn ihnen ein Mikrophon entgegengehalten wird. Sie lassen die Medien nie im Stich. Wie Filmstars und -sternchen erfahren sie besondere Behandlung. In den USA erhalten sie astronomische Gehälter, weil die Universitäten sich gerne mit ihnen profilieren. Als Professoren ziehen sie ein spezielles studentisches Publikum an. Die üppigen Honorare für ihre Buchverträge und die Auflage ihrer Bücher lassen manchen Bestsellerautor neidisch erblassen.

Auf der anderen Seite: von ihren Kollegen werden sie nicht besonders geschätzt. Es schickt sich für Akademiker nicht, in einer großen Villa zu wohnen, ein dickes Auto zu fahren oder im Armani-Anzug herumzuspazieren (→ Statussymbole). Der Kopf sollte gefälligst über Bücher gebeugt sein oder über ein Mikroskop, und nicht über den Katalog eines italienischen Einrichtungsgeschäftes (→ Habitus). Die Pop-Wissenschaftler zeigen uns, dass man smart und reich sein kann – und das darf nicht sein. Wenn diese Leute einen Vortrag halten, ist der Saal bis zum letzten Platz besetzt; vorne die Studentinnen mit leuchtenden Augen und die Wissenschafts-Groupies. Auf den hinteren Bänken die Kollegen mit säuerlichen Gesichtern, die sich heimlich wünschen, sich auch einmal so großer Aufmerksamkeit zu erfreuen. Wie schön wäre es, auch dort vorne im Scheinwerferlicht zu stehen, im Armani-Anzug. *MFS*

**SEKRETÄRIN** – «Auch den Kerberos sah ich, mit bissigen Zähnen bewaffnet / Böse rollt er die Augen, den Schlund des Hades bewachend» (Homer). Vorneweg ein Wort zur Wahl der weiblichen Form des Begriffes. Das soll keine ausgleichende Gerechtigkeit sein für die in diesem Lexikon ansonsten häufig verwendete männliche Form (→ Guter Mann). Den Sekretär zu erwähnen, ist schlicht überflüssig, denn es gibt ihn nicht. Zumindest nicht an der Universität. Sekretärinnen hingegen gibt es genug (zumindest aus Sicht der Studierenden). Wenn es nach den Professoren ginge, könnten es auch noch einige (qualifizierte) Sekretärinnen mehr sein. Ihr Verhaltensspektrum schillert in einer bunten Vielfalt und reicht von herzlich und gutmütig über in-

different bis hin zu abschätzig und verächtlich. Doch gemeinsam ist diesen Frauen eines: Sie sind die (bissigen) Beschützerinnen ihres Einflussbereichs, des Lehrstuhls. Sie sind die erste Frontlinie zwischen Student und Professor, denn beide wissen um die knappe Ressource Zeit des (echten oder eingebildeten) Star-Professors. Wer «den Lehrstuhl» betritt, trifft immer zuerst auf die Sekretärin. Und diese Macht kostet sie zumeist in vollen Zügen aus: Sie erzählt Geschichten, die wohl das Leben schrieb (→ Y-Chromosom), Studierende zumeist aber nur aus Kalkül Interesse heucheln lässt; sie ignoriert Besucher und führt in aller Ruhe das überaus wichtige Telefonat zu Ende; sie lässt Studierende spüren, dass sie gerade etwas viel Wichtigeres zu tun hat und bittstellende Anwesenheit ihre Arbeit erheblich stört. – Doch der Fairness halber muss gesagt sein, dass es auch schlimmer kommen kann. Wenn die Sekretärin nämlich nicht da ist und der → Wiss. Mit. den Supplikanten abspeist: «Probieren Sie es morgen, dann müsste das Sekretariat wieder besetzt sein!»
Die Sekretärin ist ein wundervoller Seismograph für die Geschehnisse an einem Lehrstuhl. An der Sekretärin erkennen Studenten etwa, wie oft ein Professor an der Universität ist. Je seltener dieser sein Büro dort nutzt, umso kompetenter geriert sich das Vorzimmer. Doch auch vorbildliche Professoren haben mit den Launen und vor allem der Eigenwilligkeit ihrer Sekretärin zu kämpfen. So kursieren zahlreiche Anekdoten von Sekretärinnen, die selbstbestimmt Klausuren ausfallen ließen und Abgabefristen für Seminar- oder Hausarbeiten beliebig verlängerten und verkürzten. Aus Sicht des Professors wird das Dilemma jedoch erst in seinem ganzen Umfang sichtbar, wenn er versucht, sich von seiner Sekretärin zu trennen. Denn dann meldet sich der Personalrat energisch zu Wort. In wenigstens einem Fall ist belegt, dass ein Professor den → Ruf an eine andere Hochschule nur deshalb annahm, um seiner Sekretärin zu entkommen. *SK*

**SELBSTSTUDIUM** – Die Einführung der Bachelorstudiengänge in deutschen Landen bringt es mit sich, dass der Arbeitsaufwand

einer Veranstaltung, z. B. einer Vorlesung, berechnet werden muss. Hierbei wird unterteilt in Anwesenheitspflicht und Selbststudium – der Zahl an Stunden also, die für die Vor- und Nachbereitung einer Veranstaltung vonnöten ist. Insgesamt darf die Summe der Veranstaltungen und der dazugehörigen, vernormten Selbststudiumsstunden pro Woche nicht mehr als vierzig Stunden betragen (wie schlecht Studenten gewerkschaftlich organisiert sind, sieht man daran, dass es nicht 38,5 sind).
Selbststudium ist damit eine Übersetzung für jene Zeit des Tages, in der man sich mit vorgeschriebenem Unterrichtsstoff in einer vorgeschriebenen Zeiteinteilung ohne Entertainer beschäftigt. MK

SEMESTERFERIEN – Das Studium hat gerade begonnen, man hört auf den → Erstsemestertagen die ersten Witze über Studenten («Guten Tag, liebe Hörer, guten Morgen, liebe Studenten»; «Es ist bereits Sieben-Uhr-Dreißig, ich muss aufstehen und schnell zum Geschäft, bevor es zu macht») und bekommt ein Vorlesungsverzeichnis in die Hand gedrückt. Bei dessen Lektüre stellt man erfreut fest, dass die vorlesungsfreie Zeit fast genauso lang ist wie die Vorlesungszeit. Vorlesungsfrei, denkt man nun, heißt Semesterferien heißt Urlaub heißt St. Tropez. Lustig ist das Studentenleben! Weit gefehlt, in der vorlesungsfreien Zeit reiht sich ein Praktikum an das andere; eine Klausur folgt der nächsten; → Hausarbeiten müssen geschrieben werden; eine Lektüreliste verkündet das Lesepensum für das nächste Seminar.
Wer immer diesen technischen Terminus «Semesterferien» erfunden hat, war entweder ein Workaholic, der auch im Urlaub das Arbeiten liebt, oder ein Sadist, der mit den Freiheitsgefühlen eines Studienanfängers auf unlautere Art und Weise spielt. → Freiheit ist ein Wort, das in den Modulhandbüchern von verschulten Bachelorstudiengängen nicht mehr vorgesehen ist. Nicht einmal als Zusatzqualifikation. MK

SEMINAR – «Ich gebe keine Seminare. Ich bin zwar katholisch, aber so katholisch nun auch wieder nicht.» Als der Filmemacher

Jean-Marie Straub in dieser Weise einen fragenden Zuschauer nach der Vorführung eines seiner Filme mit der ihm eigenen Schroffheit abfertigte, hatte er Recht und Unrecht zugleich. Es ist tatsächlich besser, mit einem messianischen Naturell ohne pädagogisches Talent, wie es Straub auszeichnet, keine Seminare zu geben. Andererseits unterliegt Straub einem selbst unter Intellektuellen weit verbreiteten Vorurteil. Das Seminar, so heißt es, sei katholischen Ursprungs. Es stimmt zwar, dass die 1563 auf dem Konzil von Trient vorgeschriebene Ausbildung und Vorbereitung für die Priesterweihe in einem Priesterseminar zu erfolgen hat und dass von dort aus das Seminar seinen Gang in die Universitäten und zu seiner heutigen Gestalt nahm, aber das Wort hat einen anderen Ursprung. *Seminarium* meint im Lateinischen eine Pflanz- oder Baumschule und das im Wort versteckte *semen* neben dem Samen auch den Sprössling und das Kind. Es geht im Seminar also im weitesten Sinne um Erziehung. Und auch ohne gleich wie Bertolt Brecht zur «Erziehung der Hirse» ausholen zu wollen, ist der Zweck der Erziehung die Anleitung zum selbständigen Wachstum (→ Hausarbeit). Daher kann man den katholischen Grund ruhen lassen. Das Seminar soll der Raum der Einführung der Studierenden in die wissenschaftliche Arbeit sein. Die Methode des Seminars ist im Unterschied zur → Vorlesung der Diskurs. («Diskursus», schreibt Roland Barthes, «das meint ursprünglich die Bewegung des Hin-und-her-Laufens, das ist Kommen und Gehen, das sind ‹Schritte›, ‹Verwicklungen›.» Das schönste, was es gibt im Denken, wenn man einen Lehrer hat, der das nicht nur weiß, sondern als sein Element erkennt.)
Leider verfügen nur sehr wenige Menschen über den für die Situation des Seminars günstigen pädagogischen Eros. Man muss erkennen, wann wo bei wem ein Gedanke keimt, der vielleicht etwas abseits liegt, aber einen anderen Weg zeigt, als den gerade fruchtlos verhandelten. Das ist sehr schwer und erfordert vom Lehrer auch die Fähigkeit, nicht immer nur seine drei Gedanken verbreiten beziehungsweise hören zu wollen (→ Eitelkeit). Die besten Seminare, die ich je erlebt habe, waren die des Religions-

philosophen Jacob Taubes. Taubes *lebte* seine Seminare und selbst dann, wenn er während eines studentischen → Referats eingeschlafen war, versprühte er noch mehr Geist als jene, die nur ihr neues Buch in studentischer Wildbahn testen oder ein altes mal wieder lesen lassen wollten, weil es bisher leider aus unerfindlichen Gründen ohne Beachtung geblieben war (→ Langeweile). Ein Seminar soll weiter- und ausführen in jene Regionen, in denen man nicht mehr sicher ist. Wo man ein unbekannt langes Stück schwimmen muss, bis man wieder festen Grund unter den Füßen hat.

CR

SENIORENSTUDIUM – U-Bahn-Haltestelle Universität. Eine ältere Dame und ein älterer Herr, beide um die 70, setzen sich mir gegenüber. Er klagt: «Gruftie hat er mich genannt. Dem könnte ich eine ...!» Was Kurt Tucholsky noch bemängelte, nämlich dass fünfzigjährige Studenten die Ausnahme seien, ist heute an unseren Universitäten ein gewohntes Bild. 40 000 Senioren studieren bundesweit an deutschen Hochschulen. Statistisch sind die meisten dieser Hörerinnen und Hörer zwischen 61 und 70 Jahren, neunzigjährige Studierende keine Seltenheit. Schon seit einigen Jahren strömt das – so der von dem englischen Sozialhistoriker Peter Laslett geprägte Begriff – *Dritte Lebensalter* an die Universitäten. Doch in Zeiten leerer Kassen (→ Wettbewerb), überfüllter Vorlesungen und anstehender Studiengebühren werden die Senioren immer häufiger zur Zielscheibe und der Hörsaal zum symbolisch umkämpften knappen Gemeinschaftsgut. Sie würden den Jüngeren den Studienplatz wegnehmen, oder zumindest den Sitzplatz im Hörsaal, so die landläufige Kritik.
Die bevorzugten Fachrichtungen der Senioren oder «älteren Semester» (wie sie häufig etwas unfein und von Langzeitstudierenden in der Regel auch sachlich unzutreffend genannt werden) sind Geschichte, auch Kunstgeschichte, Theologie, Archäologie und Politik. Nach mehr oder weniger erfolgreichem Berufsleben zieht es diese Senioren (zurück) an die Universität. Bei aller Offenheit gegenüber ihren → Kommilitonen fügen sie sich doch

nur schwer in das Bild der gerade aus der Schule, dem Zivil- oder Wehrdienst entlassenen Zwanzigjährigen ein.

Hilfsangebote, wie Senioren sich in den Universitätsalltag integrieren können, verspricht allerdings gerade jenes Medium, das die jüngere Generation für sich beansprucht: das Internet. Dort finden Studierende an der *U3L* Rat. Ein Beispiel aus dem so genannten «Uni-Knigge». Frage: «Wie gehe ich auf jüngere Studenten zu?» Antwort: «Seien Sie locker und unverkrampft.» Es lässt sich nicht zweifelsfrei klären, wer diese Ratschläge gibt. Doch sicher ist: Sie zeugen nicht von der vielberufenen Weisheit der älteren Generation. Eine siebzigjährige Studentin kann und sollte sich nicht wie eine zwanzigjährige benehmen, denn zwischen ihnen liegen fünfzig Jahre Lebenserfahrung (→ Kluft). Die Akzeptanz dieses Unterschieds auf beiden Seiten wäre grundlegend für jeden Uni-Senioren-Knigge, der ernst genommen werden will.

Ein *clash of generations* ist dennoch meist nicht zu vermeiden. Am deutlichsten wird dieser Aufprall der Generationen bei der verzweifelten Suche nach Gesprächsthemen. Sprechen Senioren etwa über Jugendkultur, wirkt es wie Anbiederung. Sie versuchen sich etwas zu eigen zu machen, was ihnen nicht eigen ist. Beide Seiten merken das und fühlen sich unwohl. Sprechen Senioren hingegen über das, was ihnen eigen ist, gerät das Gespräch aus Sicht der Studierenden häufig in eine Endlosschleife alter Kriegs- und Nachkriegsgeschichten. Doch worüber sollen junge und alte Studierende dann reden? Natürlich über das Studium, über das, was für beide Seiten neu ist (→ Scheinerwerb), über den Stoff, den beide zu lernen haben, über die Professoren und die Vorlesungen.

*SK*

**SEX** – Im großen Fremdwörterbuch von Duden steht unter der 2. Bedeutungsvariante: Geschlechtsverkehr, sexuelle Betätigung. Klar, ungefähr so stellt man sich das vor, was Sex ist. Doch wer, was, wie, warum an der Studienuniversität oder im Forschungsinstitut so treibt, sexuell gesehen, ist weit weniger klar. Für den Unibereich gibt es so genannte wissenschaftliche Untersuchungen, die auf Umfragen, also auf dem, was sich sozialwissenschaftliche Empirie nennt, beruhen. Danach haben Studenten mehr Sex als andere Menschen, was man auch ohne sozialwissenschaftliche Untersuchungen vermutet (wenn auch nicht gewusst!) hätte. Junge Menschen treiben es eben wild. Doch was da genau getrieben wird und wie erfährt man nicht und kann es auch nicht vermuten, fehlt einem doch meist die Phantasie und vor allem die Erfahrung. Phantasie und Erfahrung – das ist die Domäne der Literatur. Und so nimmt es nicht Wunder, dass wir am meisten über Sex an der Uni aus Romanen erfahren, und das Meiste und Beste und Detaillierteste und Neueste aus dem Campusroman *Ich bin Charlotte Simmons* von Tom Wolfe. Das ganze Panorama des amerikanischen Elitesex wird entfaltet. Vom Schädelfick bis zum Brazilian Cut. An den amerikanischen Superhochschulen wird vor allem eines betrieben: Kopulation in allen Lagen, in alle Richtungen, an allen Orten. Für Kontinentaleuropäer ist dieser Studenten- und Dozentensex eher bizarr. Er hat etwas von: Im Internat wird durchs Schlüsselloch geschaut. Hier bei uns in *Good Old Europe* wird nicht in auf der grünen Wiese gelegenen *Colleges* studiert, in Zweibettzimmern geschlafen, in 24-Stunden-Bibliotheken gelesen – und das alles fernab von der elterlichen Heimat. Der europäische Trieb muss nicht in einem engen Kessel ausgekocht werden (→ Selbststudium). Hier ist man nicht bloß in der Universitätszeit fessellos, kommt doch im Anschluss nicht, jedenfalls nicht immer, das vorprogrammierte Leben der amerikanischen Durchschnittsfamilie, prüde und puritanisch. Die Universität ist in Europa keine extreme, außerhalb des gewöhnlichen Lebens befindliche, kurze Zeit, in der ausgelebt werden muss, was danach nicht mehr ausgelebt werden kann. Europas Universitäten liegen in (kleineren und größeren) Städten, nicht in Vorstädten, nicht auf dem Land. Man lebt, wohnt, studiert in der Stadt. Das hat Auswirkungen auf den Sex. Der europäische Uni-Sex ist urban, während der amerikanische rural ist. Internate liegen auf dem Land. Der von Wolfe rapportierte Ami-Sex ist schnell, hart, sportlich, promisk. Es ist der Sex von jungen Menschentieren. Die (rohe oder sentimentale) Raffinesse des italienischen oder französischen Sex, des Geschlechtslebens des urbanen Studenten ist ununterscheidbar in die städtische Gesellschaft verwoben. Keine elitäre universitäre Sonderwelt mit Sonder-Sex, sondern der Sex des Städters, der ebenso schnell, hart, sportlich promisk sein kann, vor allem in jungen Studentenjahren, aber ohne die von Wolfe so treffend wie Ekel erregend beobachteten Attribute von Eingeschlossenen. Und der Sex von Wissenschaftlern, an Forschungsinstituten für ältere Erwachsene? Nun, hierzu gibt es weder so genannte wissenschaftliche Untersuchungen noch spezifische Romane. Die *novels* von Lodge, Schwanitz und Co. sind zwar auch Forschungsromane, aber doch sehr im universitären Studien- und Studentenmilieu verwurzelt. Ob der Sex mit/zwischen → Altphilologen anders ist als mit/zwischen Dekonstruktivisten oder Affenforschern? Es steht nicht wirklich zu vermuten. Es gibt sicher solche und solche – überall. Am Ende steht so die alte, weise Einsicht, die gerade auch für den Wissenschaftler- und Studenten-Sex gilt: weniger darüber reden, sondern: mehr davon machen! *RMK*

SILBERRÜCKEN – Älterer Lehrstuhlinhaber männlichen Geschlechts mit *Grandezza* und eigenem Institut. Ist so einflussreich, dass sich seine Kontaktpflege darauf beschränkt, Hof zu halten (→ Privatissimum). Treibt engagiert die Karriere seines Kronprinzen voran (→ Mentoring), indem er ihm Plenarvorträge und Einladungen zu wichtigen Veranstaltungen verschafft. *JF*

SIT-IN, GO-IN, TEACH-IN – *Sit-in*, *Go-in* und *Teach-in* auf dem Campus der Universität waren neben dem «Streik» (also Vorlesungsboykott) die beliebtesten Instrumente der studentischen Protestbewegung, die 1968 ihren Höhepunkt erreichte. Alles Importe aus den USA. Das Wort → *campus* für das Universitätsgelände gibt es dort seit der Gründung ihrer zum Teil sehr alten Hochschulen, *sit-in* und *go-in* seit 1964, als dort in Berkeley die Studentenrevolte als *free speech movement* begann. *Sit-in* hieß –

und könnte vielleicht wieder heißen? – man setzt sich hin (→ Sitzung). Zum Beispiel vor dem Tagungsort eines Akademischen Senats: Das erste in Deutschland fand statt am Mittwoch, dem 22. Mai 1966, drei Uhr nachmittags, mit 3000 Studenten (*Studierende* gab's damals noch nicht) auf dem Rasen im kleinen Innenhof des Henry-Ford-Baus der Freien Universität Berlin; oben im ersten Stock tagte der Akademische Senat und beriet über eine studentenfeindliche Raumvergabeordnung. Zwei Stunden später wurde das *Sit-in* umgewandelt in ein *Teach-in*. Auf deutsch: eine große Versammlung von Studenten, auf der man über ein Problem diskutiert (→ Mensa). Für dieses *Teach-in* am 22. Mai gegen fünf Uhr nachmittags verlagerten sich die Studenten in die große Halle des Henry-Ford-Baus mit seinen beiden Freitreppen, von denen eine zum Sitzungssaal des Senats führt. Hier unten war man empört, aber frohgemut. Dort oben ist es eher ungemütlich gewesen. Zu laut, beschwerten sich Professoren (→ Ordinarius), denn die Studenten diskutierten mit einem Mikrofon über Lautsprecher die Frage, wie es weitergehen sollte.

Abends um halb neun ein bekanntes Foto. Der → Rektor im hellen Sommeranzug mit dem Mikrofon in der Hand und um ihn herum das *Teach-in*. Es dauerte bis ein Uhr nachts. Da waren es noch 2000. Nach drei Jahren hatten sie Erfolg mit einem neuen Universitätsgesetz. Inzwischen gab es auch *Go-ins*. Eine größere oder kleinere Gruppe geht irgendwo hinein, am liebsten in Vorlesungen, um die dort sitzenden Studenten zu mobilisieren, oft auch um den Hochschullehrer zu provozieren und ihn als autoritär oder «reaktionär» zu entlarven (→ Kälte). Es mussten aber nicht unbedingt nur Vorlesungen sein. In Berlin, wo alles anfing, und anderswo waren es auch Rektorate oder Institute. Das erste *Go-in* als Besetzung eines Rektorats – verbunden mit Sachbeschädigungen – ereignete sich in Frankfurt am Main am 28. Mai 1968. Teilnehmer berichteten, es soll sehr lustig gewesen sein. Ein künftiger Außenminister war auch dabei (→ Politikberatung). Es folgte als zweites, genau einen Monat später, das Rektorat der Freien Universität Berlin, weil der Rektor nicht mit den Studenten über einen Skandal am japanologischen Institut reden wollte. Warum nicht? Seine Mitarbeiter erklärten das später glaubhaft und ganz einfach – er konnte es nicht; er war den Studenten intellektuell weit unterlegen. Das sind noch Zeiten gewesen. *UWE*

SITZUNG – Sitzen. Immer nur sitzen. Ich sitze. Ich sitze im Literaturseminar der Nachbarabteilung, im Treffen zur Vorbereitung des → Exzellenzclusters Zukunftswirkung, im Vorstand des Zentrums für Hochleistungsforschung, im Institutskolloquium, in der Donnerstagsrunde, im Graduiertenkolleg, im Beirat zur Förderung exzellenter Nachwuchswissenschaftlerinnen, im Vorstand der Gesellschaft für Tiefenerkenntnis, im Abteilungsleitertreffen, der Studienkommission, der Reformkommission, dem Montagskaffee, der Zukunfts- und Strukturkommission und dem Hochschullehrertreffen. Dort gibt es wenigstens pappige Brötchen und – oh ho! – auch ein Bier. Außerdem findet es nur einmal im Semester statt. Uff.

Aber ich will mich nicht beschweren. Die Teilnahme an diesen ganzen Veranstaltungen ist eine Investition in die Zukunft. Ich bin dabei. Ich zeige, wie wichtig mir die Fakultät ist, wie sehr ich den Kontakt zu den Kollegen schätze, ich stelle meine soziale Ader unter Beweis (und auch meine Indolenz). Ich investiere → *face time*, Gesichtszeit, und das nicht nur im Institut. Nein, ich gehe auch auf Konferenzen, Symposien und Workshops, nur, um dabei gewesen zu sein. Die meisten Vorträge habe ich schon gehört oder ich hätte sie nie hören mögen. Aber ich bin dabei, ich gehöre dazu. Mein Lebenslauf wird lang und länger. Der wichtigste Ertrag meines Engagements: weitere Einladungen zu weiteren Treffen, Aufforderungen zum Mitwirken an der Ausarbeitung von Handlungsempfehlungen, Vorschläge zur Wahl in den Vorstand von X, ins Präsidium von Y. Denn man ist ja dabei, man gehört dazu.

Vielleicht wäre es am besten, das alles sein zu lassen. Aber so einfach ist es nicht; denn eines Tages taucht zwischen all diesen Leuten, die auch ihr → Gesicht hinhalten, ein funkelndes Paar Augen auf, und über dem scheußlichen Pausenkaffee kommen wir ins Gespräch, wir sprühen voller Ideen, schmieden großartige Pläne und setzen sie alsbald um, freunden uns an, erzählen aus unserem Leben. Und dann sitzen wir wieder. Sitzen. Immer nur sitzen.

JF

SKANDAL – Was wäre eine soziale Gemeinschaft ohne Gerüchte, Klatsch und Skandale? Sie sind der Kitt, der Netzwerke zusammenhält, egal, ob unter Medizinern, Physikern oder den Einwohnern eines Dorfes in Papua-Neuguinea. Im Beamten-Deutsch der DFG wird «internationaler Skandal» übersetzt mit «Ein in der Öffentlichkeit im In- und Ausland breit diskutierter Fall wissenschaftlichen Fehlverhaltens». Dieser hat 1998 etwa zur Gründung der Kommission «Selbstkontrolle» in der Wissenschaft geführt, die «Vorschläge zur Sicherung guter wissenschaftlicher Praxis» machte (→ Whistleblower).

Erstaunlich ist, dass Fälschungen und Betrügereien über viele Jahre den großen Apparat an *Review*-Systemen, Begutachtungen und Evaluationen passieren können. Vielleicht gelingt das gerade wegen dieses aufgeblähten Systems der Qualitätskontrollen: Listen an Referenzen zählen, große Namen und hohe Zahlen (→ Cleverness). Zahlen beeindrucken, Zahlen von Publikationen (*peer reviewed* natürlich, in *journals* mit hohem *impact factor*), Zahlen von Vorträgen, besuchten Konferenzen, organisierten Kongressen und Einladungen, Zahlen von Doktoranden, Habilitanden, Mitarbeitern ... Was «viel» ist, kann nicht schlecht sein. Den Inhalt genauer anzusehen, ist kaum noch möglich: Entweder der Gutachter bearbeitet gerade seine eigenen Erfolgslisten (da steht dann: Mitglied des *editorial board* von ..., der Kommission für ..., des Fach-Kollegiums der ...) oder muss sich als x-ter Gutachter in einem Verfahren durch Listen der Bewerber quälen. Für Qualitätskontrolle fehlt die Zeit.

Skandale in den Grenzbereichen zwischen Wissenschaft und Öffentlichkeit sind aber auch eine gezielt einsetzbare Waffe, um gegenteilige Meinungen auszuschalten oder erfolgreiche Konkurrenten aus dem Weg zu räumen. So wurde etwa in einem schlecht

geschriebenen und unsauber recherchierten, aber populären Buch einer Gruppe von Anthropologen vorgeworfen, vor dreißig Jahren für die Verbreitung von Masern bei den Yanomami gesorgt, dort Drogen konsumiert und kleine Jungen verführt zu haben. Dieser «Skandal» wurde geschickt inszeniert und hat Öffentlichkeit und *scientific community* mehrere Monate beschäftigt, obwohl oder gerade weil es eigentlich um eine erbitterte Auseinandersetzung zwischen konträren wissenschaftlichen Positionen ging.
In Zeiten finanzieller Engpässe und harter Überlebenskämpfe (→ Konkurrenz) spielt auch die Denunziation eine größere Rolle. Sie ist mehr als nur ein Gerücht und sorgt auch für Skandale: Sie hätte einer deutschen Krebsforscherin beinahe die Karriere gekostet, nachdem ein Neider an die Deutsche Forschungsgemeinschaft geschrieben hatte, Ergebnisse seien manipuliert worden. Die Wissenschaftlerin wurde rehabilitiert, aber Nerven und Zeit, die das Verfahren gekostet hat, kann niemand ersetzen. BB

SOFT SKILLS – Auf deutsch: weiche Fertigkeiten. Weich? Warum denn weich? Weil es da so richtig schön menschelt. Man soll nämlich soziale und emotionale Intelligenz an den Tag legen. Menscheln wird, so *Kienbaum*, inzwischen von Arbeitgebern zunehmend mehr geschätzt und nachgefragt, sie nehmen neben den so genannten harten Skills, also Fachkenntnissen, einen immer größeren Raum ein. Was verbirgt sich nun genau hinter dem Sammelbegriff der ‹soft skills›? Einschlägige Ratgeberhandbücher verraten es uns: Menschenkenntnis, Kommunikationsfähigkeit, Teamgeist, aber auch Motivation, Organisationsfähigkeiten, Kreativität, Flexibilität, Führungsqualitäten und Durchsetzungsfähigkeit. Was an Durchsetzungsfähigkeit nun genau weich sein soll außer ihrer Erfassung, das bleibt in den Nebelschwaden des Ungenauen verborgen. Und sicher, es gibt auch unflexible Wissenschaftler und solche, die nicht sonderlich kreativ sind, aber im Grunde würde man all diese Fertigkeiten doch als Grundvoraussetzungen für diesen Beruf ansehen. Was, also, ist wohl mit «soft skills» in der Wissenschaft gemeint? Vielleicht das, was in den

USA «schmusing» genannt wird, also (vor allem in der Hierarchie nach oben gerichtete) Kontakte zu knüpfen und zu pflegen? Oder doch eher, dass man mit Charme seine Mitbewerber besser aus dem Feld schlagen kann als mit einer längeren Publikationsliste? All dies hätte ich sicher in einem der zu dem Thema «Soft Skills in den Wissenschaften» angebotenen, hochschuldidaktischen Kurs lernen können. Ja, das Fach Religionswissenschaften an der Universität Zürich verlangt im Rahmen des Hauptfachstudienganges sogar ein Modul mit «Soft Skill Anteilen» und, vielleicht noch erstaunlicher, die Hochschule Bremen bietet entsprechende Kurse im Rahmen der «Soft Skill-Module» für Maschinenbaustudierende in den Bachelor- und Master-Studiengängen an. Bei all diesen weichen Fertigkeiten bleibt doch zu hoffen, dass die «harten Fertigkeiten» des Wissens über und Umgangs mit theoretischen Konzepten und empirischen Daten nicht irgendwann das Nachsehen in den Wissenschaften haben werden. Oder, wie ein → Kollege einmal so passend anmerkte: Händchen halten ist zwar auch schön, aber mit gehaltenen Händchen kann man nicht mehr arbeiten. AMF

SPRACHE DER WISSENSCHAFT – Stil und Form des Deutschen als Wissenschaftssprache hat sich im 19. Jahrhundert als gute Manier gegenüber der Gesellschaft herausgebildet und war zudem Teil des Projekts der Aufklärung. Wissenschaftler vermieden seinerzeit den ausschließlichen Gebrauch einer Fachsprache. Sie wollten verstanden werden und meinten, das anderen intelligenten Menschen schuldig zu sein.

Das Ansinnen, Wissenschaft verständlich zu machen, wird heutzutage wohl nur noch von den Pressestellen deutscher Universitäten und von Sachbuchabteilungen deutscher Verlage verfolgt. Denen geht es aber ums Geld und um nichts anderes: Die Universitätsführungen haben eingesehen, dass sie für ihre Finanzierung aus dem Bewusstsein der Steuerzahler nicht verschwinden dürfen (→ Schnittstellen). Und die Verlage haben längst erkannt, dass es ein zahlreiches und zahlungskräftiges Publikum gibt, das sich über wissenschaftliche Inhalte informieren möchte; auch die Wissenschaftsredaktionen der Zeitungen wissen das (→ Presse).

Deutsche Wissenschaftler hingegen meinen bisweilen, eine verständliche Sprache sei eine Erniedrigung des Denkens und verleumden Könner solcher Verständlichkeit als → Feuilletonwissenschaftler. Oder aber sie sind sich bewusst, dass ihre Arbeiten nicht gedruckt werden, sofern sie sich nicht einer normierten Fachsprache bedienen. Den gefühlten Normen begegnen diese Autoren in vorauseilendem Gehorsam. Andere Wissenschaftler sind schlicht unfähig, präzises und elegantes Deutsch zu schreiben. Jedenfalls halten sie es keineswegs für eine schlechte Manier gegenüber intelligenten Mitmenschen, eine unverständliche Fachsprache zu verwenden.

Aber sehen sie dabei nicht den Zusammenhang von Sprache und Denken oder von Form und Inhalt? Kreativer Sprachgebrauch und Gedankenreichtum sind nicht unabhängig voneinander. Mit der Übernahme fachsprachlicher Versatzstücke, die teils aus dem → Globalesischen stammen, teils gedankenlos → Moden nachbuchstabieren, werden auch geistige Anleihen gemacht. Mit der Übernahme von Worten nähern sich auch die Gedanken und Vorhaben einander an. *Mainstreaming* nennt man das (→ Drittmittel). Und das ist für eine ehrenwerte Wissenschaft auf Dauer beschämend und intellektuell der glatte Bankrott. EME

SPRECHSTUNDE – Ich habe keine Sprechstunde. Eine Sprechstunde ist für mich der Ausdruck einer ordinarienherrlichen Verwaltungshysterie und Wichtigtuerei. Damit Sie mich verstehen, muss ich etwas aus meiner eigenen Geschichte erzählen. Als ich in der ersten Hälfte der 60er Jahre des vorigen Jahrhunderts studierte, hatte jeder Professor seine Sprechstunde. Da hätte ich mich nie hingetraut. Das waren dieselben Professoren, die wir mit unserem Kampf gegen den Muff der tausend Jahre nicht immer sehr freundlich begrüßten (→ Sit-in). Sie waren so weit weg für uns, dass sich dieses Feindbild ohne größere Schwierigkeit pflegen ließ. Während meiner Doktorandenzeit habe ich dreimal mit meinem Doktorvater gesprochen. Das waren zwar sehr wichtige und hilfreiche Besprechungen, ja, das erste war sogar eine ganztätige Einführung in die Methodik meiner experimentellen Arbeit, aber die Tür zum Chefzimmer war stets geschlossen und der Weg durch das Sekretariat gut bewacht. Ganz anders dann in Australien und an den verschiedenen Universitäten in den USA. Hier waren immer alle Türen auf, und wenn sie mal geschlossen waren, dann kam man eben später wieder.

Meine Tür steht stets offen, es sei denn, es findet eine Prüfung statt oder ein vertrauliches Gespräch. Studenten und andere Besucher gehen trotzdem häufig erst mal in das nebenan liegende Sekretariat und fragen nach. Ich beobachte das meist mit einer gewissen Belustigung. Manche Studenten sprechen mich nach einer Lehrveranstaltung an (→ Facetime), aber mittlerweile kontaktieren mich die meisten über das Internet. In meinen Lehrveranstaltungen lade ich dazu ein. Meine Erfahrung zeigt mir, dass Studenten geringere Barrieren zu überwinden haben, wenn sie eine E-Mail senden, und dass sie das lieber tun, als persönlich vorzusprechen. In den Anfragen, aber auch den meisten persönlichen Gesprächen geht es um Protokolle, die Vorbereitung eines Seminarvortrages, Möglichkeiten einer freien Mitarbeit, Prüfungsvorgespräche, Planungen von Auslandsaufenthalten, Schwierigkeiten im Studium, und ganz selten auch persönliche Probleme. Letztere kommen aber unausweichlich zur Sprache, wenn Studenten wegen überzogener Studiendauern zu einer Beratung «zwangsverpflichtet» werden. Diesen Zusammenkünften stand ich anfänglich recht skeptisch gegenüber. Es zeigt sich aber, dass sie sehr nützlich sind, und zwar sowohl für die Studenten als auch für mich. Schon allein die Androhung eines solchen Termins führt dazu, dass sich etwa die Hälfte der so Verpflichteten zur Prüfung anmeldet und dann gar nicht kommen muss. Mit den anderen ergeben sich meist gute Gespräche (→ Betreuung). Für mich sind diese hilfreich, weil ich auf Probleme in der Studienorganisation aufmerksam werde, die ich sonst übersehen würde.

In meiner Arbeitsgruppe verwende ich etwa die Hälfte meiner Zeit darauf, mit den Mitarbeitern, Diplomanden, Doktoranden, Postdoktoranden und technischen Mitarbeitern zu reden. Manchmal vereinbaren wir dazu auch einen Termin, die meisten Gespräche entstehen aber spontan und bedürfen keiner Planung. Hinzu kommen natürlich all die langfristig vereinbarten Treffen, Seminare, *Journal Clubs* und das gemeinsame Experimentieren. Im Laufe der Zeit habe ich gelernt, alles Organisatorische, das sich immer wieder so sehr in den Vordergrund drängt, mit Anstrengung zu unterdrücken und das Primat der wissenschaftlichen Diskussion zu geben. Meist zeigt sich, dass das Reden miteinander einen großen Teil der Probleme erst gar nicht entstehen lässt. So trivial das klingen mag, so wichtig ist es doch im Alltag. Die offene Tür scheint mir ein starkes Symbol dafür zu sein. Es ist daher vielleicht auch verständlich, dass ich mit einer gewissen Wehmut beobachte, wie sich gerade bei den jüngeren Professoren das alte Ritual der Vorzimmerdame, der verschlossenen «Cheftür» und der Sprechstunde wieder großer Beliebtheit erfreut.

Was ich mir also wünsche, sind Studenten, die die Professoren häufiger zu Gesprächen auffordern, und Professoren, die dieser Aufforderung nachkommen. Dafür werden sie nämlich auch bezahlt, und nicht gerade schlecht. Könnte es denn sein, dass sich ein Wandel auf beiden Seiten einstellt, wenn Studenten eine substantielle Semestergebühr zahlen müssten? Auszuschließen ist das nicht, und da ich ein experimentell arbeitender Naturwissenschaftler bin, plädiere ich für ein ernst zu nehmendes Experiment ist dieser Richtung. Aber ganz unabhängig davon erhoffe ich mir viele selbstbewusste Studenten, die viele offene Türen finden. RM

SPU – Smallest publishable unit. Um die Menge der publizierbaren Arbeiten so vielzahlig wie möglich zu halten, versuchen Naturwissenschaftler die minimale Anzahl an Experimenten, die notwendig ist, um eine Publikation der Daten zu ermöglichen, und Geisteswissenschaftler die minimale Anzahl an Gedanken zu einem Werk oder Thema zu einem Artikel zusammenzufassen.

Dies ist förderlich bei Drittmittelanträgen, Habilitationen und in Berufungsverfahren, in denen die bloße Summe der publizierten Arbeiten gezählt und nicht etwa der *impact factor* (→ SCI) oder gar der Inhalt bewertet wird.

Da dies zu einer Überschwemmung mit Publikationen führt, die alle nur einen minimalen Informationsgehalt haben und die es schwer machen, in dieser Tsunamiflut an Artikeln noch wichtige Fortschritte zu entdecken, wurde vorgeschlagen, dass Wissenschaftler bei ihren Bewerbungen nur fünf Artikel in ihrer Literaturliste angeben dürfen. Härter gesottene Wissenschaftler haben sogar angeregt, dass jeder nur fünf Artikel in seinem gesamten Leben publizieren dürfen können sollte. Da aber keiner der Vorschlagenden eine Publikationsliste von unter 100 Artikeln hatte, wurde dieser Vorschlag als unglaubwürdig verworfen. MK

**s.t./c.t.** (beachte: auch in gesprochener Sprache gewöhnlich nur in abgekürzter Form verwendet). – Sine tempore (ohne Zeit) bedeutet, dass eine Veranstaltung exakt zur angegebenen Zeit und vollen Stunde beginnt. Cum tempore (mit Zeit) eine Viertelstunde, das «Akademische Viertel», später. Die akademische Welt hat nicht nur ihre eigene → Sprache und eigenen Spielregeln, sondern auch eine eigene Zeitrechnung. Es sind die «feinen Unterschiede», auf die es ankommt. Veranstaltungen hören jeweils auch eine Viertelstunde eher auf. Gebraucht wird die Zeit, um von einem Hörsaal zum anderen zu gehen. So zumindest die rationale Erklärung.

Vielleicht sind die Universitätsstädte (nein, ich meinte nicht Tübingen) größer und die Wege heute weiter geworden oder die Zeitrechnung hat sich wieder geändert. Jedenfalls gilt es als extrem uncool, pünktlich um c.t. im Hörsaal zu sein. Studierende betreten den Hörsaal vorzugsweise ab «zwanzig nach» – wobei gilt: je cooler, desto später, am besten mit einem *coffee to go* in der Hand. Um «halb» oder sogar «viertel vor» hat man es geschafft und gewonnen: das bringt Prestige! Es sei denn, der Dozent hat eine Bemerkung gemacht und man hat reagiert, hat die völlig unbeteiligte Miene (die übrigens die ganze Vorlesung hindurch beibehalten werden sollte) aufgegeben und sich womöglich anmerken lassen, dass man angesprochen wurde. Das wäre das Aus.

Das zeigt: Studierende sind lernfähig. Denn nur ein spießiger Dozent fängt seine Vorlesung pünktlich um c.t. an. Ein Genie hat das nicht nötig. Nein, er kann das gar nicht. Erst, wenn sich im überfüllten Hörsaal die ersten rühren und schon beinahe gehen wollen, wenn die Spannungskurve auf dem Höhepunkt ist (und dafür hat er immer wieder ein ausgezeichnetes Gespür), kommt ER herein (→ Coolness). Hinter sich her zieht er einen Trolley: Nach einer Stunde wird er wieder enteilen, ein wichtiger Mann auf dem Weg zu einer Konferenz, einer wichtigen Konferenz. Bis zur nächsten Woche. *BB*

STATUSSYMBOLE – Die moderne empirische Sozialforschung lehrt, dass der ökonomische Status eines → Mannes am stärksten nicht mit seiner sozialen Herkunft oder seinem Bildungsniveau, sondern mit der physischen Attraktivität seiner Partnerin korreliert. Es ist eine unmittelbare Konsequenz des sozialen Abstiegs der deutschen Professoren, dass sie sich, wie ein Großteil der Menschheit, in diesem Wettbewerb um die Trophäenfrau nicht vorteilhaft positionieren können. Für sie und alle anderen gibt es aber immer noch das gemeine Statussymbol.

Man mag als Wissenschaftler etwa über die Gemüts- und Motivationslage des Unternehmensberaters besorgt oder amüsiert sein, der bei jeder Gelegenheit auf seine Mitgliedschaft im *HON Circle* der Lufthansa verweist, mit welcher er sich endlich aus dem Kreis der vielfliegenden *Senatoren* abgesetzt hat, einer Personengruppe, die man – um in Anlehnung an Gerhard Polt zu sprechen – noch vor ein paar Jahren aus dem Bierzelt hinausgeworfen hätte. Doch auch in jedem Professor steckt ein kleiner Unternehmensberater.

Aufgrund der relativen Homogenität der professoralen Gesellschaft (→ Habitus) kann hier die Kommunikation des Status noch nonverbal erfolgen. Für eine kleine Minderheit, den *HON Circle* sozusagen, kann dies durch die Mitgliedschaft in einer → Akademie oder gar der Friedensklasse des *Pour le mérite* geschehen. Eine andere Minderheit (→ Science Stars) mag die Zahl ihrer Fernsehauftritte zu drängenden Fragen des Alltags und des Universums oder die vermeintliche Nähe zur politischen Klasse zur Statusbestimmung heranziehen. Für die *hoi pollci* in Deutschlands Professorenschaft definiert sich Status vor allem durch das Büro, das Sekretariat, und den finanziellen Erfolg in der Einwerbung von Forschungsmitteln.

Das Büro weist durch seine Quadratmeterzahl, noch mehr aber durch seine Fensterzahl darauf hin, mit wem man es zu tun hat: 4 Fenster für den C4-Professor, 3 Fenster für den C3-Professor. Ebenso erkennt man das typische Ordinarienbüro an seinem Vorzimmer, von dem aus Frau Schulze den Zugang zum Chef lückenlos kontrolliert (→ Betreuung). Forschungsmittel werden neben eher mundanen Zwecken wie der Bezahlung von Mitarbeitern oder dem Erwerb von experimenteller Ausrüstung besonders gerne der Akquise von kleinen Nutzlosigkeiten zugeführt. Hier finden wir nun die wahren Statussymbole des Wissenschaftlers – wie für jeden Menschen ist es auch für ihn am schönsten, wenn ihn diese persönlich nichts kosten, anders als bei den konventionellen Symbolen *meine Frau – mein Haus – mein Boot*. Technischer Fortschritt und interprofessorale Konkurrenz lassen diese Statussymbole in rascher Folge wechseln. War es vor Jahren noch der rote Laserpointer, den es mittlerweile als Werbegeschenk gibt, so ist es im Augenblick noch der technisch viel aufwändigere grüne Laserpointer, der bei Vorträgen zu neidischen Seufzern führen mag. Der 19-Zoll-Flachbildschirm ist durch den 23-Zoll-Flachbildschirm abgelöst worden, Drittmittelprofis machen sich ihre Notizen elektronisch auf dem Tablett-Laptop oder diskutieren an der interaktiven elektronischen Tafel. Die Ausstattungsgüte eines Labors erkennt man sogar als Laie an der Aufwändigkeit der Espressomaschine, mit deren Kommandozentrale man im besten Falle auch ein mittleres Atomkraftwerk steuern könnte. Und der

Chef, mit nicht an die staatlichen Rahmenbedingungen für sparsamen Mitteleinsatz gebundenen Industriemitteln, pflanzt seinen Hintern nicht in den üblichen fünfbeinigen Bürosessel nach DIN, sondern residiert im *AluChair* von Charles Eames. Nichts anderes gebührt einem König – und sei sein Reich auch noch so klein. *US*

STIPENDIUM – Stipendien sind Fluch und Segen einer hoffnungsvollen wissenschaftlichen Karriere: Fluch, da die Förderzeit immer viel zu rasch vergeht und das → Projekt darauf abgestellt sein muss, bereits nach kurzer Zeit die ersten Ergebnisse abzuwerfen; Fluch, da man sich an der gewählten wissenschaftlichen Institution eher als geduldeter Gast denn als umworbener Kronprinz fühlt (wenn man überhaupt Unterschlupf findet), und Fluch, da man weder kranken- noch sozialversichert ist und bei Ablehnung des Folgeantrags gleich Hartz IV droht. Andererseits: wenn man erst mal das Stipendium erhalten hat, ist es ein Segen: es garantiert weitgehende Handlungsfreiheit; verschont einen vor Gremienarbeit oder anderen «Serviceaktivitäten» (→ Sitzung) und ist in der Regel mit nur mäßigem Einsatz in der Lehre verbunden. Ein Stipendium verheißt Zeit zum Forschen – und natürlich zum Berichte schreiben und Verlängerungsanträge verfassen. Ein Segen schließlich, da die Alternative meist das frühe Aus wäre. Die Höhe der Förderung zwingt zu einem eher frugalen Leben, das macht aber nichts, denn man muss sich ja eh hinter den Büchern vergraben. Abstecher ins Ausland sind zudem häufig mit relativ üppigen Zuschlägen verbunden.
Vor das Stipendium hat der liebe Fördergott den Stipendienantrag gestellt (→ Auswahlverfahren). Es gilt also, geeignete Programme ausfindig zu machen, deren Leitlinien zu studieren und darauf zu hoffen, nicht schon wieder zu alt zu sein. Oder zu jung und unerfahren. Oder zu jung und zu erfahren (im Ernst, das gibt es auch). Während die parteinahen Stiftungen auf eine allgemeine ideologische Nähe zum Stipendiengeber achten, zählt man für andere Organisationen erst zum antragsberechtigten Personenkreis auf Grund eines «tadellos römisch-katholischen Lebens-

wandels» oder einer «Geburt auf dem Gebiet des früheren Herzogtums Nassau».

Wer es nach dem Abitur nahtlos vom Stipendium der Studienstiftung des Deutschen Volkes über ein Promotionsstipendium zum Habilitationsstipendium geschafft hat (→ Schwerstbegabte), stellt ganz nebenbei seine Fähigkeit unter Beweis, erfolgreich → Drittmittel einzuwerben. Dies erweist sich dann bei Bewerbungsverfahren als schwacher Trost für den harten Einsatz bei der Finanzierung des eigenen Fortkommens. Solch reine «Drittmittelkarrieren» sind übrigens meist Frauen vorbehalten – Männer besetzen in der Regel die höher dotierten und längerfristig angelegten Stellen. Sie sind damit meist auch besser in den Betrieb eingebunden und gehören schon früh «dazu». Dieser Umstand wird auch als Grund dafür angesehen, warum es so wenige Frauen bis zur Professur schaffen (→ Y-Chromosom).

Während die bislang beschriebenen Förderungen als Auszeichnung gelten, hat sich fast unbemerkt eine zweite Kategorie von ‹Stipendien› etabliert. Immer mehr reguläre Stellen an wissenschaftlichen Institutionen sind in den vergangenen Jahren in sozialversicherungsfreie Stipendien umgewandelt worden, in prekäre Beschäftigungsverhältnisse ohne Weihnachtsgeld, Krankenversicherung oder Mutterschutz. Für die Institution ein lohnender Schritt, denn statt einer Stelle können nun zwei Stipendiaten finanziert werden. Dass dies eine ganz unmittelbare und bedenkliche Form von Familien- und Sozialpolitik ist, scheint den Wenigsten klar zu sein. JF

STREBER – Lächerliches Schülerschimpfwort, über das die Studierenden aus Lebensklugheit hinausgewachsen sind. An der Universität gibt es nur fleißige und faule Studenten, geniale und nicht geniale, coole und uncoole, aber niemals Streber, egal wie verschult das Studium wird. An den Erstereihesitzern und Nachdervorlesungfragestellern stört die Kommilitonen nicht deren Strebsamkeit, sondern das Schleimen. Die Professoren übrigens auch. MK / MV

STUDENTENWOHNHEIM – Es begann mit 19 in Frankfurt am Main. Man hätte meinen können, ich käme aus der Provinz, als ich voller Zweifel über meine Studienwahl im Besonderen und mein Leben im Allgemeinen auf dem kahlen, an ein Krankenhaus erinnernden Flur Herrn Berger in die Arme lief. Er, der Hausmeister des Studentenwohnheims auf dem → Campus, führte mich in ein 11,5 qm großes Zimmer, mit Waschbecken und hellblauem Linoleumboden. Ich öffnete das Fenster. Kindergeschrei und -geheule drangen vom Innenhof herein. Aus den Nachbarfenstern warfen Studenten Plastikbecher und Pappknäuel auf die Kinder, gefolgt von wüsten Beschimpfungen. Ich war mir nicht sicher, wo ich gelandet war. Ich war mir auch nicht sicher, was das für Leute waren, mit denen ich zusammen wohnen würde. Das sollte so bleiben. Aber bald gehörte ich dazu. Zu Chinesen, Iranern, Finnen, Spaniern, Sudanesen, Nigerianern, Armeniern, dem halben → Balkan und ein paar versprengten Deutschen, zu Juristen, Chemikern, Politikwissenschaftlern, Soziologen, Geographen und → Altphilologen. Zu sehen gab es viel. Es flogen Stühle, und zwar zwischen dem Armenier und dem Palästinenser. Nicht wegen Herkunft oder Politik – Zucker und Öl waren das angestaute Problem (also Speiseöl, meine ich).

Haufenweise Pflaster verbrauchte die Chinesin. Mit getönter Schwimmbrille schnitt sie Zwiebeln und ihre Finger. Anna zeigte gerne ihr opulentes Dekolleté. Selbst wenn es immer tiefer rutschte, ihr Nachbar, der Sudanese, und seine zwanzig Freunde blieben gelassen (→ Coolness). Der Duft von Gras war allgegenwärtig, wenn Klaus die Tür öffnete. Einen Putzplan gab es übrigens nicht (→ Schweine), dafür einen Putzmann. Studiert wurde auch, mehr als die Eltern denken mochten. Manche nutzten die Nacht trotz der Partymacher, andere den Tag trotz der Krachmacher. *Trotzdem* – das ist das Zeichen für Toleranz, die Grundlage für das Leben im Studentenwohnheim. Man muss eben miteinander auskommen, obwohl man nicht im Traum daran gedacht hätte, miteinander auskommen zu müssen. Und am Ende stellt man fest, es ist viel mehr geworden. Der Zwang hat mich verändert. Jetzt bin ich bei den Katholiken gelandet. Die haben Erfahrung mit dem Zusammenleben (→ Seminar). Wie im Kloster geht es da allerdings nicht zu. Die Vielfalt und der Zwang sind geblieben. Immerhin habe ich mein eigenes Bad, eine aus weißem Plastik gegossene Nasszelle. Der Gang durch das katholische Studentenwohnheim ist auch eine Odyssee durch die Welt. Und das ist das Gemeinsame aller Studentenwohnheime. Sie sind eine Reise um die Welt. Wie der Rest der Welt irren die Insassen umher. Doch sie wissen, dass sie es tun. Ich bin jetzt 25. Das Irren geht weiter.

*TKT*

# T

TAGUNGSSTÄTTE – Die meisten Wissenschaftler haben ein ereignisloses Leben. Nur den wenigsten sind solch sinnliche Tätigkeiten vergönnt wie die Beobachtung von Primaten in Botswana oder die Erforschung der Meerestiere von einem Forschungsschiff aus (→ Science Party). Stattdessen triste Eintönigkeit. Stilles Arbeiten im Büro, umgeben von trockenen wissenschaftlichen Abhandlungen, zu korrigierenden Diplomarbeiten oder Papieren zur nächsten Studienreform. Oder bienenfleißig in kleinen Gruppen in Laboren, gebeugt über übel riechende Substanzen (→ Schnippelkurs) oder auf der Suche nach immer kleineren Teilchen, die dem menschlichen Auge für immer werden verborgen bleiben. Die positiven Reize der erfahrbaren Welt, reduziert auf einen Palmenstrand als Bildschirmschoner.

Hier kommen Tagungen ins Spiel – und mit ihnen die Tagungsstätte. Tagungen sind regelmäßig wiederkehrende Fluchten aus der Ereignislosigkeit des Forscherlebens. Doch Tagungen gibt es viele. Zu einigen «muss» man (→ Konferenz). Zu einigen will man unbedingt. Zu anderen könnte man, muss aber nicht – und spätestens hier wird die Tagungsstätte relevant. Denn wenn man kann, aber nicht muss, und mehr Einladungen zu Tagungen bekommt, als man wahrnehmen kann, sind Entscheidungen zu treffen. Themen, Personen aber auch Anfahrtszeiten, die Attraktivität des Ortes und eben die Tagungsstätte werden gegeneinander abgewogen. Man kann wählerisch sein – und ist es.

Soweit zur Nachfrageseite. Die Organisatoren von Tagungen, zu denen man «muss», haben es leicht. Die Tagungsstätte wird unter Gesichtspunkten von Kosten und Zweckmäßigkeit ausgesucht. Die Leute kommen schon! Die Organisatoren von Tagungen, zu denen die erhofften Teilnehmer kommen «können», aber nicht «müssen», haben es schwerer. Insbesondere wenn es um → Science Stars geht, die zu der Tagung gelockt werden sollen. Natürlich müssen die Organisatoren ein interessantes Thema und Programm bieten, mit möglichst vielen anderen berühmten Kollegen, so dass aus dem «kann» doch eher ein «muss» wird. Das reicht aber nicht. Zumindest lassen sich die Erfolgschancen für die Zusage erhöhen, wenn sinnliche Zusatzanreize versprochen werden. Ein attraktiver Ort und – die Tagungsstätte!

Was aber nun zeichnet eine attraktive Tagungsstätte aus? Da ist zunächst einmal die Lage. Die Lage besteht aus zwei Aspekten. Einmal einer groben Verortung, die gegenüber Kollegen angegeben werden kann. «Ich fahre zu einem Kongress nach New York.» Das hört sich besser an als: «Wir tagen in Kassel». Der zweite Gesichtspunkt ist die ganz spezifische Lage der Tagungsstätte. Entscheidend ist nun das Verhältnis dieser beiden Aspekte der Lage zueinander. Der Ort muss reizen, doch einmal vor Ort – in der Tagungsstätte – müssen die Teilnehmer, so gut es geht, von diesem attraktiven Ort abgeschnitten sein. Eine Tagung am Gendarmenmarkt, am Times Square oder auch in Cancun lockt viele Teilnehmer und wird dennoch ziemlich sicher ein Fiasko. Die Zentrifugalkräfte aus der Tagungsstätte hinaus sind zu stark. Bei einer guten Tagungsstätte ist der attraktive Ort für die Tagungsteilnehmer praktisch unerreichbar. Man tagt bei Berlin. Die ortsunkundigen Teilnehmer wissen das Angebot zu schätzen, vom

Bahnhof oder Flughafen abgeholt zu werden, nicht ahnend, dass sie von nun an die Tagungsstätte praktisch nicht mehr verlassen können.

Aus dieser faktischen Zwangssituation ergeben sich nun Folgeprobleme. Die Situation darf nicht als Zwangslage empfunden werden (→ Frühstück). Die Tagungsteilnehmer sollen sich gar nicht mehr aus der Tagungsstätte wegbewegen wollen. Praktische und ästhetisch ansprechende, mit moderner Tagungstechnik ausgestattete Tagungsräume sind eine Selbstverständlichkeit. Doch darüber hinaus muss die Tagungsstätte mit einigen sinnlichen Highlights aufwarten können: Die Gebäude im Idealfall verknüpft mit dem Leben berühmter Persönlichkeiten, in deren Nähe man sich nun befindet, und deren Genialität auf die Tagung ausstrahlt; ein Essen, das nicht an die heimische → Mensa erinnert; die Zimmer – bequem, großzügig und funktional. Mit E-Mail-Anschluss, um die Situation durch Berichte an die Daheimgebliebenen erst richtig erleben zu können; ein Schwimmbad für die morgendliche Erfrischung, eine Sauna für die abendliche Entspannung; eine Umgebung, die üppige landschaftliche Reize versprüht, wenngleich die Tagungsteilnehmer sie allenfalls beim Verdauungsspaziergang nach dem Mittagessen in kleinen Häppchen genießen dürfen.

Kurzum, die Tagungsstätte muss das Erhabene der Wissenschaft ausführlich würdigen. Die eigene Kenntnis der Stätten signalisiert Dazugehörigkeit. Wer dort war, hat es geschafft. *JB*

TITELKAUF – Wo eine soziale Rangordnung nicht so internalisiert ist, dass sie von selbst funktioniert, muss es Erkennungszeichen geben (→ Anrede). Diese Zeichen müssen für jedermann, oder jedenfalls für die, die es angeht, lesbar sein. Im alten Europa waren dies – neben Namen, die jeder Kenner dem Uradel oder Briefadel zuordnen konnte, den Federn am Hut, der Höhe der Perücke, der Zahl der vorgespannten Rosse, den Orden und Ehrenzeichen – vor allem die «Titel». Nicht nur der Herr Rat, Kanzleirat, Regierungsrat, wirklicher Geheimrat oder Hofrat, sondern vor allem auch der Doktor und Professor waren begehrte Erkennungszeichen in der frühneuzeitlichen Gesellschaft, deren Bildungsbürgertum sich über Gelehrsamkeit und deren Ränge definierte. Was die allein in Deutschland vor 1800 betriebenen etwa 40 Universitäten an Baccalaurei, Magistri, Licentiaten und Doktoren produzierten, ging in die Hunderttausende. Jeder Titel war sein Geld wert. Er kostete Geld, aber er brachte auch welches ein.

In der modernen Massengesellschaft, in der angeblich Gleichheit herrscht (→ Elite), ist das Bedürfnis nach Erkennungszeichen nicht etwa geschwunden, sondern heftiger geworden. Je mehr Gleichheit, desto intensiver der Wunsch nach Unterscheidung. Man möchte sein wie die anderen, aber aus ihnen sichtbar herausragen. Nun sind es die Markenzeichen der Kleidung und der Automobile, die diskreten Mitteilungen über Wohnorte, Urlaubsziele, hochmögende Freunde, gelesene Bücher oder Beziehungen, die klar machen, wo man steht. Zu diesen Zeichen gehören aber wie eh und je die Titel, deren Verleihung ein altes Privileg der Universitäten ist. Freilich ist der Erwerb eines akademischen Titels, wenn alles mit rechten Dingen zugeht, eine mühsame Sache.

Für wohlhabende Berufstätige, die sich nicht mehr plagen mögen, gibt es deshalb die passenden Inserate. Man kann sich in der Schweiz, in Südamerika, aber auch im nahen Bergisch-Gladbach bei einem «Institut für Wissenschaftsberatung» helfen lassen. Dort sind 127 000 ältere Doktorarbeiten gespeichert. Da müsste sich doch etwas Passendes finden lassen, etwas, was auch der schlaueste Professor nicht kennen kann (→ Abschreiben). Man zahlt für eine Beratung angeblich um 10 000 € und darf dafür nach einer kleinen Frist Hilfe erwarten, etwa ein mit frischer Literatur versehenes und neu frisiertes Opusculum, das man offiziell einreichen kann. Das funktioniert beispielsweise mit Hilfe von Hochschullehrern in fremden Ländern, deren Namen niemand kennt oder kennen will, aber auch mit Hilfe von schwarzen Schafen im eigenen Land.

Der große Theodor Mommsen wetterte 1876 gegen die «Pseudodoctoren» und machte Vorschläge zur Reform des verkommenen

Dissertationswesens. Heute werden jährlich mehr Titel denn je produziert, und es reicht noch immer nicht. Der Markt und die menschliche → Eitelkeit verlangen nach mehr. Wo ein Bedarf und Geld zusammentreffen, aber gewisse Regularien und Restbestände akademischer Manieren entgegenstehen, wächst Korruption. Sie wächst dort, wo an die Stelle von selbstverständlich geübten Manieren inneruniversitäre Kontrollmechanismen getreten sind – und diese versagen. MS

**TODESSTREIFEN** – Oskar M. hatte es beinahe geschafft. Auf den letzten Metern hatte ein Polizist seines Volkes das Knacken der Waldhölzer unter seinen Schritten doch noch gehört. Warnschuss! Er traf Oskar M. – Ein schmales Band von 1393 Kilometern Länge, eine Grenze, die Tausende zu überwinden suchten, ein Streifen Land, dem Tote den Namen gaben.

Paul S. hatte es geschafft. Aus kleinen Verhältnissen hatte er sich emporgearbeitet, verfügte nun über ein profitables mittelständisches Unternehmen. Dann tätigte er eine große, steuerbegünstigte Investition im Land des Ostens. Das ging gründlich schief. – Fixe Liefertermine, nervöse Termingeschäfte, definitive Leistungsdaten, ultimative Zahlungsfristen. 136 554 Konkurse im Jahr. Wer die *deadline* überschreitet, verliert im Handumdrehen viel Geld und sein bürgerliches Leben.

Dr. Richard T. hatte es auch geschafft. Zum Kongress der Kodikologen in Konstanz hatte man ihn eingeladen, als Hauptreferenten des zweiten Tages. Alle gingen hin, und nichts fand statt. Dr. Richard T. hatte es sich anders überlegt, hatte eigentlich gar nicht überlegt, sondern war ganz ohne sein Zutun vom unerwartet lauen Frühlingswind davongetragen worden. – Wissenschaftler haben kaum etwas zu verlieren. Ihr einziges Kapital besteht in ihrer Reputation in akademischen Kreisen (→ Guter Mann). Aber was ist schon Reputation im Vergleich zu Leben, zu Vermögen, zu bürgerlicher Existenz? Gleichwohl pflegen auch Wissenschaftler *deadlines* zu fürchten und zu respektieren. «Publish or perish» heißt – unmissverständlich – einer dieser Todesstreifen. Er erzwingt das Schreiben und das pünktliche Abliefern des Geschriebenen. «Sprich oder stirb» heißt ein anderer (→ Wortmeldung). Er nötigt dazu, den Mund zu öffnen, und zwar zum fixen Liefertermin in Konstanz. Schreiben, obwohl man nicht schreiben kann, abliefern von Geschriebenem, von dem man sich nicht trennen mag, dozieren, obwohl der Kloß im Halse sitzt, öffentlich reden, obwohl der laue Frühlingswind weht – das ist das alltägliche Leben der Wissenschaftler. Das Leben verdankt sich dem Todesstreifen. Bei Missachtung: perish! Bei Überschreiten: stirb! Warum setzen sich Wissenschaftler, fast alle Wissenschaftler, dieser Bedrohung aus? Nur um die *quantité négligeable* ihrer Reputation zu erlangen und nicht gleich wieder zu verlieren? Steckt noch etwas anderes hinter dem Todesstreifen?

Was der Mensch fürchtet, erfreut die Natur. Todesstreifen mutieren alsbald zu Grünstreifen. «Diese Flächen sind heute zu wichtigen Lebensräumen vieler gefährdeter Tier- und Pflanzenarten geworden» (Bundesamt für Naturschutz). In den Feuchtbrachen hausen vom Aussterben bedrohte Lebewesen, zum Beispiel Braunkehlchen, Rechtshistoriker, Kraniche, Gestaltpsychologen, Fischotter, Anthropologen und Schwarzstörche. Im Schatten des Todesstreifens regt sich Leben, vermehrt sich der Raubwürger, kollationiert der → Altphilologe und brütet der Ziegenmelker. In den Biotopen des Todesstreifens gedeihen über 600 Pflanzenarten, darunter 120 der «Roten Liste» und fast genauso viele der «Blauen Liste», etwa das Flammen-Adonisröschen, der Paläograph, die Sumpfcalla, die Byzantinistin, die bleichblütige Sommerwurz, der kahle Sinologe, der flüchtige Kodikologe und der gemeine Flusswasserfenchel. Der Todesstreifen erzeugt seinen eigenen – von Menschenhand unberührten, von Pestiziden freien – Garten. *Deadlines* erzeugen das Gärtchen der Wissenschaft. Fürchtet Euch, Wissenschaftler, vor dem Todesstreifen, um in seinem Paradiesgarten zu lustwandeln! *MTHF*

# U

**ÜBLICHE UNTERLAGEN** – «Gesucht wird ein Professor für … Um die Zusendung der üblichen Unterlagen wird bis zum … gebeten.» So eine typische → Ausschreibung. Die Welt ist klein und überschaubar, so man nur dazugehört. Die Bewerbung auf eine Professur ist für einen → Wiss. Mit. oder Postdoc eine gute Gelegenheit, anmaßende Gefühlsregungen, man gehöre schon «dazu», noch einmal grundsätzlich zu überdenken. So einfach kommt man nicht in die VIP-Räume des Geistes, als *frequent flyer* ist man beileibe kein *Senator*. Nur gut, wenn man einen erfahrenen Mentor zur Seite hat, der einen in die Arcana der akademischen Welt initiiert (→ Silberrücken). Übliche Unterlagen. Sicher dazu gehören ein Lebenslauf und eine Publikationsliste, auch eine Liste aller eingeladenen Vorträge. Doch sind auch Zeugnisse beizufügen, womöglich in beglaubigter Kopie? Ein Ausfluss reinster Herzen über die Reaktionen der Studenten auf pädagogische Stimulantien aller Art? Oder doch nur eine schnöde Liste gehaltener Vorlesungen und Seminare? Ein Forschungsplan, der die Vernetzbarkeit des Bewerbers am neuen Standort belegt? Ein Passfoto, falsch belichtet und mürrisch, oder ein professionell erstelltes Bewerbungsfoto, geschrubbt und zahnpastalächelnd? Oder etwa gar kein Foto? All dieses Nachdenken für einen Satz Unterlagen, der aus Zeitgründen (→ btA) vielleicht nur zwei bis fünf Minuten Aufmerksamkeit findet. *US*

**UNGLEICHHEIT** – Ungleichheit prägt die Wissenschaft ebenso wie die Gesellschaft. Es gibt sie in allen möglichen Formen und auf allen Ebenen. Wenn die Geisteswissenschaften heute (öffentlich wie an den einzelnen Universitäten) um ihre Existenzberechtigung kämpfen müssen, so schlägt sich darin das drastisch veränderte Kräfteverhältnis zwischen den beiden Teilen des Bürgertums nieder, die man in den Geschichtswissenschaften traditionell als Bildungs- und Besitzbürgertum bezeichnet. Bis Ende des 19. Jahrhunderts konnte das Bildungsbürgertum noch die akademischen Spielregeln bestimmen. Dementsprechend hatten es die Technischen Hochschulen anfangs sehr schwer, als gleichberechtigt mit den klassischen Universitäten anerkannt zu werden. Auch die Betriebswirtschaftslehre brauchte mehrere Jahrzehnte, bis sie akzeptiert wurde. Die → Altphilologie konnte damals noch mit dem Dünkel der Arrivierten auf die neuen Emporkömmlinge herabblicken. Die Verhältnisse haben sich mittlerweile, in der Wissenschaft wie in der Gesellschaft, umgekehrt.

Ungleichheit bestimmt auch die Karrierechancen junger Wissenschaftler(innen). Zwei Nachwuchshistorikerinnen studieren an einem renommierten Graduiertenkolleg. Die eine, Arbeitertochter aus einem kleinen Dorf, schreibt eine hervorragende Arbeit, unterlässt es mangels intimer Kenntnis der akademischen Karrieremechanismen aber, die Ergebnisse ihrer Arbeit (und damit auch sich selbst) in der wissenschaftlichen Öffentlichkeit ausreichend zu präsentieren (→ Facetime). Sie geht nach dem Ende ihres ersten und einzigen Vertrags an einer Hochschule in die Arbeitslosigkeit, der sich eine vergebliche Umschulung und dann wieder die Arbeitslosigkeit anschließt. Sie ist der Wissenschaft endgültig verloren gegangen. Ihre damalige Kommilitonin, der Vater ein berühmter Wissenschaftler, wird dagegen mit Anfang 40 auf eine Professur an einer renommierten deutschen Universität berufen. Sie kannte die Spielregeln der *scientific community* sehr genau und ihr Name besaß in den Entscheidungsgremien (schon allein dank des Vaters) einen viel versprechenden Klang (→ Elite).

Ungleichheit ist ebenfalls ein zentrales Merkmal der Mittelverteilung in der Wissenschaft. Für die Einwerbung von Forschungsgeldern ist die Zugehörigkeit zu oder die Orientierung an den (in allen Fächern existierenden) einflussreichen Seilschaften und dominanten Schulen ein entscheidender Vorteil. Wer nicht dazu gehört oder dem *Mainstream* nicht folgt, hat es fast immer sehr viel schwerer. Nicht selten werden innerwissenschaftliche Konflikte

auf dieser Ebene ausgetragen. Eine Richtung dominiert die wesentlichen Gutachterausschüsse und bestimmt damit maßgeblich die Allokation der Ressourcen. Was wissenschaftliche Qualität ausmacht, definieren dann letztlich diejenigen, die in den wichtigen Machtpositionen (neben den Gutachterausschüssen vor allem die Herausgebergremien wichtiger Zeitschriften) sitzen. Bei der Beteiligung der einzelnen Wissenschaftsdisziplinen am großen Kuchen ist es ähnlich. Wenn es beispielsweise um die heute so wichtige Profilbildung der Universitäten geht, dann ist vielfach weniger die wissenschaftliche Qualität der einzelnen Fächer entscheidend als vielmehr ihr Stellenwert in der öffentlichen wie politischen Diskussion und ihre Akzeptanz bei den «Mächtigen» in Wirtschaft und Politik. Archäologen oder Byzantinisten nützt auch eine eventuelle Weltgeltung innerhalb ihres Fachs nicht viel. Die *Life Sciences* dagegen stehen im Mittelpunkt der öffentlichen Debatten und vor allem der Zukunftshoffnungen. Sie eignen sich für eine Profilbildung allein aus diesem Grund, unabhängig davon, ob sich die Hoffnungen oder Versprechungen später auch einlösen lassen.
Die zurzeit zu beobachtende Ökonomisierung sämtlicher Gesellschaftsbereiche und damit auch von Wissenschaft und Hochschulen vertieft die Ungleichheiten erheblich (→ Risikogerede). Die Kluft zwischen Gewinnern und Verlierern nimmt auf allen Ebenen zu, wie gerade die sich abzeichnende Spaltung in Eliteuniversitäten auf der einen, Massenhochschulen auf der anderen Seite zeigt. MH

UNI-FORMIERUNG – Der soziale Raum von Lehre und Forschung wird nicht nur durch Manieren und Sitte bestimmt. Deren formales Kennzeichen ist, dass sie gesellschaftlich erzeugt werden. Weil es häufig keinen expliziten Normsetzer gibt, sind die Regeln zumeist auch nicht in einem Regelwerk verschriftlicht. Man kann sie vorher nicht nachschlagen, um ein Verhaltensgebot zu verifizieren; oft ist das Bestehen oder Nichtbestehen einer Norm überhaupt ausgesprochen unklar. Die Normsetzung findet nicht in einem geregelten Verfahren statt. Die Nachteile der fehlenden Kodifikation, etwa mangelnde Beteiligungsmöglichkeiten und geringe Transparenz, sind dabei nicht ganz so dramatisch, weil Verstöße gegen diese Normen nicht durch eine Institution mit den Formen des Rechts sanktioniert werden.

Es gibt aber auch einschneidende Regeln im Bereich der Wissenschaft, die wenig klar sind: Normen und Vorschriften, nach denen man sich unbedingt richten muss, um in diesem System zu bestehen, die aber nicht in Rechtsform niedergelegt sind. Dieser Bereich wichtiger, aber nicht-juristischer Regelungen scheint in den vergangenen Jahren an Bedeutung zugenommen zu haben. Er bildet das eigentliche, doch graue Heer der Regulierungen, der Forschung und Lehre unterliegen. Als Normsetzer treten eine Vielzahl von Akteuren auf. Die Politik will ihren Einfluss steigern, den Druck auf die Wissenschaft erhöhen, teils um prinzipiell die Effizienz und Exzellenz zu steigern, teils um besondere inhaltliche Wünsche durchzusetzen. Sie verknüpft die Zuteilung von Chancen und Geld an zahlreiche formale Voraussetzungen. In der Folge steigt seither die Bedeutung von Administration, Antragsformularen, Begutachtungen, Bibliometrie, Drittmitteln, Evaluation, Förderorganisationen, leistungsbezogener Mittelvergabe, Modularisierung, Netzwerken, Öffentlichkeitsarbeit, Profilbildung, Selbstvermarktung und Zielvereinbarungen. Normsetzung, Normvermittlung und Normdurchsetzung erfolgen schneller, häufiger und in größerer Regelungstiefe denn je zuvor (→ Freiheit). Man könnte geradezu von einer «Vernormung» der Wissenschaft reden.

Der Wissenschaft wird ihre verschärfte Selbstbeobachtung anempfohlen; aus Selbsterhalt und in getriebener Neugier schafft sie sich mit der Evaluations- und Wissenschaftsforschung ein eigenes Werkzeug der Analyse. Diese bestätigt, was jeder ahnt: Von alledem gehen selbstverständlich normative Wirkungen aus. Es gibt vorauseilenden Gehorsam und mancherlei bloß «gefühlte Regeln». In Randglossen spottet die Wissenschaft über die unintendierten Effekte dieser Vernormung und mokiert sich über das *Mainstreaming*. Mancher Betroffene kritisiert sogar bitter die

Vernichtung oder willfährige Preisgabe bestimmter Denk- und Arbeitsformen. Aber es gibt auch neue Chancen.
Dem willigen Heer der externen Berater, das lange auf diese Chance gewartet hat, gibt die Wissenschaft skeptisch den Schlüssel zum eigenen Haus in die Hand. Die Regeln sind noch neu, und wo gehobelt wird, da fallen bekanntlich Späne. Als Kollateralschaden der Reformen stehen einige → Verschrottungen an. Andere Eingriffe korrigieren lange geduldete Missstände. Noch ist der Prozess in vollem Gange, → Exzellenzcluster und Eliteuniversitäten werden im raschen Wechsel ausgerufen. Vielleicht sollte man daher in diesem Zustand der latenten Überhitzung des Systems ein paar Prinzipien hoch halten: Autonomie, Besonnenheit, Gleichbehandlung, Selbstorganisation, Subsidiarität, Transparenz, Verfahrensgerechtigkeit und Vertrauensschutz. Das sind Grundsätze, die historisch mühsam für rechtliche Regulierungen entwickelt wurden, die aber sinnvollerweise auch auf die Normierungen angewandt werden sollten, welche in der Wissenschaft vergleichbar bedeutsam sind. MV

URLAUB – «Jeder Tag Urlaub ist ein Tag für die Konkurrenz.»

# V

VERSCHROTTEN – In einem Gespräch der *Süddeutschen Zeitung* (vom 9. Januar 2002) äußerte sich ein Beamter des Bundesministeriums für Bildung und Forschung wie folgt: die «Generation der Privatdozenten [...] müsse man nun leider verschrotten» und auf eine jetzt entstehende Welle von Härtefällen, so ein anderer Kollege, könne man «keine Rücksicht nehmen».
Die Schrottgeneration soll jener der Juniorprofessoren weichen.

EME

**VORLESUNG** – Wer Recht hat, entscheidet sich – wenn überhaupt – oft erst nach Jahrzehnten. Daher steht der Studienanfänger einem Wust an Meinungen gegenüber, und Lehrbüchern bleibt nichts anderes übrig, als sie einigermaßen vollständig aufzulisten (→ Wiederkäuen). Ich habe selbst einmal versucht, mich mit einem «Handbuch der biblischen Einleitung» auf eine Prüfung vorzubereiten, und vor allem eines dabei gelernt: dass ich künftig davor warnen sollte.

Genau deshalb gibt es Vorlesungen. Sie schlagen Schneisen in das endlose Dickicht des Wiss- und Diskutierbaren und zeigen, wo denn bei den vielen Bäumen der Wald ist. Sie wählen aus und gewichten aus der Warte desjenigen, der es wissen sollte; sie dampfen den Stoff auf lernbare Brocken ein; sie veranschaulichen generelle Sachverhalte an leicht nachvollziehbaren Beispielen. Sie riskieren einen Blick auf aktuelle Debatten und lassen (in vernünftigem Maße) auch Zwischenfragen zu (→ s.t./c.t.). Sie mischen eine Portion Fakten mit einer Prise Methodik, versetzt mit Empfehlungen zur Fachliteratur, um die exemplarisch geschulten Eleven auf eigene Füße zu stellen, damit sie sich bei analogen Problemen selber helfen können (→ Selbststudium). All das in der Hoffnung, dass zum Schluss doch so etwas wie ein Überblick herauskommt – wenn nicht bei den Studenten, dann wenigstens beim Professor, der bei der Übung natürlich am allermeisten lernt.

So jedenfalls die Theorie. In der Praxis hat die Vorlesung einen schlechten Leumund – kaum zu Unrecht, wie jeder weiß, der seine Dosis durchlitten hat: Spannungsarm, voller Geheimnisse hinsichtlich Systematik und Stoffauswahl, lässt sie das Auditorium rätselnd zurück, was nun als wichtig in die Mitschrift gehört und was als bloße Illustration durchgehen kann. Wahrlich kein → Riesenburger. Wie versuche ich, einschlägig vorgeschädigt, es besser anzustellen? Zugegebenermaßen mache ich dem Namen «Vorlesung» meistens alle Ehre: Ich formuliere den Text aus und halte mich ziemlich eng daran. Das kostet enorm viel Arbeit und legt mich auf einen begrenzten Zyklus fest, der dann regelmäßig

zu aktualisieren ist. Es erlaubt aber eine hohe Faktendichte; dazu wehrt es dem Verhaspeln bei komplexeren Problemen; außerdem bleibt immer noch etwas zum Vortragen, wenn Übermüdung die Konzentration verschlingt (→ Kinder). Und dann die Gretchenfrage des heutigen höheren Unterrichtswesens: Wie hältst du's mit ... *PowerPoint*? Nun, bislang habe ich mich nicht damit anfreunden können. Diese bunten Präsentationen bedienen zwar den verbreiteten Geschmack am Infotainment (→ Columbia), aber bei mir geht es schlichter zu: Die Gliederung, das Demonstrationsmaterial (Arbeitsübersetzungen, Bilder, Schemata usw.) und die Literaturliste landen als pdf-Datei auf dem Netz. Wer sie herunterlädt (→ Abschreiben), hat einen Ariadnefaden durch den Gedankengang und entgeht der Gefahr, beim Mitschreiben Ex (Exodus) in Ez (Ezechiel) oder 2,18 in 3,18 zu verhunzen.
Wie viel Zeit schluckt die Vorbereitung? Ich weiß es nicht treffender zu sagen als jener Kollege, der spitz erklärte: «Mein ganzes wissenschaftliches Leben.» Genau so ist es: Am Lehrpult gerinnen sämtliche Erfahrungen, die man in endloser Fron am Schreibtisch gesammelt hat (→ Einzelschreibtischforscher). Deshalb soll, wer unterrichtet, sich durch Forschung ausweisen, denn durch nichts lernt man sein Feld so intim kennen wie durch Forschung, die letztlich nichts anderes ist als projektbezogenes Lernen, die effektivste Form des Lernens überhaupt. Nicht von ungefähr ist die Einheit von Forschung und Lehre das Kronjuwel der Humboldt'schen Universität. Und deshalb muss, wer guten Unterricht will, den Wissenschaftlern Zeit und Muße (Muße!) zur Forschung lassen, auch wenn sie bloß dasitzen, Bücher lesen und glücklich dreinschauen. HJS

VORSINGEN – Kennt man vielleicht noch aus der eigenen Schulzeit. An der Universität findet es sich im → Berufungsverfahren.

VORWORT – Vorwort, → Nachwort und → Danksagung geben dem wissenschaftlichen Werk seinen sozialen und historischen

Rahmen. Dies geschieht sowohl in Hinblick auf die berufliche wie private Biographie des Autors als auch auf die Entstehungsgeschichte des Werkes. In diesem Feld aus sozialen Beziehungen, Historie und Histörchen stellt der Autor sich als «Person» dar. Das Vorwort ist die Bühne des Ego (C. v. Braun überschrieb es: «Das Ich und das Buch»). Die zur Schau gestellte Individualität, das scheinbar Besondere und Persönliche, ist letztlich allerdings hochgradig konventionell.

Wenn es um die Verankerung des Werkes in wissenschaftlichen Netzwerken und Berufsfeldern geht, sind häufiger als Reflexionen wohl durchdachte Listen prestigeträchtiger Institutionen und großer Namen des Faches zu lesen. Aber auch die Namen berühmter Verwandter (... meinem Schwiegervater Prof. em. Dr. Dr. h.c. ...), anerkannter Kollegen und → Mentoren stellen ein nicht zu unterschätzendes kulturelles Kapital dar.

Neben dem beruflichen wird der sich häufig damit überschneidende soziale Kontext ausgemalt. WissenschaftlerInnen sind gesellig, lebenslustig und haben viele gute Freunde, darauf legen sie großen Wert. Kurz: Sie sind weder unsozial noch eigenbrötlerisch und sicher keine einsamen arbeitssüchtigen → Einzelschreibtischforscher. Es gilt zu zeigen, dass Ungewöhnliches geleistet wurde, es einem jedoch keineswegs an allen anderen menschlichen Qualitäten mangelt. Bei besonders «trockenen» wissenschaftlichen Arbeiten legen Verfasser im Vorwort etwa häufig Wert darauf zu beweisen, dass sie humorvolle Menschen sind. Dabei wird meist klar, dass auch Vorstellungen von «Witz» fachkultur-spezifisch sind.

Im Vorwort werden Anstöße, erste Ideen, Werden und Fertigstellung, Länge, Mühe, Höhen und Tiefen des Arbeitsprozesses dargestellt. Mit der Öffnung der Wissenschaft für → Frauen hat sich die Metapher der «Geburt» von Arbeiten eingebürgert: Empfängnis, Schwangerschaft, Wehen, Hebammen oder wahlweise Geburtshelfer werden beschrieben. Auch dadurch, dass mittlerweile immer mehr Männer sie für sich beanspruchen, gewinnt diese Metapher nicht an Originalität.

Die Dramatik der Werkentstehung kann beeindrucken, Computerabstürze und Datenverlust, Krankheiten und Auslandsaufenthalte nehmen sich etwa harmlos aus gegen die Rettung des letzten Ausdrucks eines Manuskriptes aus den Ruinen des ausgebrannten Hauses. Dass der Autor vor allem der Feuerwehr seines Stadtteils dankt, versteht sich von selbst. In manchen Fällen lässt sich die Werkgeschichte aber auch zur Immunisierung nutzen. Julian Nida-Rümelin etwa fand bei einer Brasilien-Reise zufällig Zeit für seine wissenschaftliche Arbeit: «Ich diktierte einen Text auf Band, der die Grundstruktur dieser Monographie skizzieren sollte, gewissermaßen als Nukleus der beabsichtigten größeren Abhandlung. Da ich keinerlei Literatur dabeihatte, kam ich erst gar nicht in die Versuchung, mich auf die Details anderer Auffassungen einzulassen [→ Zitat]. Die Argumentation musste sich unter diesen Bedingungen auf das Wesentlichste konzentrieren.»
Nicht nur Eigenheiten und → Eitelkeiten mancher Vorwort-Schreiber sind beeindruckend, sondern auch das Geltungsbedürfnis der benannten Personen und Institutionen. Die Bibliothek des Max-Planck-Instituts für ausländisches öffentliches Recht und Völkerrecht hat beispielsweise bereits eine eigene Zusammenstellung ihrer Erwähnung in Vorworten wissenschaftlicher Arbeiten von 1978 bis 2002 veröffentlicht. Es wird nicht mehr lange dauern, bis ein eigener *citation index* (→ SCI) für die Nennung in Danksagungen, Widmungen, Vor- und Nachworten entsteht. – Ach, so etwas gibt es längst? Das war mir entgangen (→ Assists).

*BB*

# W

WELTFREMDHEIT – Vor allen anderen Dingen müssen Studenten und Professoren weltfremd sein. Sind sie es nicht, haben sie an der Universität nichts verloren, sollten sich zum Repetitor trollen oder gleich an die FH wechseln oder gar zu einer Berufsakademie hinabsteigen. Denn die Weltfremdheit ist, wie der Soziologe Rudolf Stichweh am Rande von Ausführungen zum mittelalterlichen Universitätswesen gezeigt hat, das eigentliche Charakteristikum des Wissenschaftlers. Weltfremdheit bezeichnet demnach die Fähigkeit, «Selbstverständliches und lange Vertrautes so zu sehen, als sei es völlig unwahrscheinlich und letztlich unverständlich [...]. Die eigentliche wissenschaftliche Leistung ist, das als immer schon vertraut Erfahrene in den Modus der Fremdheit zu versetzen. Insofern könnte ein Wissenschaftler nichts Falscheres tun, als sich gegen den Vorwurf wehren, er sei ‹welt-fremd›. Seine ‹Welt-Fremdheit› ist schließlich seine eigentliche Begabung, und, wenn sie ihm mitgegeben ist, für ihn ein glücklicher biographischer Zufall, zugleich gewissermaßen eine ‹List der Natur›, Abweichungen zu erzeugen, mit denen sie sich für sich selbst durchschaubar macht.» Demnach zeichnet einen guten Forscher die Fähigkeit aus, etwas anders sehen zu können als seine Umwelt, gleich ob die Gesellschaft (→ Schnittstellen) der Maßstab sei oder die Kollegen es sind; der Wissenschaftler nimmt Dinge nicht für selbstverständlich. Er gibt sich nicht mit vorhandenen Antworten ab oder lässt sich durch das Abwinken seiner Kollegen entmutigen. Im Gegenteil: Gerade die Einmütigkeit von Überzeugungen macht ihn misstrauisch, und er begehrt, die Gründe zu überprüfen.

Um die Weltfremdheit des Universitätsangehörigen für seine Mitmenschen erträglich zu machen, bedarf es freilich eines Korrektivs im Sozialen. Denn Lehrende und Studierende müssen miteinander und untereinander auskommen, ja sie sollten einander sogar nützlich werden (→ Silberrücken). Um diesen Zweck zu erreichen, steht ihnen ein Mittel zur Verfügung, das ihre Soziabilität normativ gewährleistet: Manieren! MV

WETTBEWERB – Das Wort ist spät in die Wörterbücher der deutschen Sprache eingezogen. In Hermann Pauls *Deutsches Wörterbuch*, das 1896 erstmals erschienen ist, hat es Werner Betz auch in die Neubearbeitung von 1976 noch nicht aufgenommen. In der 9. (von Helmut Henne und Georg Objartel bearbeiteten) Auflage (1992) ist ihm immerhin eine halbe Zeile gewidmet. Es sei eine Neubildung des 19. Jahrhunderts, eine Übersetzung des französischen Wortes *concurrence*. In Grimms *Deutschem Wörterbuch* ist es 1960 zum ersten Mal verzeichnet, als ein Wort, das «in der sprache des öffentlichen lebens besonders als schlagwort der liberalen wirtschafts- und soziallehre [...] rasche verbreitung fand». Der inflationäre Gebrauch des Wortes in Bildung und Wissenschaft, in der Wissenschaftspolitik, dem Wissenschaftsmanagement (etwa seit 1990) belegt also die rasante Ökonomisierung (→ Kosten-Leistungs-Rechnung) einer Sphäre, die sich einstmals als ideologie- und wertfrei definierte und daraus ihre stärksten Energien zog. Dem Wettbewerb in den Wissenschaften, insbesondere in der Forschung (denn um die beste Lehre wetteifern nur wenige, einen Wettbewerb um die beste Verwaltung gibt es nicht), entspricht die Entstehung eines Marktes, auf dem Bildung und Forschung gekauft und verkauft werden. Diesen Markt reguliert eine im Allgemeinen hierarchisch geordnete Ansammlung von (weltweit inzwischen 54 000) Journalen. Die einflussreichsten Journale sind referiert, das heißt sie arbeiten mit einem Gutachtersystem, bei dem (idealiter) Gleiche über Gleiche zu urteilen haben. Manche freilich sind «gleicher» als die anderen, weil der Wettbewerb auch in das Verfahren des *peer-review* eingezogen ist und diejenigen als die besten *peers* gelten, die in ihrem Fachgebiet von möglichst vielen Journalen um ihr Urteil gebeten werden. So ist es nicht verwunderlich, wenn zugleich mit dem zunehmenden

Wettbewerb um die Erstentdeckung, die Erstpublikation und eine gewinnbringende Erstverwertung (→ Patente) auch die Zahl der spektakulären Betrugsfälle zunimmt. Der weltweite, «freie» Bildungs- und Wissenschaftsmarkt ist auch ein Markt, auf dem es für Betrüger Anreize zuhauf gibt (→ Skandal). Die Heilserwartungen der Menschen in die scheinbar rasch verwertbaren Ergebnisse der Forschung sind weit überzogen und werden vom Propagandagetöse des «Wettbewerbs» täglich neu stimuliert. Die Briefmarke für den 2005 enttarnten koreanischen Star der Stammzellenforschung zeigt einen Gelähmten, der geheilt aus seinem Rollstuhl springt. Die überlasteten Gutachter aber sind den auf Gesundheit und Wohlstand bezogenen Heilserwartungen längst nicht mehr gewachsen und immer häufiger (bei innovativen Methodenentwicklungen) nur zu ungefähren Einschätzungen in der Lage. So übersteigern sich Angebot und Nachfrage auch auf dem Forschungsmarkt nach den Regeln des kapitalistischen Wettbewerbs. Die tradierten Kontrollorgane, die Studenten und die Kollegen, können ihren Auftrag nicht mehr erfüllen, weil die Zunahme der Entwicklungsbeschleunigung die von ihnen zu überblickenden Sektoren der Forschung immer stärker verengen und die Unzahl der Publikationen kaum noch Leser findet. Wer für Entschleunigung als Heilmittel der überhitzten Forschungskonjunktur plädiert, wird angesichts der prozesshaft verlaufenden Forschung als ein naives Relikt aus der Zeit vor dem Anbruch sogenannter «Intensivforschung» belächelt.

Dieses (zunächst in den Biowissenschaften mit Hilfe moderner Informationstechnologien etablierte) System trägt insofern totalitäre Züge, als es die Tendenz hat, auf Fächer überzugreifen (→ Uni-Formierung), die es noch mit Bildung und Forschung als möglichen Wegen zur Persönlichkeitsbildung zu tun haben, und damit Eingang in die reine Grundlagenforschung (auch und gerade in den Geisteswissenschaften) gefunden hat. Dort aber nimmt – dem Wettbewerbsdruck folgend – nicht nur die Zahl der Publikationen zu (→ SPU), sondern insbesondere deren (buchstäbliches) Gewicht. Ein opus magnum, einst die Lebenssumme eines Gelehrtenlebens, kann dann (mit Bert Hölldobler) definiert werden als ein Buch, das, aus dem zweiten Stock eines Hauses geworfen, einen zufällig davon getroffenen Passanten auf der Stelle erschlägt. Weniger «schwerwiegende» Publikationen können sich in solchen Fächern auf dem Markt nur behaupten, wenn sie hinter Terminologiefassaden eine Fangemeinde versammeln, die allen den Zugang versagt, die nicht bereit sind, sich dem neologistischen Theorienzauber zu verschreiben (→ Mode).

So gilt zwar auch für die Wissenschaft, dass Wettbewerb, oder besser: der kreative Zweifel, das Geschäft belebt, dass aber eine fruchtbare Konkurrenz auf dem Gebiet des Geistigen nur dann seriös und erfolgversprechend sein kann, wenn sie den Nachdenklichen im Getümmel der Gedanken- und Bedenkenlosen wieder eine Chance gibt. *WF*

WHISTLEBLOWER – Der schmale Grat zwischen Heldentum und Karriere-Selbstmord. – Kein → Zweifel: Der Postdoc Eberhard Hildt bewies eine Menge Mut, als er Mitte der 1990er Jahre den bisher größten deutschen Fall von Wissenschaftsbetrug in der Medizin bekannt machte. Schließlich stellte sich der junge Molekularbiologe gegen seine damaligen Chefs, das Ulmer Forscherpaar Friedhelm Herrmann und Marion Brach, und betätigte sich damit als *Whistleblower*, als Warnrufer der Wissenschaft. Die beiden Krebsforscher hatten nämlich in großem Umfang Studien gefälscht, Ergebnisse plagiiert oder gleich ganz erfunden. Und nachdem Hildt den Betrügereien auf die Spur gekommen war, zeigte er beispielhafte Zivilcourage, wie sie in der *scientific community* – zumindest in dieser Ausprägung – nur selten anzutreffen ist.

Eberhard Hildt hatte in Tübingen studiert und promoviert und war im November 1995 zur Arbeitsgruppe von Herrmann/Brach gestoßen. Zu diesem Zeitpunkt sei «schon gemunkelt [worden], daß da einiges nicht mit rechten Dingen zugeht», erinnerte sich Hildt später in einem ausführlichen Bericht. Und tatsächlich entdeckte er bald Unregelmäßigkeiten, auf die er seine Arbeitsgruppenleiterin Marion Brach auch ansprach. In einer 1995 im *Journal of Experimental Medicine* veröffentlichten Studie hatte Hildt Abbildungen gesehen, die ganz offensichtlich am Computer manipuliert worden waren (→ Aufhübschen). Brach sicherte daraufhin zunächst zu, die Studie als fehlerhaft zurückzuziehen; doch das geschah nicht. Stattdessen stellten Brach und Herrmann ihren Mitarbeiter im Mai 1996 zur Rede und drohten, ihn bei weiterer Kritik an den Arbeitsergebnissen vor ein «Tribunal» zu stellen und wegen übler Nachrede zu verklagen. Als Hildt in den folgenden Monaten zusätzliche Ungereimtheiten entdeckte und ihm daraufhin von Friedhelm Herrmann gedroht wurde, er werde ihn «platt machen», offenbarte sich Eberhard Hildt seinem früheren Doktorvater – und brachte damit den Fall ins Rollen, der schließlich im Mai 1997 in der Öffentlichkeit (→ Skandal) bekannt wurde.

Hildt war damit zum *Whistleblower* geworden: zu einem, der aus Kenntnis interner Details heraus ungesetzliche, unlautere oder unethische Praktiken bekannt macht. Das kann man entweder als mutige Zivilcourage interpretieren oder aber als Illoyalität und Verrat – und gerade in der Wissenschaft zeigt sich immer wieder, dass diejenigen, die als Insider das Gesetz des Schweigens durchbrechen und die Öffentlichkeit über wissenschaftliches Fehlverhalten informieren, mit der Ächtung durch die Kollegen und schlimmstenfalls sogar mit dem Ende ihrer beruflichen Karriere rechnen müssen. Die → Angst vor solchen Konsequenzen jedenfalls ist groß: 45 Mal wurde zwar der Ombudsman der Deutschen Forschungsgemeinschaft (DFG) im Jahr 2004 eingeschaltet, weil der Verdacht auf wissenschaftliches Fehlverhalten bestand – doch viele Nachwuchsforscher verließ irgendwann der Mut, das Verfahren weiter zu betreiben.

Die meisten wissenschaftlichen Nachwuchskräfte sind ihren Chefs auf Gedeih und Verderb ausgeliefert und die ausgeprägte Hierarchie in vielen Fächerkulturen macht Widerspruch von unten nach oben so gut wie unmöglich – hier wäre ein Bewusstseinswandel nötig, der das ethisch begründete *whistleblowing* als Bestandteil der politischen und akademischen Kultur versteht.

Denn der Umgang der Wissenschaftsgemeinde mit den *Whistleblowers* könnte ein guter Indikator dafür sein, wie ernst es die Forschung mit der Selbstverantwortung für gute Arbeit und mit dem Willen zur Aufklärung meint. AH

WIEDERKÄUEN – Das Kuhige an der Wissenschaft, vor allem der Geisteswissenschaft. Kaum einmal Neues, Unbekanntes, Unerhörtes. Das geisteswissenschaftliche Arbeiten besteht aus der Darstellung des Forschungsstandes, der Darstellung der Quellen, der Darstellung der Interpretationen. Wann lässt sich sagen, dass das oder jenes noch nie gesagt worden sei. Sicher, es wird immer etwas anders gesagt, eine kleine weitere Wendung in der 136746sten Kafkainterpretation wird immer gegeben, die Konjektur wird immer etwas anders gesetzt. Nie geschieht dies jedoch ex nihilo, gewissermaßen aus den fernen Reichen des ureigenen Geistes. Immer muss alles, was schon gesagt worden ist, noch einmal gesagt werden, wieder etwas anders als früher, mit den so genannten eigenen Worten (→ Wortmeldung). Geisteswissenschaftliche Arbeiten sind Paraphrasen des Geschriebenen. Wieder und wieder werden die ganz alten und die nicht ganz so alten Texte hin- und hergewendet, von allen Seiten betrachtet, das gleiche geschieht mit den alten und nicht ganz so alten Texten über jene Texte und so fort. Tertiärliteratur wird gewälzt und Quartärliteratur geschaffen (→ Sammelfußnote). Warum nur? Diese Frage ist sinnlos. Warum kauen, kauen, kauen die Kühe auf der Wiese? Sie können einfach nicht anders. Nicht anders, als immer nur – wiederkäuen. RMK

WISS. MIT. – lat. *famulus/famula*, mittlere bis innere Formation der den Professor schützenden Phalanx. In alter Zeit als Diener des römischen Hausvaters ins unfreie Gesinde verwiesen, gleichwohl schon damals zum Mitfeiern bei den Saturnalien berechtigt; seit dem Mittelalter dann aufgerückt zum Bindeglied zwischen Magistern und Scholaren, Wahlspruch: *Mit Euch, Herr Doktor, zu spazieren / Ist ehrenvoll und ist Gewinn.* Der Wiss. Mit. hört sich ungern als *WiMi* tituliert, da ihn dies an → *HiWi* erinnert – ein Stadium niederen Vasallentums, das er in der Regel durchlaufen hat und dem er sich entronnen wissen will. Wie weit er sich mit seinem Souverän identifiziert, ist seiner Selbstbezeichnung zu entnehmen: Etikettiert er sich als Wiss. Mit. *von* Professor X, impliziert dies eine engere persönliche Bindung als das eher kühl-institutionell anmutende *bei.*

Die Erscheinungsformen des Wiss. Mit. in der universitären Arena sind zahlreich. Welcher Typus vorliegt, erschließt sich zuweilen bereits aus einer Charakterstudie seines Dienstherrn oder der Verweildauer des Wiss. Mit. an dessen Katheder. Mancher Wiss. Mit. dient aus einem Hang zu Entsagung und sublimer Knechtschaft, manchen treibt die Lust an abgeleiteter Befehlsgewalt, einige die Freude an der Wissenschaft; andere erstreben in hoffnungsfroher Förderungserwartung die Doktorweihe oder gar einen Sitz *im,* nicht nur *am* Lehrstuhl. Beim Magister Faust finden wir als *famulus* den Fall des *trocknen Schleichers.* Die Artenvielfalt lässt Mischtypen zu.

Durchaus hilfreich für akademischen Lorbeer ist dem Wiss. Mit. die Demonstration seiner Fähigkeit, geschliffene Gelehrtenrede zu produzieren. Er sollte also nicht schlicht *zum besseren Verständnis etwas einfacher sagen,* vielmehr *die Apperzeptionskapazität mittels Komplexitätsreduktion maximieren.* Der gelehrte → Habitus mag sich dann im Wege biologisch-beruflicher Evolution von selbst entfalten.

Im Umgang mit lernenden Zöglingen möchte der Wiss. Mit., dass man ihm glaubt. Vermerkt etwa ein Student – nach Lektüre einer Fußnote des Inhalts *Lichtvoll Othmar Jauernig* ... – im Literaturverzeichnis seiner → Hausarbeit *Jauernig, Othmar Lichtvoll,* dann will der Wiss. Mit. seinen großherzigen (und notabene diskret zu behandelnden) Wink, *Lichtvoll* sei *kein* Vorname, sogleich akzeptiert sehen und nicht, durch beharrliche Unvernunft gezwungen, dem belehrten Subjekt noch die Frage stellen müssen, ob man nächstens wohl auch *Medicus, Dieter Einschränkend* schreiben wolle. Vom Erstsemester erwartet der Wiss. Mit. in solcher

Situation reumütige Verlegenheit, vom höheren Semester die Einsicht in die ihm freundlich attestierte Befähigung zum Berufswechsel ins Kabarett.

Nicht zuletzt die Fertigkeit des *bösen Blicks* ist dem Engagement als Wiss. Mit. förderlich und insbesondere bei der Klausuraufsicht von Nutzen. Einem Wiss. Mit., der diese Technik auch außerhalb der Klausurkonstellation kultiviert, nähere man sich indessen mit Vorsicht. Nach alter Überlieferung vermögen zwar – regional verschieden – gewisse Amulette, Gebärden, Beschwörungsformeln oder Ausspucken verbunden mit raschem Abwenden die Macht des *bösen Auges* zu brechen; letzteres ist jedoch im Hörsaal nicht empfehlenswert, allenfalls angebracht bei einer Begegnung im freien Feld.

Die Tätigkeit als Wiss. Mit. ist verlängerbar, aber endlich. Dieser Umstand erklärt die bei ihm mitunter auftretende Melancholie. *Wir wünschen ihm/ihr für seine/ihre persönliche und berufliche Zukunft alles Gute.* EB

WITZ – Wissenschaft ohne Witz ist kaum denkbar. Bevor seit etwa 1800 der Witz als scherzhaftes Produkt eines wachen Verstandes aufgefasst wurde, galt der Begriff allein im ursprünglichen Sinne von Ingenium und Esprit. Es geht also um funkelndes Wissen und das geistige Vermögen, Unzusammenhängendes schnell, klug und einfallsreich zu kombinieren – mehr mit kreativer Einbildungskraft als mit analytisch differenzierendem Scharfsinn. Beide spielen zusammen, der schöpferisch erfindende statt findende Witz – der «verkleidete Priester, der jedes Paar kopuliert» (Jean Paul) – und die zügelnde Urteilskraft, ohne die der Witz, an der Begriffsschwelle zum Scherz, als seichtes Bonmot zur «Albernheit» verkommt. So etwas untersagt denn auch Immanuel Kant ausdrücklich – kaum verwunderlich, schickt es sich doch nicht für seine strenge Wissenschaft.

Befördert Kant damit das Klischee vom humorlosen deutschen Gelehrten? Nicht nur in Thomas Carlyles Satire *Sartor Resartus* (1833) erscheint Deutschland als das einzige Land, «wo der abstrakte Gedanke noch Obdach findet» und so gründlich wie obsessiv durch alle Zeitalter hindurch dekliniert wird. Nichts könnte Carlyle, wie überhaupt das britische Wissenschaftsideal, stärker verletzen als ein Mangel an Eleganz und Witz. Shaftesbury macht den *test of ridicule* zum Kriterium einer neuen Gelehrsamkeit. Denn nur diese Prüfung des scherzenden Spotts könne «wahren Ernst und wahre Gewichtigkeit von falscher Gravität unterscheiden».

Natürlich ist es absurd, selbstironische geistige Souveränität überall, bloß nicht in Deutschland zu vermuten. Es gilt, den Witz und Humor hinter den spröden Fassaden der Wissenschaft zu entdecken. Manchmal lauern sie gerade dort, wo man sie am allerwenigsten vermutet, etwa im gediegenen Format der Lexika. Die ‹Steinlaus› wurde zu schnell im *Pschyrembel* aufgespürt und ausgemustert, Guglielmo Baldini in der Musik, Johann Jakob Feinhals in der Philosophie und Gottlob Theodor Pilz in der Literatur waren Dank ihrer manierlichen Tarnkappe hingegen recht sicher – ohnehin würde niemand je nach ihnen suchen. Am raffiniertesten ist der gegen starke Widerstände in den *Neuen Pauly* eingeschmuggelte Fußballartikel ‹Apopudobalia›, der so – sehr geistreich – diese strengste aller geisteswissenschaftlichen Disziplinen auszeichnet. Trittbrettfahrer auf den Schienen des *Fake* haben solche U-Boote etwa auch in eine Berliner Wissenschaftsausstellung – als Steinring von dem Volk der Khuza – oder als postmodernen Nonsense-Beitrag über die Hermeneutik der Quantengravitation in die Zeitschrift *Social Text* (Alan Sokal, 1996) gesteuert. Spätestens hier kehrt der Witz an seine epistemologischen Ursprünge einer universalen Kombinationsmaschine zurück. Die Grenze zwischen Ernst und Scherz, Realität und Fiktion geraten über beliebigen Assoziationen außer Kontrolle, der harmlose Scherz verliert seine Unschuld (→ Skandal). Wenn der alte Esprit plötzlich Küsse und Bisse so fatal aufeinander reimen kann, wie bei Kleist, dann wächst auch der Zweifel, «ob das, was wir Wahrheit nennen, wahrhaft Wahrheit ist, oder ob es uns nur so scheint.» AK

WORTMELDUNG → Schweigen gilt nicht, es muss geredet werden, auch wenn man nichts zu sagen hat. Institutskolloquium: Der Vortrag ist langweilig, das Thema interessiert einen nicht und man ist nur aus Höflichkeit gekommen, damit der kahle Raum nicht auch noch leer ist. Nach dem Vortrag sagt meine ältere Kollegin zu mir: «Ist Dir eigentlich aufgefallen, dass der Assistent jedes Mal eine Frage stellt?» Ich fast schon schuldbewusst: «Zu manchem fällt mir einfach nichts ein.» Meine wohlmeinende Kollegin: «Das geht nicht, das musst Du ändern, intelligente Fragen zählen. Hast Du nicht gesehen, wie wohlwollend XY genickt hat?» Gut, das waren Assistent und Professor im Institutskolloquium. Aber wie sieht es auf Tagungen aus?
Als ich meinen letzten Workshop für eine größere Tagung plante, versuchte ich, mit den Veranstaltern einen für alle Beteiligten verträglichen Zeitplan auszuarbeiten. Das scheiterte immer wieder, wie ich meinte, an den Organisatoren. Schließlich rief ich, mittlerweile ärgerlich, dort an und erfuhr, dass einer der Referenten auf derselben Tagung *vier* weitere Vorträge hielt und mein Workshop sich zwangsläufig mit allen anderen überschneiden musste, in denen dieser fleißige Redner auftrat. Vielleicht gibt es an der Universität dieses Professors eine Aufstockung des Grundgehalts nach Anzahl der Vorträge? Vielleicht sogar für solche, die nur im Programm stehen?
Neulich empfahl mir ein Kollege, mich auf jeden Fall mit einem «heißen Thema» für eine bevorstehende Tagung anzumelden. Präsent sein sei wichtig. Ich murrte, ich hätte keine Zeit. Da sah er mich fassungslos an: Ich solle die Anmeldung doch nur aufrechterhalten, bis das Programmheft erschienen ist, und dann absagen. Dann sei ich mit meinem extrem anspruchsvollen Thema in aller Munde (→ Gackern), müsse es aber nicht ausarbeiten. Die Verbindung meines Namens mit diesem Thema würden sich die meisten merken und zum Zuhören wäre wahrscheinlich ohnehin niemand gekommen. Zuhören ist längst nicht so wichtig wie reden. Als ich der wohlmeinenden Kollegin (s. o.) das empört erzählte, lächelte sie nur müde: das sei doch ein gaaaanz alter Hut. BB

# X

XENOPHOBIE – Die Angst vor der oder dem Fremden ist auch in angeblich aufgeklärten und allein von wissenschaftlicher Exzellenz beflügelten akademischen Kreisen wohlbekannt. Aversionen können sowohl die Nationalität (→ Balkan) als auch das Fachliche betreffen (→ Kleinbürgertum). Man möchte eigentlich lieber unter sich bleiben; → daheim ist es halt am schönsten. AMF

# Y

Y-CHROMOSOM – ist eine gute Voraussetzung für die wissenschaftliche Karriere. Wer's hat, kann ein → guter Mann werden; wer's nicht hat, versucht es besser in → Finnland.

# Z

ZERSTREUTHEIT – Neben dem → Ausschlafen der zweite Grund für ein glückliches Leben in der Wissenschaft. Über den zerstreuten Professor gibt es zu viele Zeugnisse, als dass hier noch eines hinzugefügt werden müsste. Auf einen wahrlich nicht brandneuen Aspekt sei aber kurz hingewiesen: die wunderbare Abwesenheit des Zwecks. Denn den Zustand der Zerstreutheit kann sich nur der leisten, auf den es nicht ankommt, der unwichtig ist, der hingehen kann, wohin er will, stört er doch niemals. RMK

ZITAT – Warum sollte in wissenschaftlichen Arbeiten zitiert werden? Die naheliegende Antwort («um nachzuweisen, wer einen Gedanken, ein Ergebnis, eine Methode zuerst zuwege gebracht hat») greift zu kurz. Wer eine ausführliche, gewissermaßen wissenschaftlich fundierte Antwort auf diese Frage erhalten möchte, muss in Arbeiten des Historikers Arno Borst nachsehen. Dieser verwendet das Zitat in einer Mannigfaltigkeit und Genauigkeit, dass man eine Ahnung davon erhalten kann, was das Zitat wissenschaftlich einmal neben dem Nachweis der Erstautorschaft sein sollte. Hierzu zwei Beispiele aus: *Das Buch der Naturgeschichte. Plinius und seine Leser im Zeitalter des Pergaments* (Heidelberg 1994), S. 12 – Fußnote 37:

«Olog Gigon, Plinius und der Zerfall der antiken Naturwissenschaft, Arctos 4 (1966) S. 23–45, hier S. 40–45 Zerfall. Zustimmend Serbat, Pline Sp. 2106; einschränkend Sallmann, Plinius S. 21; Chibnall, Pliny S. 57f. Plinius fehlt bei Gregor Maurach, Die Einbürgerung der Naturphilosophie in Rom, JB Braunschweig 1986 (1986) S. 165–177. Klärend Pierre Grimal, Pline et les philosophes, in: Pigeaud, Pline S. 239–249. Die Forderung nach zusammenhängender Lektüre bei Isager, Pliny S. 16; Lindberg, Beginnings S. 141.» – Und Fußnote 35: «Stahl, Sciences S. 101–119, 134–136. Anders Sallmann, Geographie S. 237–268, der Stahl nie erwähnt, auch nicht in Sallmann, Plinius; Serbat, Pline S. 2175, der Stahls Hauptwerk übergeht; Lindberg, Beginnings, S. 144, der es korrigiert.»

Es ist unschwer zu erkennen, dass hier nicht nur zitiert wird, um Erstautorschaft nachzuweisen, sondern um den gesamten Forschungsstand in seinem Verlauf bis zum Zeitpunkt der Niederschrift zu erfassen, zu dokumentieren und zu bewerten. Dabei wird keine, auch nicht die abseitig veröffentlichte wissenschaftliche Meinung übersehen (→ Sammelfußnote). Eine offene Auseinandersetzung also mit allen auffindbaren wissenschaftlichen Ansichten und Stellungnahmen.
So sollte es sein. Wie aber sieht die akademische Wirklichkeit

häufig auch aus? Eine geschickte Art des Zitierens ähnelt dem nautischen Flagghissen und signalisiert, zu welcher Forschungsrichtung man gehört; man verweist auf wissenschaftliche Freunde (und grenzt die Gegner durch Verschweigen aus) und stärkt so das damit einhergehende Zitierkartell (→ Cleverness). Eine andere *clevere* Zitatpraxis besteht oft darin, in einer ersten eigenen Arbeit zu einem Thema die Klassiker zu zitieren, aber in darauf folgenden Arbeiten nur die eigene «Originalarbeit». Das ist nicht direkt verwerflich, man kann ja bei Kritik darauf hinweisen, die Klassiker durchaus zu kennen; man habe schließlich in einer früheren Arbeit auf sie verwiesen.

Gerade in den Naturwissenschaften führen die strikten Platzvorgaben der Journale dazu, dass viele methodische Details in Zitaten verpackt werden, so dass die Suche nach einer methodischen Einzelheit mitunter wie eine Schnitzeljagd anmutet: Man wühlt sich durch eine Serie von Artikeln, die jeweils verschiedene Details einer Prozedur angeben (→ SPU), bis man am Ende auf die *supplementary information* zu einem Artikel stößt, die nicht im Artikel selbst beschrieben und auch nie gedruckt wird, sondern sich nur auf Webservern der Journale befindet. Und der Server ist garantiert gerade nicht zugänglich, wenn man sich die Informationen herunterladen möchte.

Erfolgreiches Zitieren beachtet folgende Regeln: Methodische Details in Zitaten eigener Artikel zu verstecken, spart Schreibplatz, erhöht die Chance, sich die Konkurrenz vom Hals zu halten und erhöht den *science citation index* (→ SCI) der eigenen Artikel; Originalarbeiten mit Übersichtsartikeln zu garnieren, gibt einem die Chance, einflussreiche Persönlichkeiten zu zitieren und allen anderen durch deren Zitierung in den Übersichtsartikeln gerecht zu werden, während der eigene Artikel kurz bleibt. Das Zitieren der eigenen Vorarbeiten statt der Klassiker, die man ja in einem ersten Artikel zitiert hat, erhöht den eigenen *citation index* noch weiter und verschleiert Vorarbeiten. EME / MK

ZUGESAGT – Kein Grund zur Freude. → Abgelehnt wäre vielleicht besser gewesen. RMK

ZWEIFEL – Manchmal war es wirklich zum Verzweifeln. Was sollte er denn jetzt bloß schreiben? Er war völlig ratlos. Den Anderen ging alles immer so locker von der Hand, und er, er mühte sich hier ab und es wollte ihm einfach nichts einfallen. Er fragte sich, ob die Anderen wirklich immer so überzeugt von sich waren, wie sie wirkten. Okay, der A., der machte wirklich tolle Sachen. Aber der B. – er konnte überhaupt nicht verstehen, wie der mit diesem banalen Geschwätz durchkam. Und der Kollege aus C., also, der schien alles, aber auch alles in Gold zu verwandeln, was er nur anfasste. Wie König Midas. Wie machte der das bloß? Ob es in seinem Labor immer mit rechten Dingen zuging? Aber keiner sagte was (→ Whistleblower). Wie auf den Konferenzen. Wenn sich einer einmal einen Namen gemacht hatte, dann konnte er den letzten Schwachsinn erzählen, da würde niemand aufstehen und ihn auf den fatalen Fehler in der Analyse aufmerksam machen. Gehört sich nicht (→ Nichtangriffspakt). Eine Krähe hackt der anderen usw.

Eine Ausnahme hatten sie bei seinem alten Freund S. gemacht, als der auf einer Tagung völlig verschüchtert seinen ersten Vortrag hielt. Den hatten sie auseinandergenommen. Damals hatte er nicht nur am Verstand der Leute gezweifelt, sondern auch daran, ob sie überhaupt ein Herz hatten. Hoffentlich würde ihm selbst so etwas nie passieren (→ Angst). Er erinnerte sich auch noch mit Grauen an den Abend mit seiner Arbeitsgruppe, als er laut darüber sinniert hatte, ob es in der Wissenschaft nicht auch letzten Endes darauf ankäme, was man *glauben* würde. Die anderen waren wie Hyänen über ihn hergefallen – für sie bestand kein Zweifel, dass alles, was sie taten, der Wahrheitsfindung diente (→ Errata). Noch weniger konnten sie verstehen, dass er dennoch wirklich gerne forschte. In der letzten Zeit war er ja auch ganz erfolgreich gewesen, hatte viel Anerkennung bekommen. Trotzdem wurde er dieses mulmige Gefühl nicht los, dass eines Tages alles auffliegen würde. Dass die anderen merken würden, dass er nichts wusste. Dass er nicht schreiben konnte. Nicht logisch denken. Dass er Formeln nicht verstand. Dass er gar kein Wissenschaftler war, sondern ein Wissenschaftler-Darsteller (→ Coolness). Manchmal war es wirklich zum Verzweifeln. *JF*

ZWEITGUTACHTEN – Der Zweitgutachter ist ein Gutachter, der über zwei Arbeiten gutachtet: Die seines Vorgängers im Verfahren, mit dem er zumeist in intellektueller Konkurrenz steht, und die Leistung irgendeines armen Teufels, genannt Prüfling. Die Aufforderung zur Erstellung eines Zweitgutachtens wirft beim Empfänger delikate Fragen auf, deren Antwort nirgends vorgezeichnet ist. Kein Wunder, dass es in der Regel lange dauert.
Soll sich der Zweitgutachter tatsächlich beide Werke zu Gemüte führen? Diese maximalistische, aber lebensfremde Lösung ist ihm aus Zeitmangel und Klugheit versperrt. Wer angefragt wird, hat meistens auch sonst genug zu tun. Daher darf der Zweitgutachter nach allgemeinem *Comment* einen eleganten Ausweg wählen und sich auf das Studium eines der beiden Elaborate beschränken. Aber welches soll er wählen? Nur blutige Anfänger stürzen sich auf die erneute gründliche Prüfung der wissenschaftlichen Arbeit, alte Hasen überfliegen hingegen das Erstgutachten und schließen sich ihm beredt in bewährten Floskeln an: «... kann ich insoweit auf die Ausführungen verweisen». Man weiß schon, wer von beiden im Leben besser fährt (→ Cleverness).
Freilich gibt es auch Profilneurotiker. Sie treibt beim Zweitgutachten die Rache des Übergangenen, der sich zu Unrecht auf die Gutachterersatzbank gesetzt sieht. Dieser Typus Zweitgutachter will beweisen, dass er der bessere Erstgutachter gewesen wäre. In seiner gefühlten Kränkung rennt er blind gegen den eingebildeten Verdacht an, man habe bei ihm ein Gefälligkeitsgutachten bestellt, weil er zu eigenständigen Positionen ohnehin nicht die intellektuelle Kraft besitze. Sein zum Gegengutachten mutiertes Zweitgutachten wird lang werden und *en passant* eine Kampferklärung an *alle* Prinzipien des Erstgutachters beinhalten. Dabei läuft der

Profilneurotiker zu großer Form auf, versagt allerdings in aller Regel ebenso zuverlässig dann, wenn es um wirklich bedeutende Kontroversen geht. Uneitlere Zweitgutachter hingegen brillieren dort als wirkliche Selbstdenker, verscherzen es sich aber gleichfalls mit allen anderen Verfahrensbeteiligten: auf eine weitere Wissenschaftleransicht hat nun wirklich keiner Wert gelegt. Im schlimmsten Fall wird der erstaunte Prüfling, der sich in seiner Naivität durch den ihm geltenden Gelehrtenstreit gebauchpinselt fühlt, zwischen diesen → Forschungsfronten zu Staub zerrieben. Macht er aus der Fakultätskontroverse einen Skandal, sind ihm einige Claqueure gewiss; fädelt er die Publikation schnell ein, kommt er mit der Arbeit zu einem modischen Publikumsverlag, der das Skandal-Buch in großer Auflage produziert. Dass sie zu hoch war, wird er spätestens dann mit komplementären Reputationsverlusten bezahlen, wenn die Remittenden-Exemplare auf dem Wühltisch seiner Hausbuchhandlung verschleudert werden und sie trotzdem keiner haben will (→ Langeweile). Weil er dem Gutachtenwesen all seinen verblassenden Ruhm zu verdanken hat, wird er sich ihm widmen. Die seiner Erstlingsschrift geltenden Stellungnahmen wird er – vierzig Jahre nach dem Disput und über seine Emeritierung hinaus – auf seiner Website bevorraten.

Besonnenen Zweitgutachtern hingegen fällt ein Stein vom Herzen, dass sie nicht als Erstgutachter ausgedeutet worden sind. Sie spüren die Erleichterung des Übergangenen, der um die Illusion von Entscheidungsmacht weiß. Ihre Texte sind kurz und sachlich, auch wenn sie abweichende Voten beinhalten.

Da Gutachten allenfalls den Verfahrenbeteiligten zu Gesicht kommen, kann der Prüfling nur nach allgemeinem Hörensagen prospektiv beurteilen, mit welchem Typus Zweitgutachter er es zu tun haben wird. Die Allgemeinheit befeuert dieses Hörensagen mit wilden Gerüchten. Immerhin ist der Zweitgutachter insofern Herr seines Rufs, als er durch gute und pünktliche Arbeit Vorlagen für diese Gerüchte gibt. Denn in zivilisierten Verhältnissen stützt sich Reputation auf jenen verdienten Anschein, den die Einhaltung von Manieren verleiht. MV

# Die Autoren

AH *Armin Himmelrath*, Bildungs- und Wissenschaftsjournalist, Köln.

AK *Alexander Košenina*, Prof. Dr., Department of German, University of Bristol.

AKO *Albrecht Koschorke*, Prof. Dr., Fachbereich Germanistik und Literaturwissenschaften, Universität Konstanz.

AMF *Alexandra M. Freund*, Prof. Dr., Psychologisches Institut, Universität Zürich.

APL *Andreas Platthaus*, Frankfurter Allgemeine Zeitung, Frankfurt/Main.

AW *Annelie Wellensiek*, Prof. Dr., Fachbereich Erziehungswissenschaften, Universität Hamburg.

BB *Bettina Beer*, Prof. Dr., Institut für Ethnologie, Ruprecht-Karls-Universität Heidelberg.

BS *Benjamin Schiffner*, Titanic-Magazin, Frankfurt/Main.

BV *Birgit Vanderbeke*, Schriftstellerin, lebt in Südfrankreich.

CLS *Claudia Schmölders*, PD Dr., Kulturwissenschaftliches Seminar, Humboldt-Universität zu Berlin.

CP *Christine Pries*, Dr., Frankfurter Rundschau, Frankfurt/Main.

CR *Cord Riechelmann*, freier Autor, Berlin.

CS *Constans Seyfarth*, Prof. Dr., Institut für Soziologie, Universität Tübingen.

CW *Conrad Wiedemann*, Prof. Dr., Institut für Literaturwissenschaft, Technische Universität Berlin.

DS *Dieter Simon*, Prof. Dr. Dr. h.c. mult., Juristische Fakultät, Humboldt-Universität zu Berlin.

DWW *Debora Weber-Wulff*, Prof. Dr., Studiengang Internationale Medieninformatik, Fachhochschule für Technik und Wirtschaft, Berlin.

EB *Elena Barnert*, Ass. jur., Juristische Fakultät, Johann Wolfgang Goethe-Universität Frankfurt/Main.

EME *Eva-Maria Engelen*, PD Dr., Berlin-Brandenburgische Akademie der Wissenschaften, FB Philosophie, Universität Konstanz.

ES *Elisabeth Scheiner*, Dr., Deutsches Primatenzentrum, Göttingen.

ESK *Elisabeth Schömbucher-Kusterer*, PD Dr., Abteilung Ethnologie am Südasien-Institut, Ruprecht-Karls-Universität Heidelberg.

FG *Frank Gries*, M.A., freier Consultant in der Entwicklungszusammenarbeit, Berlin.

FKW *F. K. Waechter*, Zeichner, Karikaturist, Cartoonist und Autor (* 1937 in Danzig - † 2005 in Frankfurt/Main).

GB *Gerd Bender*, Dipl.-Soz. und Jurist, Max-Planck-Institut für europäische Rechtsgeschichte, Frankfurt/Main.

GG *Giovanni Galizia*, Prof. Dr., Institut für Neurobiologie, Universität Konstanz.

GH *Götz Hoeppe*, Dr., Spektrum der Wissenschaft, Heidelberg.

GK *Guido Komatsu*, Dr., Meridian 10 Managementgesellschaft mbH, Hamburg.

GM *Gregor Markl*, Prof. Dr., Geowissenschaftliche Fakultät, Eberhard-Karls-Universität Tübingen.

GS *Georg Schütte*, Dr., Alexander von Humboldt-Stiftung, Bonn.

GW *Gerrit Walther*, Prof. Dr., Historisches Seminar, Bergische Universität Wuppertal.

HD *Hubert Detmer*, Dr., Deutscher Hochschulverband, Bonn.

HF *Hans Fischer*, Prof. em. Dr., Institut für Ethnologie, Universität Hamburg.

HJS *Hermann-Josef Stipp*, Prof. Dr., Katholisch-Theologische Fakultät, Ludwig-Maximilians-Universität München.

HR *Hazel Rosenstrauch*, Dr., Gegenworte – Hefte für den Disput über Wissen, Berlin-Brandenburgische Akademie der Wissenschaften, Berlin.

HW *Hildegard Westphal*, PD Dr., Fachbereich Geowissenschaften, Universität Bremen.

IH *Ingeborg Harms*, Dr., freie Autorin, Berlin.

ILO *Ilona Ostner*, Prof. Dr., Institut für Soziologie, Georg-August-Universität Göttingen.

JB *Jens Beckert*, Prof. Dr., Max-Planck-Institut für Gesellschaftsforschung, Köln.

JCH *Jan-Christoph Heilinger*, M.A., Berlin-Brandenburgische Akademie der Wissenschaften, Berlin.

JF *Julia Fischer*, Prof. Dr., Deutsches Primatenzentrum und Institut für Zoologie, Georg-August-Universität Göttingen.

JH *Jannis Hildebrandt*, Dipl.-Biol., Institut für Biologie, Humboldt-Universität zu Berlin.

JK *Jürgen Kaube*, Frankfurter Allgemeine Zeitung, Frankfurt/Main.

JT *Jürgen Trabant*, Prof. Dr., Institut für Romanische Philologie, Freie Universität Berlin.

KL *Klaus Laermann*, Prof. Dr., Hochschullehrer a.D., Institut für deutsche und niederländische Philologie, Freie Universität Berlin.

KO *Katrin Oelgarten*, Berlin-Brandenburgische Akademie der Wissenschaften, Berlin.

KW *Katharina Wommelsdorff*, Stud. jur., Juristische Fakultät, Johann Wolfgang Goethe-Universität Frankfurt/Main.

MAS *Martin Sonneborn*, Titanic-Magazin, Berlin.
MFS *Meredith F. Small*, Prof. Dr., Department of Anthropology, Cornell University, Ithaca (NY).
MH *Michael Hartmann*, Prof. Dr., Fachbereich Gesellschafts- und Geschichtswissenschaften, Technische Universität Darmstadt.
MK *Martin Korte*, Prof. Dr., Zoologisches Institut, Technische Universität Braunschweig.
MS *Michael Stolleis*, Prof. Dr. Dr. h.c. mult., Max-Planck-Institut für europäische Rechtsgeschichte, Frankfurt/Main.
MT *Michael Thaler*, Prof. Dr., Institut für Verfassungs- und Verwaltungsrecht, Universität Salzburg.
MTHF *Marie Theres Fögen*, Prof. Dr., Max-Planck-Institut für europäische Rechtsgeschichte, Frankfurt/Main.
MU *Martin Urban*, Dipl.-Phys., Wissenschaftspublizist, Gauting.
MV *Miloš Vec*, PD Dr., Max-Planck-Institut für europäische Rechtsgeschichte, Frankfurt/Main.
PW *Peter Weingart*, Prof. Dr., Fakultät für Soziologie, Universität Bielefeld.
RH *Rebekka Habermas*, Prof. Dr., Seminar für Mittlere und Neuere Geschichte, Georg-August-Universität Göttingen.
RM *Randolf Menzel*, Prof. Dr., Institut für Neurobiologie, Freie Universität Berlin.
RMK *Rainer Maria Kiesow*, PD Dr., Max-Planck-Institut für europäische Rechtsgeschichte, Frankfurt/Main.
RMU *Roger Mundry*, Dr., Max-Planck-Institut für evolutionäre Anthropologie, Leipzig.
SB *Stefan Bornholdt*, Prof. Dr., Institut für Theoretische Physik, Universität Bremen.
SK *Sebastian Kneisel*, Max-Planck-Institut für europäische Rechtsgeschichte, Frankfurt/Main.
TJ *Tobias Jentsch*, Dr., Die Junge Akademie, Berlin.
TKT *Trina Khairi-Taraki*, Stud. jur., Juristische Fakultät, Johann Wolfgang Goethe-Universität Frankfurt/Main.
UR *Ulrich Raulff*, Prof. Dr., Deutsches Literaturarchiv, Marbach.
US *Ulrich Schollwöck*, Prof. Dr., Institut für Theoretische Physik, RWTH Aachen.
UWE *Uwe Wesel*, Prof. Dr., Juristische Fakultät, Freie Universität Berlin.
VSH *Veronika Strittmatter-Haubold*, Dr., Institut für Weiterbildung, Pädagogische Hochschule Heidelberg.
WF *Wolfgang Frühwald*, Prof. em. Dr. Dr. h.c. mult., Alexander von Humboldt-Stiftung, Bonn.
WK *Wilhelm Krull*, Dr., VolkswagenStiftung, Hannover.